KV-190-226

Aufgeklärt

Lehrbuch

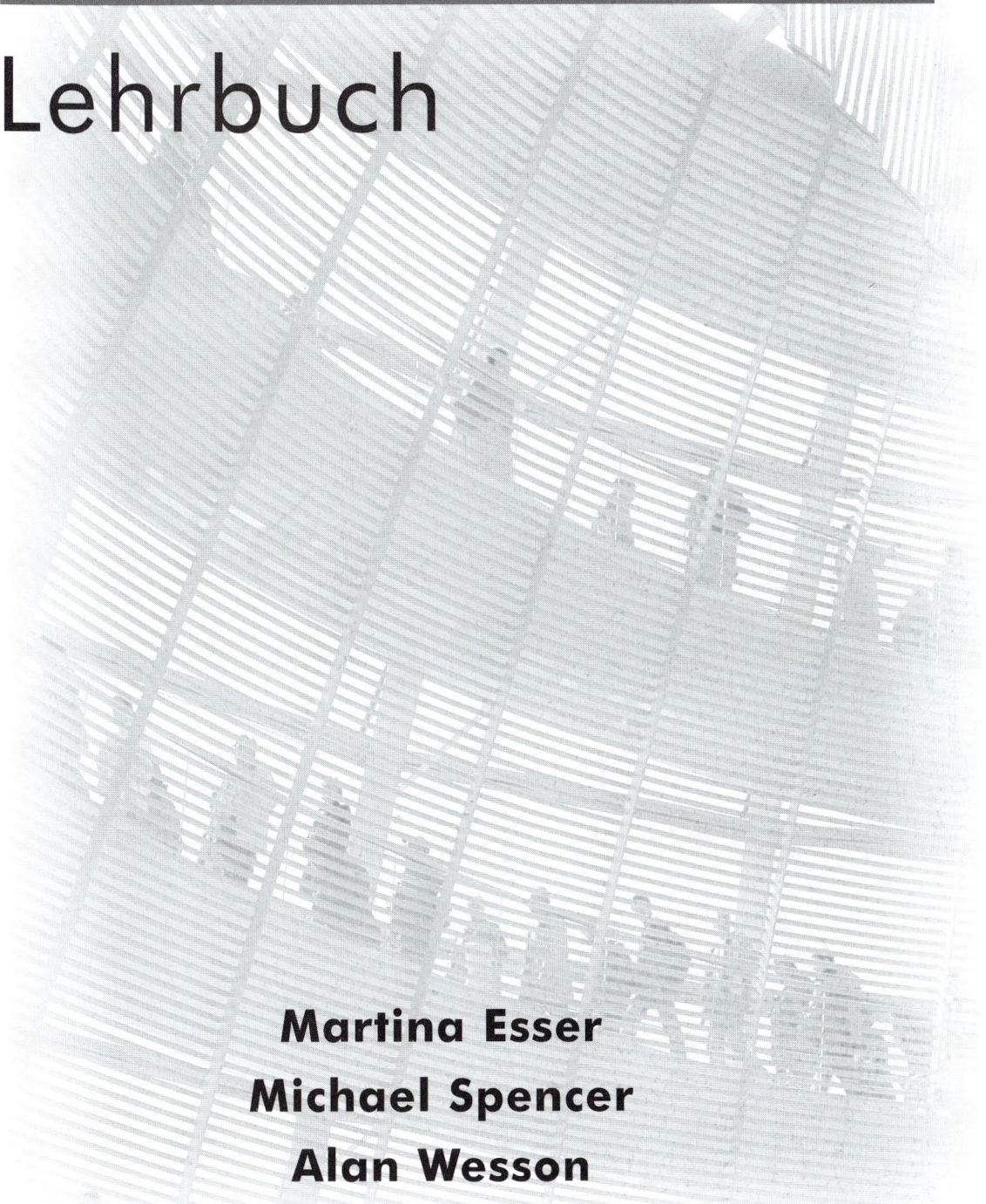

Martina Esser

Michael Spencer

Alan Wesson

Series Editor: Ted Neather

MGP
INTERNATIONAL

Text © Martina Esser, Ted Neather, Michael Spencer, Alan Wesson 2000

Illustrations © Mary Glasgow Publications 2000

The right of Martina Esser, Ted Neather, Michael Spencer and Alan Wesson to be identified as the authors of this work has been asserted by them in accordance with the Copyright, Designs and Patents Act 1988.

All rights reserved. No part of this publication may be reproduced, stored in a retrieval system, or transmitted in any form or by any means, electronic, mechanical, photocopying, recording or otherwise without prior permission in writing from the publishers or under licence from the Copyright Licensing Agency Limited, of 90 Tottenham Court Road, London W1P 0LP.

First published in 2000 by:
Mary Glasgow Publications
An imprint of Stanley Thornes (Publishers) Ltd
Delta Place
27 Bath Road
Cheltenham
Glos. GL53 7TH
England

A catalogue record for this book is available from the British Library

00 01 02 03 04 / 10 9 8 7 6 5 4 3 2 1

ISBN 0-7487-4349-9

Cover photo: The Reichstag, Berlin © Dennis Gilbert/View (Foster & Partners)
Design: Viners Wood Associates, Painswick, Gloucestershire
Illustrations: Richard Duszczak and John Crawford Fraser
Digital illustrations: Steve Ballinger
Speakers on the cassettes: Aletta Lawson, Gertrude Thoma, Stephen Grothgar, Michael Hülsmann
Studio recordings: Graham Williams, The Speech Recording Studio

Printed and bound in Great Britain by Redwood Books, Trowbridge, Wiltshire

Inhalt

Einheit 1 Umwelt page 9

Nebenthemen	Grammatik	Kommunikationsziele	Prüfungstipp
Die Umwelt macht sich bemerkbar! Und was kann getan werden? Atomkraft – jein danke	Konditional im Präsens (Bedingungsform) Passiv	Leserbriefe schreiben Lösungsvorschläge machen argumentieren	Organisation der Notizen zur Prüfungsvorbereitung

Einheit 2 Wo spricht man Deutsch? page 25

Nebenthemen	Grammatik	Kommunikationsziele	Prüfungstipp
Deutsch in Europa Deutsch sprechen heißt nicht nur Deutsch sein Deutsch in der Welt	Passiv	Vergleiche ziehen Informationen sammeln Informationen zusammenfassen	Informationen sammeln

Einheit 3 Medien page 41

Nebenthemen	Grammatik	Kommunikationsziele	Prüfungstipp
Die Presselandschaft Rundfunk Medien und Gesellschaft	Partizipien als Adjektive Adjektive ohne Artikel	Meinungen äußern Hausarbeiten (coursework) schreiben	Hausarbeiten (coursework) schreiben

Einheit 4 Leben durch Technik page 57

Nebenthemen	Grammatik	Kommunikationsziele	Prüfungstipps
Alles Computer! Gute Seiten, schlechte Seiten Technologische Zukunft	Satzbau (Relativ- und Nebensätze) Satzbau (Hauptsätze) Adjektive und Adverbien	Informationen kürzen sprachlichen Stil entwickeln	Informationen kürzen sprachlichen Stil entwickeln

Einleitung

Welcome to *Aufgeklärt*. This is the second book of a two-part course leading to A-Level. You may already have worked with *Aufgeschlossen*, the first book in the sequence.

Aufgeklärt is divided into eight chapters. The main topics of the chapters have been chosen both for their importance as topics in the exam and also to provide knowledge and understanding about the German-speaking world and recent German history. The contents pages at the beginning of the book will show you what you can expect from each chapter. More detail is then given on the opening page of each chapter. Here you will see that the topic of each chapter is organised into two or three main themes, aiming to give you an overview of the subject. Each chapter deals with a number of grammatical points and different ways of communicating both orally and in writing (*Kommunikationsziele*).

In *Aufgeklärt* you will find different types of activities covering all four assessment objectives (AOs) of the A-Level exam, which requires you to:

AO1: understand and respond, in speech and writing, to spoken language.

AO2: understand and respond, in speech and writing, to written language.

AO3: show knowledge and apply accurately the grammar and syntax prescribed in the specification.

AO4: demonstrate knowledge and understanding of aspects of the chosen society.

Some activities you will tackle by yourself; others are pair work and sometimes you will be asked to work in small groups.

The chapters contain the following elements:

Hörtexte

There are a number of listening texts in each chapter, drawn from authentic sources and providing exercises for you to train your listening skills and to learn and practise the language which you have just encountered.

Lesetexte

Each chapter contains several authentic reading texts, most of them followed by key vocabulary to help with comprehension. A dictionary will be necessary to find other words that are not listed. The texts are followed by exercises which will help you to learn and exploit vocabulary and grammatical structures.

Grammatik

These sections draw attention to an important grammatical structure which occurs within texts in a particular chapter which you are studying. Examples from texts are given, together with a translation. For a more detailed explanation of the structure, turn to the Grammar Summary section at the end of the book.

Grammatik zum Üben

Here you will find exercises which will reinforce your understanding of the grammar. You will also find references to grammar worksheets in the Teacher's Resource Book.　**G5.1**

Prüfungstipp

Most chapters contain a *Prüfungstipp* which focuses on key aspects of exam performance. For further information, turn to the section on Developing Examination Skills at the end of the book.

Kommunikationsziele

In each chapter we deal with oral and written communication. You can see from the introductory page of each chapter which communication skills you will be practising.

Kulturmagazin

Each chapter has a poem, a short story or a song which give a creative writer's response to the theme of the chapter, and extend your experience of varieties of writing in German.

Reference has already been made to the helpful sections which follow the eight chapters, firstly on Developing Examination Skills, and finally, the concise and clearly set-out **Grammar Summary**.

Everything in the chapters is reinforced with further materials in the **Teacher's Resource Book**, which contains *Arbeitsblätter* (both for listening and reading practice), transcripts of the taped materials and keys to the exercises.

There are also **Assessment Units** which have been written especially to help you in your preparation for the exam, no matter which exam board your teachers have chosen.

Language learning is an enjoyable and worthwhile experience. It involves considerable hard work, but the rewards are significant, giving one an insight into another culture and the chance to understand and communicate with others. With *Aufgeklärt* we hope that you will enjoy your German course and that you will be successful in your exam and in your further studies.

Viel Glück!

Martina Esser　　　　　Ted Neather
Michael Spencer　　　　Alan Wesson

Deutschland, Österreich und die Schweiz

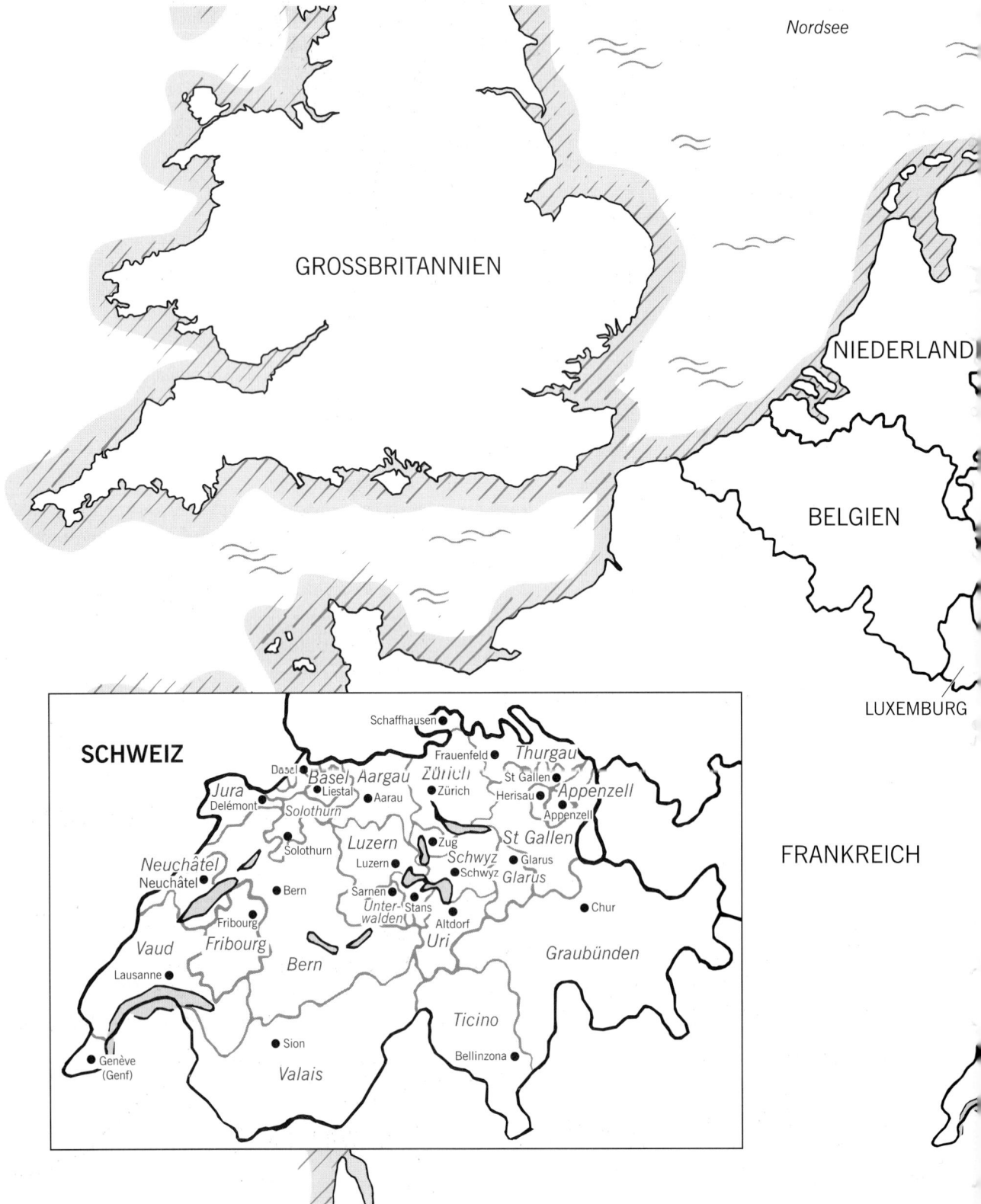

Nordsee

GROSSBRITANNIEN

NIEDERLAND

BELGIEN

LUXEMBURG

SCHWEIZ

Schaffhausen

Frauenfeld • *Thurgau*

Basel Aargau *Zürich*

Basel • St Gallen

Jura • Liestal • Aarau • Zürich Herisau *Appenzell*

Delémont *Solothurn* Appenzell

Luzern • Zug *St Gallen*

Solothurn Luzern • *Schwyz* • Glarus

Neuchâtel • Schwyz *Glarus*

Neuchâtel • • Bern Sarnen *Unter-* Stans

• Altdorf • Chur

• Fribourg *Uri*

Vaud *Fribourg* *Bern* *Graubünden*

Lausanne •

Ticino

• Sion Bellinzona •

Genève *Valais*
(Genf)

FRANKREICH

Kiel ●

Schleswig-Holstein

Rostock ●

Ostsee

Hamburg— ●

Schwerin ●

Mecklenburg-Vorpommern

Bremen ●

Niedersachsen

Brandenburg

Sachsen-Anhalt

Hannover ●

Berlin ●

Potsdam ●

POLEN

Magdeburg ●

ordrhein-Westfalen

Düsseldorf ●
● Köln

Hessen

Erfurt ●

Leipzig ●

Sachsen

Dresden ●

DEUTSCHLAND

Thüringen

Chemnitz ●

TSCHECHISCHE REPUBLIK

Wiesbaden ●
● Frankfurt

heinland-Pfalz

Mainz ●

● Saarbrücken

Nürnberg ●

Bayern

Niederösterreich

SLOWAKEI

● Stuttgart

Baden-Württemberg

Linz ●

Wien ●

München ●

Oberösterreich

St Pölten ●

Salzburg ●

Eisenstadt ●

Bregenz ●

ÖSTERREICH

Tirol

Salzburg

Steiermark

Burgenland

Vorarlberg

Innsbruck ●

Graz ●

UNGARN

SCHWEIZ

LIECHTENSTEIN

Osttirol

Lienz ●

Kärnten

Klagenfurt ●

ITALIEN

SLOWENIEN

The authors and publisher would like to thank the following for the use of copyright materials:

Adolf Böhm: map on p.109, *Information zur politischen Bildung* n°222 B6897F. Aid: top graphic on p.15. ARD/ZDF Online-Studie1999: Deutsche Online (www.br-online.de/medienforschung/multimedia), on p.59. ARTE: p.47; special thanks to the legal department of ARTE G.E.I.E for providing us with useful information. Aufbau Verlag: "Abschied", J. R. Becher, *Gesammelte Werke Bd. 11* ©Aufbau Verlag Berlin und Weimar 1975, on p.72. *Basler Zeitung*: "Endlich…", n°103, 05/05/99, on p.33, "Velo…", S. Schuppli, 05/05/99, on p.68. BDZV: map on p.42. *Berliner Illustrirte*: "Der Fall…", Dec. 1989, Axel Springer Verlag, on p.129. *Berliner Morgenpost*: 21/09/90, Axel Springer Verlag AG (Axel-Springer-Straße 65, 10888 Berlin) on p.133. *Bertelsmann Verlag*: "Berlin – eine Unglücksstadt", S. Heym, *Filz. Gedanken über das neueste Deutschland* ©1992 C. Bertelsmann Verlag München, in der Verlagsgruppe Bertelsmann GmbH, on p.132. *Bild*: "Wachmann als Geisel", Angela Wittig, 27/09/99, "Messerstecherei in der Disko", 27/09/99, on p.46. *Bild der Frau*: "Wer schlägt…", n°9, 01/03/99, on p.84. Bundesministerium für Umwelt, Naturschutz und Reaktorsicherheit: "Strenge Sicherheitsauflagen…", on p.18. *com! online internetmagazine*: advert "Wie viel ist…?", Neue Mediengesellschaft Ulm mbH, 8/99, on p.67, "Sprechzimmer…/Sicherheit ist…" on p.70, "Tamagotchi-Museum" on p.71. Cornelsen Verlag: "Folgen der Krise…", *Unser Weg durch die Geschichte. Vom Wiener Kongress bis zur Gegenwart* on p.92. DB AutoZug, Deutsche Bahn Gruppe: p.53. *Der Morgen*: 24/08/90, Axel Springer Verlag AG (Axel-Springer-Straße 65, 10888 Berlin) on p.133. Deutsche Welle: p.47. Deutscher Tierschutzbund e.V.: p.53. Deutsches Rundfunkarchiv: "Die Jugend…", *Vereidigung der Hitler-Jugend 23/03/42*, on p.95. *Zeitschrift Deutschland*: "Berlin liegt…", n°6, Dec. 1996, on pp.38-39, "Die Sender in Deutschland", n°2, April 1998, on p.47. *die tageszeitung*: "Nur Sommerloch-Schlägerei", Marina Mai, taz n°5900, 31/07/99, on p.109, taz 04/10/90 on p.133. *Die Zeit*: "Small-Talk-Munition", "Wer suchet…" (Wolfgang Blum), 22/07/99, on pp.32 and 60. dpa: "Grass der Elfte" © dpa, on p.34. Duales System Deutschland AG: graphic (Sept. 1998), on p.14. Erstes Deutsches Fernsehen, Programmdirektion, München: p.47. Esslinger Verlag: "Fräulein…", Vera Ferra-Mikura, *Damals war ich vierzehn* ©1978 Esslinger Verlag J. F. Schreiber GmbH, Esslingen, Wien, on p.99. Frankfurter Rundschau: "Zahl…", on p.117. Franz Hohler: "Der Verkäufer…", Luchterhand Verlag, on pp.23-24. *Frau im Spiegel*: "Das veränderte Klima…", n°39, 16/09/98, Verlag Ehrlich & Sohn GmbH & Co., on p.12, "Doppelpass…", n°4 20/01/99, on p.114. Gabriele Wohmann: "Ein netter Kerl", *Gesammelte Erzahlungen aus dreißig Jahren, Band 1*, 1986, on p.88. GEO Österreich: "Wer Kommt…? ", n°2, 10/04/91, on p.30. German News: "Nachrichten…" (03/01/99), "Grüne streben…" (07/01/99), "Pläne zur Reform…" (13/01/99), on p.115. GLOBUS Infografik GmbH: graphics on pp.18 and 114 (dpa-grafik 0773). Hörzu: "Erfolgsstory…", Jutta Grimm, on p.50, "Krimi im Kopf", Meike Günzel, *Hörzu* 28/99, on p.51. Inter Nationes: "Die Presse als Meinungsmacher", Umwelt und Gesellschaft, 2 Teil, Harald Ohlendorf, on p.13, "Dialekte" on p.28, "Fakten zum Thema", Von der Ostsee bis zum Bodensee, on p.74, "Hanimgül über…", Von Aachen bis Zwickau, on p.113, "Drei Jugendliche über…", Von Aachen bis Zwickau, on p.119. IPPNW: "Über 25 000…", *Umwelt und Gesellschaft*, 2 Teil, Harald Ohlendorf, on p.22. *Journal für Deutschland*: "Oma…", Presse- Und Informationsamt der Bundesregierung, August/Sept. 1998, on p.63. *Kölner Stadt-Anzeiger*: "Die sind gar nicht so", n°156, 07/07/99, on pp.54-55. McDonald's Deutschland Inc.: p.53. OCR: Table and graphics pp. 93-94. ProSieben Media AG: p.47. PZ: "Wissen Sie…?", July 1992, on pp.118-119. Reinhard Mey: pp.56 and 120 (*Alles geht*, EMI/Intercord). Ricarda M. Romain: "Die verlorene Ehre… ", 24 Nov. 1999, on p.56. Rowohlt Verlag: "Nordische Gattin Gesucht", Harald Focke, Uwe Reimer, *Alltag unterm Hakenkreuz, Band 1* ©1979 Rowohlt Taschenbuch Verlag GmbH, Reinbek, on p.98, "Die Küchenuhr", Wolfgang Borchert, *Das Gesamtwerk* ©1949 Rowohlt Verlag Gmbh Hamburg, on pp.103-104, "13. August 1961…", *Das war die DDR* ©1993 Rowohlt Verlag GmbH Berlin,

on p.125, cartoon by Henry Büttner, Rudi Geerts (Ed.), *Hier lacht das Volk* ©1990 Rowohlt Taschenbuch Verlag GmbH Reinbek, on p.130, and "Adieu DDR", Helga Königsdorf ©1990 Rowohlt Taschenbuch Verlag GmbH Reinbek, on p.132. RTL: p.47. S. Fischer Verlag: "Die Weiße Rose", Inge Scholl © S. Fischer Verlag GmbH, Frankfurt am Main 1982, on p.101. Sächsisches Ministerium für Kultus: "Bei Christian nachgefragt" on p.106, "Wir halten zusammen" on pp.106-107, "Rümanische Deutsche" on p.108, *Junge Sachsen kommen zu Wort, authentische Berichte von Schülern aus Sachsen Gesamtkonzeption*, Régis Grenier © Sächsisches Ministerium für Kultus. SAT. 1: p.47. Schweizer Bundesamt für Statistik: graph on p.33. Societätsverlag: table "Verkaufsauflage…", *Tatsachen über Deutschland*, on p.42, "Die deutsche Presse", on p.43. *Stern Magazine*: "Pleiten…", 23/98, on p.20, "Sagen Sie mal…", 37/99, on p.29, "Auge…", 14/98, on p.44, graph "Deutschland vorn", 5/98, on p.59, "Orden für…", Frank Sierig, 44/98, on p.66, "Autos im Netz/Blechlawine…", Thomas Borchert, 37/99, on p.67, "Männer können…", 5/98, on p.77, "Der Prinz ist tot…", 20/97, on p.78, "Aussiedler…", 20/98, on p.110, "Abschied…", *Stern-Zeitgeschichte Die Anderen Deutschen* (suppl. 39/99), on p.127, "Mein 9. November", Stern-Zeitgeschichte Die Deutsche Stunde (suppl. 39/99), on p.131. Suhrkamp Verlag: "Die Reichen Plebejer", Ödön von Horvath, *Jugend ohne Gott*, Suhrkamp Taschenbuch 1994, Suhrkamp Verlag, on p.97. *Tina Magazine*: "Jugendliche wissen…", n°25, 17/6/99, on p.14, "Machen Computer…?", 24/99, on p.64, "Ein Fall…", n°25, 17/06/99, on p.85. Universum Verlagsanstalt GmbH KG: "Ein Joghurt…", *PZ Spezial* © Euromobil, Suppl. in PZ n°87, März 1997, Hrsg. Europäische Kommission, on p.16. Vera Gaserow: "Und dann hängten…", *Die Zeit* 02/19/93, on p.82. Verlag Herder: "Gewalt…" on p.80, "Trouble…" on p.80, "Kohle oder Prügel", Teil 1/2, on pp.80-81 © Inghard Langer, *Überlebenskampf im Klassenzimmer*, Verlag Herder, Freiburg, 1994. Verlag Kiepenheuer & Witsch: "Die Sprache als…", by Heinrich Böll, *Essayistiche Schriften und Reden 1* ©1979 Verlag Kiepenheuer & Witsch, on p.35. Verlagsgruppe Beltz: "Wohin gehöre ich? ", Ahmet Bayat (*Ich bin weder Türke noch Deutscher - ich habe keine Heimat*), *Psychologie Heute* n°2 1981, on p.112. Werbeagentur Michael Rechl: map "Aus diesen Ländern…", *Information zur politischen Bildung* n°222 B6897F, on p.110. Westermann Schulbuchverlag GmbH: "Zahl der Arbeitslosen…", Ebeling/Birkenfeld: *Die Reise in die Vergangenheit, Band 4 Lehrerausgabe* © Westermann Schulbuchverlag GmbH 1975, on p.92, "Judenverfolgung…", Ebeling/Birkenfeld: *Die Reise in die Vergangenheit, Band 5*, Westermann Schulbuchverlag GmbH 1999, on p.98. Wochenpost: 03/10/99, by Bärbel Rechenbach, on p.133. ZDF: p.47. ZDF. online: "Die täglichen Talkshows", ZDF. online, 55100 Mainz, http://www.zdf.de, on p.54.

Photos: *Bild* (p.46). Bildarchiv Preußischer Kulturbesitz, Berlin (p.122). *com! online internetmagazine* (p.71). Corbis (p.96), Jacques M. Chenet/Corbis (p.34), Hulton-Deutsch Collection/Corbis (pp.89 and 99), Bettmann/Corbis (pp.35, 57, 92, 123, 125), Peter Turnley/Corbis (p.128), Owen Franken/Corbis (p.134). David Simson (pp.40, 41, 42, 51, 80, 81, 113, 115, 121). dpa Bildarchiv (p.118). Gabriele Wohmann (p.88). Interfoto-Pressebild-Agentur (p.103). Harry Hampel (pp.38-39). Isolde Ohlbaum (p.132). Julia Meyer-Loos (p.78). Lois Lammerhuber/ Photoarchiv Lammerhuber, GEO Österreich n°2 10/04/91 (p.30). Manuel Aicher (p.102). Michael Hughes (p.110). Reinhard Mey (p.120). REX Features Ltd: Johannes Ludewig © Thomas Grabka/REX Features Ltd. (p.28). Siemens AG, Germany (p.18). SOA Photo Agency, Nezih Akkutay © Wegner/Picture Press/SOA (p.44); G. Hauptmann, T. Grube and H. Lind © Volker Hinz/Stern (p.77). SwissLEM AG (p.68). The Kobal Collection © Paramount/Orion/WDR Bioskop/Cinema Int'l (courtesy Kobal, p.56). Verlagsgruppe Milchstraße Syndication, Milchstr. 1, D-20148 Hamburg © Katharina Hummel/Milchstraße Syndication (p.55).

In some cases it has not been possible to trace copyright holders of material reproduced in *Aufgeklärt*. The publisher will be pleased to rectify any omissions at the earliest opportunity.

1 Umwelt

Inhalt

Kommunikationsziele

- Leserbriefe schreiben
- Lösungsvorschläge machen
- argumentieren

> Noch sind die Wälder grün und auf den Feldern wächst unsere Nahrung heran. Die Städte wachsen immer weiter und wir Menschen leben vor uns hin, als ob es keine Umweltprobleme gäbe.

Die Umwelt macht sich bemerkbar!

Nach Meinung einiger Wissenschaftler erwärmt sich das Klima der Erde langsam aber sicher, wofür der Treibhauseffekt verantwortlich gemacht wird. Auch das Ozonloch wächst, die Gewässer der Erde werden immer mehr verschmutzt und auch an Land wächst der Müllberg.

▷ „Was soll ich damit?"

❶ Partnerarbeit. Sehen Sie sich die Abbildung an und besprechen Sie mit Ihrem Partner/Ihrer Partnerin die folgenden Fragen. Unten im Kasten sind einige Wörter, die nützlich sein könnten.

a Was ist auf der Abbildung zu sehen?
b Warum sieht das Baby unglücklich aus?
c Was bedeutet die Aufschrift „Defekte Ware – bitte umtauschen"?
d Machen Sie eine Liste: Welche Probleme fallen Ihnen ein, wenn Sie an Umweltverschmutzung denken?

die Erde the earth	**die Welt** earth
leihen (leiht, lieh, geliehen) to borrow	**dreckig** dirty
unglücklich unhappy	**tot** dead
der Globus (-se) globe	**zerstört (*verb*: zerstören)** destroyed

▷ Welcher Ökotyp sind Sie?

❶ Machen Sie das Quiz auf Arbeitsblatt 1.1 und lesen Sie auf Seite 22 unten nach, welches Verhältnis Sie zur Umwelt haben.

A1.1

▷ Der Treibhauseffekt und das Ozonloch

❶ ◧◧ Hören Sie sich Teil 1 des Beitrags zum Treibhauseffekt an. Welche der hier aufgelisteten Punkte werden erwähnt und welche nicht?

- die Nützlichkeit von Kohlendioxyd
- die möglichen Folgen der Erwärmung der Erde
- das Erfrieren der Pinguine an den Polen
- der Anstieg des Meeresspiegels
- die Überschwemmung von Küstenregionen

- die Verlagerung von Meeresströmungen
- die Erneuerung der Wasservorräte
- die Verlagerung von Klimazonen
- die Entstehung einer Wüste in Mitteleuropa
- die Sorglosigkeit der deutschen Regierung

Nicht nur an den Polen, sondern auch hier in Europa schmilzt das „ewige Eis"

❷ ◆◆ Hören Sie sich Teil 2 des Beitrags zum Thema Ozonloch an. Welche Satzteile gehören zusammen? Achtung, es gibt weniger Satzanfänge als -enden!

a Das Ozonloch bereitet…

b Seit einigen Jahren wird davor gewarnt,…

c Wissenschaftler glauben nämlich,…

d Der Grund dafür…

e Die Hauptschuld an der Zerstörung der Ozonschicht…

f In Deutschland ist die FCKW Produktion…

1 seit Januar 1995 verboten.

2 ist der Treibhauseffekt.

3 FCKW zu produzieren.

4 ist das so genannte Ozonloch.

5 tragen die FCKW.

6 der Erde ebenfalls Probleme.

7 dass immer mehr ultraviolette Strahlung die Erdoberfläche erreicht.

8 zu intensiv sonnenzubaden.

GRAMMATIK

Seite 154, § 5.9a   G1.1 ▷

Konditional im Präsens (Bedingungsform)

Um den Konditional zu bilden nimmt man den Konjunktiv Imperfekt von „werden" zusammen mit dem Infinitiv des Verbes.

Singular:
ich würde fragen
du würdest sagen
er würde lesen

Plural:
wir würden singen
ihr würdet essen
Sie würden gehen
sie würden sehen

Die Eiskappen der Pole **würden schmelzen**…
The polar ice caps would melt…
… Tiere und Pflanzen **würden leiden**.
… animals and plants would suffer.

ZUM ÜBEN

Füllen Sie die Lücken mit den angegebenen Verbformen aus, ohne sich dabei den Text wieder anzuhören! Die fehlenden Wörter sind im Kasten, aber sie sind nicht in der richtigen Reihenfolge!

Bei einer Erwärmung der Erde __1__ die Folgen katastrophal __2__ . Die Eiskappen der Pole __3__ __4__ und dadurch würde der Meeresspiegel __5__ und die Überschwemmung vieler Küstenregionen __6__ . Unter diesen Umständen __7__ sich Meeresströme und Windströmungen __8__ , was weitere Auswirkungen auf das Klima in bestimmten Regionen haben __9__ . Viele lebenswichtige Wasserressourcen __10__ bedroht __11__ und die Klimazonen __12__ sich __13__ . Dabei __14__ in einigen Gebieten der Welt neue Wüsten __15__ .

würden würden würden würden würden würden werden ansteigen sein könnte schmelzen verursachen verschieben verändern entstehen

Das veränderte Klima löst immer mehr Katastrophen aus

Asien ertrank im Regen. Und nicht nur in Asien war das Jahr 1998 das Jahr der großen Unwetterkatastrophen.

Katastrophen in den USA: Erst löste der feuchte, milde Winter in den Bundesstaaten Nevada und Arizona eine furchtbare Heuschreckenplage aus. Im Sommer folgte eine wochenlange Hitzewelle, die den Boden rissig werden ließ. In Florida verdunkelten die Rauchwolken verheerender Waldbrände den Himmel. In Texas wurde die Hitzewelle schließlich abgelöst von Regenfluten bisher nicht gekannten Ausmaßes.

Die Türkei erlebte Rekordtemperaturen von über 40 Grad, Gluthitze von 42 Grad gab es auch in Spanien. Auf Malta lagen die Hochsommertemperaturen zwölf Grad über dem Mittel von 29 Grad. Auf Zypern kam es durch die Hitzewelle zu Waldbränden. Russland stöhnte unter 37 Grad Hitze, riesige Waldbrände wüteten in Sibirien.

Überflutungen in Polen, der Slowakei, Tschechien, Österreich und Ungarn forderten über 100 Menschenleben.

In den Alpen beobachteten Klimaforscher eine ungewöhnliche Wärmephase: Die Frostgrenze kletterte von 3000 auf 4500 Meter Höhe.

Weltweit ist das Wetter aus den Fugen geraten und Experten befürchten, dass Regenfluten und Dürrekatastrophen die Folge eines weltweiten Klimawandels sein könnten. Denn: Die ersten sieben Monate dieses Jahres waren – jeder für sich – die wärmsten seit 1880, dem Beginn der offiziellen Wettermessung. Und schon 1997 war das wärmste Jahr überhaupt seit diesem Zeitpunkt.

Untersuchungen britischer Klimaforscher zur europäischen Klimageschichte ergaben: Seit 1000 Jahren hat es kein so warmes Jahrhundert gegeben wie das jetzige. Und eine Studie, die die britische Regierung in Auftrag gegeben hat, ergab: Im kommenden Jahrhundert wird das Wetter in England etwa dem milden Klima entsprechen, das jetzt an der französischen Loire herrscht.

Über die Ursachen der stetigen Erwärmung sind sich die Experten uneinig. Einige stehen auf dem Standpunkt, die gegenwärtige Erwärmung bewege sich noch im Rahmen der üblichen Klimaschwankungen. Andere aber sind überzeugt, dass der Mensch selbst für die Klimakatastrophe verantwortlich ist, unter der er jetzt leidet: zunehmende Industrialisierung und die Produktion von immer mehr Treibhausgasen.

FRAU im Spiegel

die Heuschreckenplage (-n) plague of locusts	**auf dem Standpunkt stehen** to be of the opinion
verheerend (verb: verheeren) devastating	**üblich** usual
das Ausmaß (-e) extent	**die Klimaschwankung (-en)** change in climate
die Dürrekatastrophe (-n) drought	**leiden (leidet, litt, gelitten)** to suffer
der Klimawandel (-) change of climate	**das Treibhausgas (-e)** greenhouse gas

❶ 🔲🔲 Lesen Sie den Text mit Hilfe der angegebenen Vokabeln. Entscheiden Sie, welche der folgenden Punkte richtig sind, welche falsch und welche im Text nicht erwähnt werden.

Beispiele: 1998 war in Asien das Jahr der Umweltkatastrophen. (falsch)

Das Ozonloch wird immer größer. (nicht erwähnt)

a 1998 hat es in Asien überdurchschnittlich viel geregnet.

b Das gesamte Gebiet der USA wurde von einer Heuschreckenplage heimgesucht.

c Im Südosten der USA sowie auf Zypern und in Sibirien hat der Wald gebrannt.

d Mehr Touristen als je zuvor haben die Malediven besucht.

e In Osteuropa sind viele Menschen wegen des Hochwassers gestorben.

f In den Alpen hat es mehr Lawinen gegeben als sonst.

g Seit 1880 ist das Klima ständig wärmer geworden.

h Laut Klimaforschern aus Schottland ist unser Jahrhundert das wärmste seit 1000 Jahren.

i In Zukunft wird das Wetter in Europa so warm wie in Afrika sein.

j Die Wissenschaftler wissen nicht genau, warum das Klima wärmer wird.

▷ Die Presse als Meinungsmacher

Das Loch über unseren Häuptern
Ozonalarm im Norden:
Die Sünden der Industrieländer

Erstmals "natürlicher Feind" des Ozonkillers entdeckt
FCKW-fressende Bakterien?

Messungen zum Ozonloch
Forscher: Keine akute Gefahr

Amerikanische und russische Wissenschaftler:
Kein Beweis für Treibhauseffekt

Auslöser: FCKW, Halone, Vulkan Partikel
Antarktis-Ozonloch größer als je zuvor

Wetterdienst-Chef:
Keine Anzeichen für Klimakatastrophe

Wissenschaftler mahnen zur Einsicht
„Klimaveränderung hat schon begonnen"

Schatten suchen, Schutzcremes nehmen und auf Piepton der "SunWatch" achten
Nach dem Sonnenbrand kommt der Hautkrebs

❶ Partnerarbeit. Vergleichen Sie die Zeitungsüberschriften zur Klimaveränderung und zum Ozonloch. Welchen Eindruck bekommen Sie durch die verschiedenen Überschriften? Machen Sie zwei Listen: Welche Überschriften machen dem Leser Angst und welche beruhigen?

Beispiel: *macht Angst*　　　　　　　　　　*beruhigt*
　　　　　　Das Loch über unseren Häuptern…　　…
　　　　　　…　　　　　　　　　　　　　　　…

❷ 🗐 Notieren sie kurz Ihre eigene Meinung zu den verschiedenen Überschriften.

Beispiel: *Das Loch über unseren Häuptern*
　　　　　　Ozonalarm im Norden: Die Sünden der Industrieländer
　　　　　　Das ist alles Panikmache. Ich glaube das nicht.
　　　　　　So schlimm kann es gar nicht sein. …

❸ Zum Schreiben. Sie haben den Artikel „Das veränderte Klima löst immer mehr Katastrophen aus" in der Zeitschrift *Frau im Spiegel* gelesen. Stimmen Sie mit dem Autor dieses Artikels überein? Oder glauben Sie, dass es Panikmache ist? Schreiben Sie einen Leserbrief an die Zeitschrift, in dem Sie Ihre persönliche Meinung zu dem Thema ausdrücken. Schreiben Sie 50–80 Wörter.

Beispiel:

Exeter, den 15. September 2001

Sehr geehrte Damen und Herren,
Ich habe den Artikel „Das veränderte Klima löst immer mehr Katastrophen aus" in Ihrer Zeitschrift gelesen und möchte Folgendes dazu sagen: …

Hochachtungsvoll,
Peter Schmitz *(Schüler)*

Und was kann getan werden?

Natürlich kann man die Problematik der Umweltverschmutzung weiterhin ignorieren oder die Politiker alleine verantwortlich machen. Man kann aber auch selbst etwas tun...

Jugendliche wissen, was wichtig ist

Sie sind keineswegs so desinteressiert, wie mancher Erwachsene glaubt. Im Gegenteil, Kinder und Jugendliche machen sich durchaus Gedanken über das, was um sie herum geschieht – nicht zuletzt über das Thema Umwelt. Das beweist eine Studie des Instituts für Umweltforschung, München, bei der 6- bis 16-Jährige befragt wurden. Fest steht, dass sie die Verantwortung für den Schutz der Umwelt auch bei sich selbst sehen und bereit sind, dafür etwas zu tun. (Siehe Grafik.) An erster Stelle steht die Abfalltrennung, gefolgt von Sparmaßnahmen beim Wasserverbrauch und verschiedenen Möglichkeiten Verpackungsmaterial zu vermeiden (z.B. Butterbrotdose). Fest steht aber auch, dass in erster Linie Familie und Schule das Verhalten der Kinder prägen. Als persönliches Vorbild für umweltbewusstes Verhalten gilt immer noch die Mutter. Bei knapp einem Drittel der Befragten nimmt sie diese Rolle auch tatsächlich wahr, indem sie Dinge für die Umwelt tut, die ihren Kindern positiv auffallen.

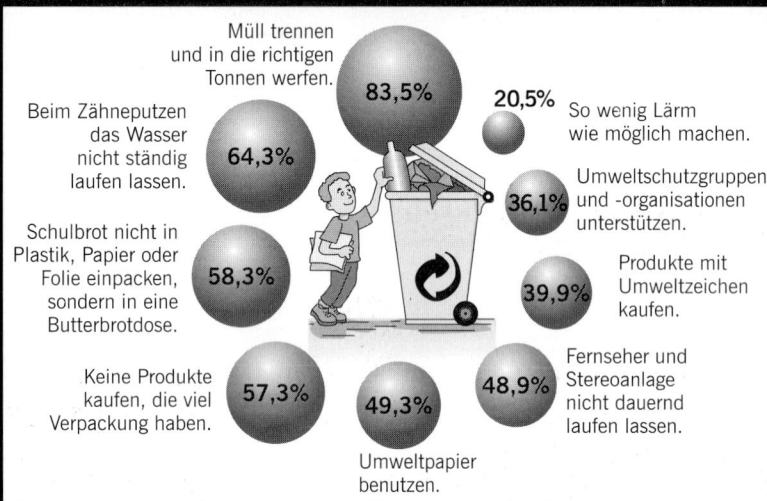

Müll trennen und in die richtigen Tonnen werfen. **83,5%**

20,5% So wenig Lärm wie möglich machen.

Beim Zähneputzen das Wasser nicht ständig laufen lassen. **64,3%**

36,1% Umweltschutzgruppen und -organisationen unterstützen.

Schulbrot nicht in Plastik, Papier oder Folie einpacken, sondern in eine Butterbrotdose. **58,3%**

39,9% Produkte mit Umweltzeichen kaufen.

Keine Produkte kaufen, die viel Verpackung haben. **57,3%**

49,3% Umweltpapier benutzen.

48,9% Fernseher und Stereoanlage nicht dauernd laufen lassen.

tina
für die Frau von heute

---

❶ ▤▤ Wählen Sie aus den drei Möglichkeiten die jeweils Richtige aus.

1 Jugendliche...
  a sind am Thema Umweltschutz nicht interessiert.
  b haben Angst vor dem Thema Umwelt.
  c interessieren sich für das Thema Umwelt.

2 Eine Studie des Instituts für Umweltforschung stellte fest,...
  a dass 6- bis 16-Jährige alleine die Verantwortung für den Schutz der Umwelt tragen.
  b dass Jugendliche sich auch für die Umwelt verantwortlich fühlen.
  c dass Teenager in München, wie in der Grafik, alles ordentlich in die Mülltonne werfen.

3 Für umweltbewusste Jugendliche ist...
  a das Wassersparen am wichtigsten.
  b die Mülltrennung am wichtigsten.
  c es wichtig eine große Mülltonne zu haben.

keineswegs	not at all
durchaus	indeed
bereit sein	to be prepared
die Abfalltrennung (-en)	separation of rubbish
die Sparmaßnahme (-n)	measure to save s.th.
das Verpackungsmaterial (-ien)	packaging

4 Das Verhalten der Kinder bezüglich ihres Umweltbewusstseins…
   a wird vor allem vom Verhalten der Mutter geprägt.
   b wird von der Schule am stärksten beeinflusst.
   c hängt von der Größe der Butterbrotdose ab.
5 Viele Mütter…
   a interessieren sich nicht für die Umwelt.
   b sehen in ihren Kindern Vorbilder.
   c verhalten sich so, dass ihre Kinder von
     ihnen Umweltbewusstsein lernen.

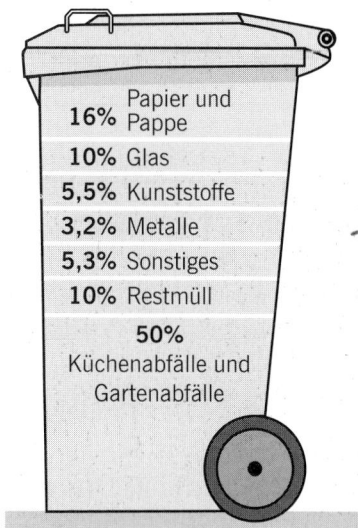

▷ Den Müllberg bekämpfen

❶ **Partnerarbeit.** Was wandert bei Ihnen zu Hause
alles in die Mülltonne? Machen Sie eine Liste!

16%	Papier und Pappe
10%	Glas
5,5%	Kunststoffe
3,2%	Metalle
5,3%	Sonstiges
10%	Restmüll
50%	Küchenabfälle und Gartenabfälle

Das ist in einer Mülltonne,
wenn man nicht sortiert

▷ Abfall trennen

Abfall trennen
und der Müllberg nimmt ab

Tipp Nr. 2

Schadstoff Mobil

Farben, Lacke, Verdünner
Säuren, Laugen
Holz-, Pflanzenschutzmittel
Rostschutzmittel, Chemikalien
Batterien
Spraydosen, Stanniolkapseln
von Weinflaschen
Leuchtstoffröhren
Lametta u.ä

Altglas-Container

Ja	Nein
Flaschen	Porzellan und
Gläser	Keramik
(getrennt nach	Plastikflaschen
Weiß- und Bunt-	Flaschenverschlüsse
glas)	Fensterglas
	Leuchtstoffröhren und
	Glühbirnen

Altpapier-Container

Ja	Nein
Papier	Getränketüten
Pappen	Tapeten
Kartons	Durchschreib-
Zeitungen	papier
Zeitschriften	Stark ver-
	schmutztes
	Papier

Bio-Tonne
Kompostierbare Abfälle

Speisereste
Obst- und Gemüseabfälle
Tee- und Kaffeefilter
Rasen- und
Strauchschnitt
Laub, Blumenerde
Sägespäne

Restmüll-Tonne
Nicht verwertbare Abfälle

Porzellan und Keramik
Kunststoffe
Windeln
Verbundverpackungen
(z.B. Getränketüten)
Asche
Stark verschmutztes Papier

So wird in Deutschland der Müll getrennt

❶ Sehen Sie sich die Abbildung oben gut an und schlagen Sie unbekannte
Vokabeln im Wörterbuch nach.

❷ **Partnerarbeit.** Machen Sie jetzt die Aufgabe auf Arbeitsblatt 1.2.

A1.2

15

▷ Ein gutes Vorbild ist wichtig

Gertrud Zimmermann spricht darüber, wie ihre Kinder lernen mit dem Müll umzugehen.

❶ ◼◼ Hören Sie sich Frau Zimmermann an und machen Sie die Aufgaben auf Arbeitsblatt 1.3.

A1.3

▷ Ein Joghurt geht auf Reisen

Immer mehr __1__ wollen gesund leben und als Konsumenten die Umwelt möglichst wenig belasten. Deshalb kaufen sie __2__ , die den Ruf haben „ökologisch" zu sein. Wie weit es mit dem Öko-Image tatsächlich her ist, lässt sich im Einzelfall jedoch nur schwer überprüfen. Ist zum Beispiel ein Gläschen Erdbeerjoghurt __3__ schon deshalb ökologisch, weil der Inhalt naturbelassen oder die __4__ – Glas statt Kunststoff – weitgehend wieder verwertbar ist?

Nicht __5__ , meint Stefanie Böge. Sie hat sich in ihrer Diplomarbeit um einen Umweltaspekt gekümmert, der bei Lebensmitteln gern vergessen wird – den __6__ . Die Frage tauchte beim Frühstück auf: Wie viele Transportkilometer hat ein Erdbeerjoghurt im 15-Gramm Glas hinter sich, __7__ er beim Konsumenten ankommt?

Die __8__ ist ernüchternd. Bis der Joghurt eines Stuttgarter Lebensmittelherstellers auf dem heimischen Küchentisch steht, zählte Stefanie Böge für Anlieferung von Rohstoffen, die Herstellung und die Auslieferung eine __9__ von 7857 Kilometern in Deutschland und dem europäischen Ausland.

Milch und Zucker für den Joghurt kommen __10__ noch aus der Umgebung von Stuttgart. Aber schon die Joghurtkulturen werden aus Niebüll an der deutsch-dänischen __11__ herangeschafft. Das Aluminium für den Deckel legt 304 Kilometer zurück. Die Erdbeeren reisen aus Polen an und werden in Aachen verarbeitet, __12__ die Früchte genauso gut in Baden-Württemberg wachsen. Mais- und Weizenpulver für den Leim auf den Etiketten kommen aus Amsterdam und Südfrankreich. __13__ das Kunststoffgranulat für die Transportverpackung. Bestandteile für Pappen werden unter anderem in Österreich eingekauft. Ist der Joghurt erst einmal im Glas, beginnt der __14__ zum Konsumenten. Geschäfte und Supermärkte in ganz Süddeutschland werden beliefert.

Das kann man den Firmen nicht vorwerfen. Jedes __15__ muss mit spitzem Stift rechnen und kauft deshalb dort ein, wo es am __16__ ist. Entfernungen spielen keine Rolle, weil der Transport auf der Straße __17__ ist. Besonders schlimm für die Umwelt: Jeder Kilometer wird per Lastwagen auf Bundesstraßen und Autobahnen zurückgelegt. Warum nicht mit der Bahn? Weil sie zu __18__ , zu langsam und zu unflexibel sei, erfuhr Stefanie Böge vom Hersteller.

Und was ist mit der Verantwortung der Konsumenten? „Schauen Sie an der Kasse mal in den eigenen __19__ ", fordert Stefanie Böge. Wie viele Transportkilometer haben sich dort summiert? Die Strecke könnte verkürzt werden, wenn jeder __20__ nach regionalen Produkten Ausschau hält. Und wer seine persönliche Öko-Bilanz noch weiter aufbessern will, der verzichtet auf die Autofahrt zum Supermarkt vor der Stadt und geht statt dessen zu Fuß zum Laden um die Ecke.

PZ Spezial

wie weit es mit etw. her ist	in how far s.th. is real
wieder verwertbar	recyclable
heimisch	at home
die Herstellung (-en)	production

die Auslieferung (-en)	transport to the shops
der Leim (-e)	glue
nach etw. Ausschau halten	to look out for s.th.
aufbessern (_sep._)	to improve

❶ Lesen Sie den Text auf Seite 16 und entscheiden Sie, welche Wörter in die Lücken gehören.

Produkte	Antwort	Wegstrecke	preiswert	Menschen	unbedingt	ebenso
teuer	Unternehmen	bevor	Weg	alleine	Grenze	Einkaufswagen
billigsten	obwohl	Verpackung	Güterverkehr	Verbraucher	zwar	

❷ Bringen Sie die folgenden Aussagen in die dem Text entsprechend richtige Reihenfolge.

a Es wurde eine Diplomarbeit darüber geschrieben, wie viele Kilometer die Rohstoffe für einen Erdbeerjoghurt hinter sich gebracht haben.

b Mehr als 7800 km bringen die verschiedenen Komponenten des Joghurts hinter sich.

c Es ist ökologischer zu Fuß zum Tante-Emma-Laden zu gehen und dort einzukaufen.

d Die Rohstoffe kommen aus mehreren europäischen Ländern.

e Der Grund dafür ist, dass die Hersteller des Joghurts Geld sparen müssen.

f Ist ein Joghurt aus biologischem Anbau im Glas wirklich ökologisch?

❸ **Zum Schreiben**. Write a 200-word summary of the yoghurt's journey in English.

❹ **Partnerarbeit.** Machen Sie jetzt die Aufgaben auf Arbeitsblatt 1.4, „Was kann jeder Einzelne tun, um die Umwelt zu schützen?"

A1.4

❺ **Zum Schreiben.** Schreiben Sie einen Brief an einen Abgeordneten des Europäischen Parlaments, in dem Sie konstruktive/praktische Vorschläge zur Bekämpfung des Müllberges machen.

Beispiel:

Birmingham,
den 20. September 2001

Sehr geehrte(r) Frau.../Herr...
Ich hoffe, dass Sie als Politiker(in) unsere Ängste ernst nehmen und dafür sorgen, dass unsere Umwelt für die zukünftigen Generationen erhalten bleibt. In Anbetracht der Probleme, die der ständig wachsende Müllberg verursacht, möchte ich folgende Vorschläge machen:...

Hochachtungsvoll,

Manuela Manz (Schülerin)

Atomkraft – jein danke

Deutschland hat nicht viele Rohstoffe. Deshalb wurde der Bau von Atomkraftwerken optimistisch in Angriff genommen. Heute wissen wir, dass die Atomkraft nicht die wunderbare Lösung unseres Energieproblems ist, für die sie zu Anfang gehalten wurde.

Bei uns kommt der Strom aus der Steckdose!

❶ Sehen Sie sich die Abbildung an. Suchen Sie die deutschen Entsprechungen für die folgenden englischen Vokabeln.

a *electricity*
b *nuclear energy*
c *hard coal*
d *brown coal*
e *natural gas*
f *heating oil*
g *others*

❷ Welche Art der Stromerzeugung halten Sie für umweltfreundlich? Warum?

❸ **Gruppenarbeit.** Besprechen Sie in Ihrer Gruppe, wofür Sie jeden Tag Strom verbrauchen. Machen Sie eine Liste.

Beispiel: Fön, Computer…

❹ **Partnerarbeit.** Was passiert, wenn der Strom ausfällt? Sicher haben Sie diese Situation schon einmal erlebt. Erzählen Sie sich gegenseitig, was Sie bei Stromausfall normalerweise tun. Welche Probleme bringt ein Stromausfall?

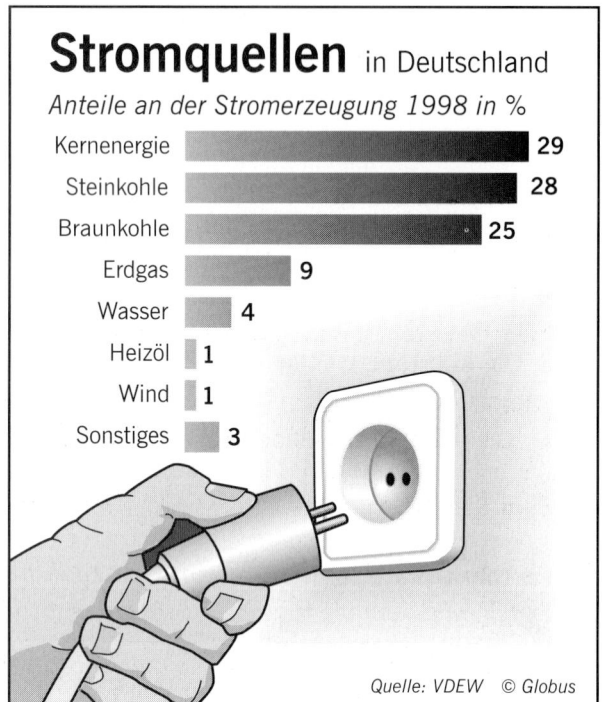

Stromquellen in Deutschland
Anteile an der Stromerzeugung 1998 in %

Kernenergie	29
Steinkohle	28
Braunkohle	25
Erdgas	9
Wasser	4
Heizöl	1
Wind	1
Sonstiges	3

Quelle: VDEW © Globus

Strenge Sicherheitsauflagen für deutsche Kernkraftwerke

In der Bundesrepublik wird streng darauf geachtet, dass es nicht zu Reaktorkatastrophen kommt.

❶ Hören Sie sich die Informationen über die Sicherheitsauflagen für Kernkraftwerke in der Bundesrepublik an. Machen Sie die Aufgaben auf Arbeitsblatt 1.5.

A1.5

Kernkraftwerke – angeblich ganz sicher…
Abbildung: Kernkraftwerk Gundremmingen

GRAMMATIK

Seite 153, § 5.8 G1.2

Passiv

In der Bundesrepublik **werden** insgesamt 21 Kernkraftwerke **betrieben**.
In the Federal Republic, a total of 21 nuclear plants are operational.
Störfälle in den Kernkraftwerken **müssen gemeldet werden**.
Systems failures in the nuclear plants must be reported.

ZUM ÜBEN

Unterstreichen Sie auf Arbeitsblatt 1.5 alle Passivkonstruktionen im Text. Wie würde man diese im Englischen ausdrücken? A1.5

❷ **Zum Schreiben.** Wie wird in Deutschland, laut dem Bundesministerium, die Sicherheit in Kernkraftwerken gewährleistet? Erklären Sie es in Ihren eigenen Worten. Fangen Sie so an:

Schon bei der Planung und dem Bau wird die Sicherheit ernst genommen…

PRÜFUNGSTIPP

Organisation der Notizen zur Prüfungsvorbereitung Seite 137

Man kann nie früh genug anfangen sich auf Hausarbeiten (*coursework*) und die schriftlichen Prüfungen vorzubereiten. Wie immer stellt man sich natürlich die Frage: „Wie fange ich bloß an?" Machen Sie die folgenden Aufgaben um zu sehen, was Sie bereits wissen, und lesen Sie dann auf den Seiten 137–139 unter *Coursework or topic essays in the exam?* nach.

Wo fängt man an? Suchen Sie die richtigen Aktivitäten aus der Liste heraus und bringen Sie sie in eine sinnvolle Reihenfolge. Achtung, es gibt auch Aktivitäten, die nicht so nützlich sind!

- Weitere Informationen zu den Prüfungsthemen finden
- Alle Notizen ganz weit unter das Bett schieben
- Vokabeln zu den Prüfungsthemen sammeln (z.B. in Assoziogrammen) und lernen
- Sich zu den alten Prüfungsaufgaben noch andere mögliche Aufsatzthemen ausdenken und mit Plänen vorbereiten
- Alle Prüfungsaufgaben aus den vorherigen Jahren auswendig lernen
- Herausfinden, welche Themen in der Prüfung abgefragt werden
- Alle Notizen zusammensuchen
- Notizen in Themenbereiche ordnen
- In Panik ausbrechen
- Sich alte Prüfungsbögen besorgen und zu verschiedenen Aufsatzthemen Pläne erstellen
- Geordnete Notizen auf dem Computer speichern oder in verschiedenen Mappen abheften

Pleiten, Pech und Pannen
Die Negativbilanz der deutschen Atompolitik – Milliardengräber und Skandale

- **1975 Wyhl beim Kaiserstuhl.** Ohne Atomstrom gehen die Lichter aus, behauptet die Atomlobby. Doch nach heftigem Widerstand der Bevölkerung wird der Reaktorbau eingestellt – ohne Schaden für die Elektrizitätsversorgung.

- **1979 Gorleben.** Gegen den Widerstand zahlreicher Bürgerinitiativen soll hier das zentrale Entsorgungszentrum für alle deutschen Atomkraftwerke entstehen, doch die Eignung des Salzstocks ist umstritten. Ein Baustopp wird aufgehoben, ein neuer verhängt. Gorleben dient heute als Zwischenlager.

- **1981 Wackersdorf.** Bayern setzt den Bau der Wiederaufbereitungsanlage gegen heftige Widerstände durch. Nach bürgerkriegsähnlichen Kämpfen erklären die Elektrizitätswerke die Anlage im April 1989 für entbehrlich. Drei Milliarden Mark sind in den Sand gesetzt.

- **1986 Tschernobyl.** Nachdem der sowjetische Reaktor in die Luft geflogen ist, verharmlosen und beruhigen staatliche und wirtschaftliche Instanzen in der Bundesrepublik den Vorfall. Später stellt sich heraus, dass auch in Deutschland radioaktive Partikel abgeregnet sind, zu finden in Pilzen und Wildbret.

- **1987 Hanau.** Der Firma Transnuklear wird die Betriebserlaubnis entzogen, nachdem bekannt wird, dass sie radioaktive Abfälle verschoben hat. Ein halbes Jahr später wird die Skandal-Firma aufgelöst.

- **1987 Biblis A.** Nach Bedienungsfehlern fließt radioaktives Kühlwasser aus dem Druckgefäß ins Gebäude. Der Umweltminister wird erst ein Vierteljahr später unterrichtet.

- **1988 Nukem.** Die Firma muss nach Schmiergeld-Skandalen und Betrugsvorwürfen den Handel mit nuklearem Brennstoff und die Produktion von Brennelementen aufgeben.

- **1988 Mühlheim-Kärlich.** Die Baugenehmigung für den Reaktor wird im Nachhinein für rechtswidrig erklärt. Die Anlage nahe einer Erdbebenspalte muss nach 14-monatiger Betriebszeit wieder vom Netz.

- **1988 Hamm-Uentrop.** Der Hochtemperaturreaktor wird nach dreijähriger Betriebsdauer mangels Wirtschaftlichkeit aufgegeben.

- **1991 Hanau.** Die MOX-Fabrik, die Brennelemente aus Uran und Plutonium („Misch-Oxid" = MOX) herstellt, wird aufgrund von Sicherheitsmängeln geschlossen.

- **1991 Kalkar.** Das Aus für den Schnellen Brüter am Niederrhein. Er sollte Strom für die Ewigkeit liefern, wurde aber immer teurer, während die Inbetriebnahme von Jahr zu Jahr verschoben wurde. Die Bauruine, die 7,5 Milliarden Mark gekostet hat, wird als Freizeitpark genutzt.

Stern

---

das Entsorgungszentrum (-zentren) (nuclear) waste disposal centre
die Eignung suitability
der Salzstock (-stöcke) salt mine
das Zwischenlager (-) temporary store
die Wiederaufbereitungsanlage (-n) reprocessing plant
verharmlosen to play down
der Vorfall (-fälle) incident
das Wildbret (*no pl.*) game; venison

der Bedienungsfehler (-) mistake in operating a machine
das Schmiergeld (-er) bribe
der Betrugsvorwurf (-würfe) accusation of fraud
die Baugenehmigung (-en) planning permission
rechtswidrig unlawful
die Erdbebenspalte (-en) earthquake fault line
das Brennelement (-e) fuel element
der Sicherheitsmangel (-mängel) lack of security

❶ 🖽 Lesen Sie den Text mit Hilfe der angegebenen Vokabeln. Suchen Sie dann die genauen Entsprechungen der folgenden Ausdrücke im Text auf Seite 20.

Beispiel: wird es dunkel → gehen die Lichter aus

a beendet
b obwohl viele Leute es nicht wollen
c nicht nötig
d sind verschwendet worden
e explodiert ist
f es hat radioaktiv geregnet
g hinterher

h muss… wieder abgeschaltet werden
i weil er keinen Profit macht
j produziert
k das Ende
l für immer
m verwendet

❷ Suchen Sie alle Passivkonstruktionen aus dem Text heraus.

Beispiel: Doch nach heftigem Widerstand der Bevölkerung **wird** der Reaktorbau **eingestellt**…

❸ Vervollständigen Sie die Sätze. Sie müssen inhaltlich und grammatikalisch richtig sein.

a 1975 wird von der Atomlobby behauptet, dass…
b 1981 wird in Wackersdorf der Bau…
c 1986 wird in der Bundesrepublik der Vorfall in Tschernobyl von… verharmlost.
d Als 1987 in Biblis A nach einem Bedienungsfehler radioaktives Wasser ins Gebäude fließt, wird…
e Die Baugenehmigung für Mühlheim-Kärlich wird im Nachhinein für rechtswidrig erklärt, weil…

❹ **Zum Schreiben.** In der Nähe Ihres Hauses soll eine Atomkraftanlage gebaut werden. Schreiben Sie einen Brief an Ihren Abgeordneten im Europäischen Parlament, in dem Sie erklären, warum Sie gegen diese Pläne protestieren. Schreiben Sie mindestens 100 Wörter.

▷ Über 25 000 Tonnen Atommüll, die niemand aus der Welt schaffen kann

❶ 📼 Hören Sie sich den Beitrag der IPPNW zum Thema Atomenergie an. IPPNW ist die Sektion Bundesrepublik Deutschland der Internationalen Ärzte für die Verhütung des Atomkrieges, Ärzte in sozialer Verantwortung e.V. Zeichnen Sie die Tabelle ab und ergänzen Sie sie mit den erforderlichen Informationen.

25 000 Tonnen	hochgiftiger radioaktiver Abfall, den Europäer schon produziert haben
220	Anzahl der…
60 000 Tonnen	Atommüll in Europa Ende…
2000	das Jahr, in dem es noch immer…
2008	das Jahr, in dem das Endlager in…
220 Millionen Curie	damit ist jede Tonne Atommüll…
5	prozentualer Anteil der Atomenergie an der…

❷ Beantworten Sie die folgenden Fragen.
Ganze Sätze sind nicht nötig.

a Wie lange dauert die Halbwertszeit (*half-life*) des Atommülls?
b Kann garantiert werden, dass der Atommüll so lange sicher gelagert werden kann?
c Wofür setzt sich die IPPNW ein?
d Was haben wir laut der IPPNW schon zu viel produziert?
e Wozu ruft die IPPNW-Ausstiegskampagne auf?
f Welche Telefonnummer wird angegeben?

Arbeitsblatt 1.1: Antworten

10-14 Punkte: Sie sind ein Umweltmuffel! Es ist Ihnen total egal, was mit der Erde passiert. Ihr Motto ist „Und nach mir die Sintflut!" Denken Sie eigentlich auch an die kommenden Generationen oder nur an sich selbst?

15-23 Punkte: Sie sind ziemlich umweltbewusst! Sie versuchen alles richtig zu machen. Manchmal könnten Sie allerdings noch mehr tun. Vielleicht hilft Ihnen diese Einheit, noch umweltbewusster zu werden!

24-30 Punkte: Sie sind ein Umweltengel! Alles, was Sie machen, zielt darauf ab, die Umwelt zu schonen. Weiter so! Die nächsten Generationen werden dankbar sein.

❸ **Gruppenarbeit.** In Ihrer Gegend soll ein neues Kernkraftwerk gebaut werden. Die Bürgerinitiative „Kernkraft – nicht bei uns!" hat eine Podiumsdiskussion organisiert. Politiker und Befürworter der Kernkraft nehmen an dieser Veranstaltung auch teil. Verteilen Sie die Rollen auf Arbeitsblatt 1.6. Bereiten Sie Ihre zugeteilte Rolle gut vor und nehmen Sie dann an der Diskussion teil.

A1.6

❹ **Zum Schreiben.** In Deutschland fordert die Partei der Grünen, dass alle Atomkraftwerke abgeschaltet werden. Glauben Sie, dass das möglich ist? Schreiben Sie 200–300 Wörter zum Thema: „Sollten alle Atomkraftwerke abgeschaltet werden?" Bedenken Sie die Vor- und Nachteile eines solchen Schrittes. Wenn Sie dafür sind, sollten Sie auch über Alternativen zur Kernenergie nachdenken und praktische Vorschläge machen!

Kulturmagazin **1**

Franz Hohler wurde am 1. März 1943 in Biel in der Schweiz geboren. Heute ist er vor allem als Kabarettist weltweit bekannt, hat aber auch in der Literatur an Bedeutung gewonnen. Er schreibt Werke sowohl für Erwachsene als auch für Kinder und Jugendliche.

Ein wichtiges Thema, welches immer wieder in seinen Erzählungen und Geschichten aufgegriffen wird, ist die Umwelt: Der Mensch hat die Natur verdrängt, jetzt verdrängt die Natur den Menschen.

„Der Verkäufer und der Elch"

Kennen Sie das Sprichwort „Dem Elch eine Gasmaske verkaufen"? Das sagt man bei uns von jemandem, der sehr tüchtig ist, und ich möchte jetzt erzählen, wie es zu diesem Sprichwort gekommen ist. Es gab einmal einen Verkäufer, der war dafür berühmt, daß er allen etwas verkaufen konnte. Er hatte schon einem Zahnarzt eine Zahnbürste verkauft, einem Bäcker ein Brot und einem Blinden einen Fernsehapparat. „Ein wirklich guter Verkäufer bist du aber erst", sagten seine Freunde, „wenn du einem Elch eine Gasmaske verkaufst." Da ging der Verkäufer so weit nach Norden, bis er in einen Wald kam, in dem nur Elche wohnten. „Guten Tag", sagte er zum ersten Elch, den er traf. „Sie brauchen bestimmt eine Gasmaske". „Wozu?" fragte der Elch. „Die Luft ist gut hier." „Alle haben heutzutage eine Gasmaske", sagte der Verkäufer. „Es tut mir leid", sagte der Elch, „aber ich brauche keine." „Warten Sie nur", sagte der Verkäufer, „Sie brauchen schon noch eine."

Und wenig später begann er mitten in dem Wald, in dem nur Elche wohnten, eine Fabrik zu bauen. „Bist du wahnsinnig?" fragten seine Freunde. „Nein", sagte er, „ich will nur dem Elch eine Gasmaske verkaufen."

Als die Fabrik fertig war, stiegen soviel giftige Abgase aus dem Schornstein, daß der Elch bald zum Verkäufer kam und zu ihm sagte: „Jetzt brauche ich eine Gasmaske." „Das habe ich mir gedacht", sagte der Verkäufer und verkaufte ihm sofort eine. „Qualitätsware!" sagte er lustig. „Die anderen Elche", sagte der Elch, „brauchen jetzt auch Gasmasken. Hast du noch mehr?" (Elche kennen die Höflichkeitsform mit „Sie" nicht.) „Da habt ihr Glück", sagte der Verkäufer, „ich habe noch Tausende." „Übrigens", sagte der Elch, „was machst du in deiner Fabrik?" „Gasmasken", sagte der Verkäufer.

PS: Ich weiß doch nicht genau, ob es ein schweizerisches oder ein schwedisches Sprichwort ist, aber die beiden Länder werden ja oft verwechselt.

von Franz Hohler, Luchterhand Verlag

• Ist der Verkäufer ein guter oder ein schlechter Mensch? Warum?

Inhalt

Kommunikationsziele
- Vergleiche ziehen
- Informationen sammeln
- Informationen zusammenfassen

" Weltweit gibt es rund 100 Millionen deutschsprachige Menschen, etwa 80 Millionen davon leben in Deutschland. In den verschiedenen Ländern (einschließlich in Deutschland) spricht man nicht immer dasselbe Deutsch: Es gibt viele Dialekte. Trotzdem kommt man (fast) überall mit Hochdeutsch aus. Außerdem ist Deutsch eine politisch und kommerziell bedeutende Sprache – und die meistgesprochene Sprache der EU.
Obwohl die deutschsprachigen Länder eine gemeinsame Sprache haben, behalten sie immer noch ihre besonderen nationalen Eigenschaften. "

Deutsch in Europa

Die politischen Grenzen Europas haben sich häufig geändert, die sprachlichen Grenzen aber weniger. Deshalb spricht man Deutsch in mehreren Teilen Europas, hauptsächlich aber in Deutschland, Österreich und der Schweiz.

➤ Deutschsprachige Gebiete in Europa

Land	Deutsch als offizielle Amtssprache	Deutsch als regionale Amtssprache
Deutschland	✔	–
Österreich	✔	–
Liechtenstein	✔	–
Schweiz	✔ (neben Französisch und Italienisch; Rätoromanisch ist regionale Amtssprache)	–
Luxemburg	✔ (neben Französisch und Letzeburgisch)	–
ein Teil von Belgien	–	✔ (bei subsidiärer Verwendung von Französisch)
Bozen-Südtirol in Italien	–	✔ (neben Italienisch)

❶ ⊟⊟ Sehen Sie sich die Tabelle an. In welchen Ländern Europas spricht man heutzutage Deutsch? Füllen Sie die Lücken im folgenden Text aus.

Es gibt drei europäische Länder, wo Deutsch die einzige offizielle Sprache ist: __1__ , __2__ und __3__ . In der __4__ gibt es drei offizielle Sprachen: Deutsch (die meistgesprochene Sprache), __5__ und __6__ . Rätoromanisch (oder Romansch) ist eine alte Sprache, die in Teilen des Landes gesprochen wird, aber sie ist nur eine regionale Sprache. Auch in __7__ gibt es drei offizielle Sprachen: zwei so genannte Weltsprachen – __8__ und __9__ – und eine Sprache, die nur hier gesprochen wird – __10__ . Die offizielle Sprache von __11__ ist Französisch, aber in einem Teil des Landes gilt __12__ als regionale Amtssprache. Ein Teil von __13__ bleibt deutschsprachig und zwar im nördlichen Gebiet. Die amtliche Sprache des Landes ist __14__ .

❷ ⊟⊟ Lesen Sie Seite 27 und suchen Sie in den Texten die deutschen Entsprechungen für die folgenden Ausdrücke.

a *it serves communication*
b *regional differences*
c *the spoken language*
d *accessible to more people*
e *with the development of trade and transport*

f *the turning point*
g *wanted to be understood everywhere*
h *an important difference*
i *in the end*
j *in the German-speaking area*

▷ Was ist Sprache?

Die Sprache ermöglicht die Verständigung der Menschen untereinander – sie dient der Kommunikation. Der Sprecher oder Schreiber gibt Informationen in einer Form aus, die vom Hörer oder Leser verstanden wird, weil er die gleiche Sprache spricht.

Was ist Deutsch?

Ein vereinfachter Überblick: Die heutige deutsche Sprache hat sich, wie alle Sprachen, über Jahrhunderte entwickelt. Die „normale" Standardsprache heißt Hochdeutsch, aber sie hat regionale Varianten. Die mündliche Sprache einer Region (die Mundart oder der Dialekt) behält viel mehr von seinen ursprünglichen Wurzeln.

Von der Zeit Karls des Großen bis zur zweiten Hälfte des 11. Jahrhunderts wurde Althochdeutsch gesprochen. Das war aber keine einheitliche Sprache und es gab keine schriftliche Normalform. Das Deutsch, das vom Ende des 11. Jahrhunderts bis zum 15. Jahrhundert gesprochen und geschrieben wurde, nennt man Mittelhochdeutsch. Die Dichter dieser Periode versuchten alles Mundartliche zu vermeiden, damit ihre Literatur mehr Menschen zugänglich war: Sie wurde sowohl in Süddeutschland und Österreich als auch in Norddeutschland verstanden. Mit der Entwicklung von Handel und Verkehr im 15. und im 16. Jahrhundert wurde diese Sprache nicht nur auf die Literatur beschränkt, sondern bei allem Niedergeschriebenen gebraucht.

Die große Wende in der geschriebenen Sprache kam mit Luthers Übersetzung der Bibel (1534) und dem neu erfundenen Buchdruck (Gutenberg). Luthers Bibel für das Volk wurde weit verbreitet. Die Literatur der Zeit wurde dann auch in diesem weiterentwickelten Neuhochdeutsch geschrieben und allmählich wurde diese Schriftsprache auch zur normalen gesprochenen Sprache. Die Dichter und Prediger wollten überall verstanden werden.

Was sind Dialekte?

Dialekte sind regionale Sprachen, die eine (oft altmodische) Variante einer Sprache sind. In vielen deutschsprachigen Gebieten sind die Dialekte neben der Standardsprache, dem so genannten Hochdeutsch, erhalten geblieben. Die größten Unterschiede kann man zwischen den nördlichen und den südlichen Gebieten Deutschlands feststellen. Die „Grenze" kann man ungefähr zwischen Aachen im Westen und Frankfurt an der Oder im Osten ziehen: Nördlich dieser Linie sind die Dialekte niederdeutsch, südlich davon sind sie mittel- und oberdeutsch.

Ein wichtiger Unterschied ist die so genannte Lautverschiebung – eine Veränderung verschiedener Konsonanten nach gewissen Gesetzen. Diese Lautverschiebung fand bei den nieder- oder plattdeutschen Mundarten nicht statt. Das Ergebnis: viele alte plattdeutsche Wörter hören sich eher englisch als deutsch an. Zum Beispiel:

Plattdeutsch	Lautverschiebung	Hochdeutsch
Schap, helpen	p → f	Schaf, helfen
dod	d → t	tot
maken	k → ch	machen
teihn, wat, Water	t → z oder s	zehn, was, Wasser

Schließlich ist Hochdeutsch allmählich als Standardsprache angenommen worden und man kommt damit überall im deutschsprachigen Raum aus, aber nicht immer ohne Schwierigkeiten: Einige Dialektwörter finden ihren Weg ins Hochdeutsche der Region (z.B. Tomate heißt „Paradaiser" in Österreich; man sagt „sprechen" oder „reden" in verschiedenen Regionen). Außerdem sind starke regionale Akzente und Dialekte oft schwer zu verstehen – auch für Deutsche.

---

die Verständigung understanding
Karl der Große Charlemagne
mundartlich colloquial
beschränken to limit
der Dichter (-) poet
der Prediger (-) preacher
die Lautverschiebung (-en) sound shift

▷ Dialekte

❶ 📼 Hören Sie die kurzen Hörtexte „Dialekte", die in verschiedenen Dialekten und Akzenten ausgesprochen sind. Welche Unterschiede zu Hochdeutsch fallen Ihnen zuerst ein? Können Sie etwas davon verstehen? Hören Sie dann das Hochdeutsche dafür.

❷ **Gruppenarbeit.** Was wissen Sie über Dialekte und regionale Aussprache in Ihrem eigenen Land? Ist das anders als in Deutschland? Sprechen Sie mit Akzent? Verwenden Sie Wörter, die in einer anderen Region vielleicht nicht verstanden werden? Sprechen Sie anders als Ihre Eltern oder Großeltern? Ist es wichtig die Standardsprache zu sprechen? Diskutieren Sie zu Viert und fassen Sie Ihre Ideen für die anderen Gruppen stichwortartig zusammen.

GRAMMATIK	Seite 153, § 5.8 ⟩

Passiv

Das Passiv besteht aus zwei Teilen: dem Hilfsverb „werden" und dem Partizip Perfekt. Es wird meistens in der dritten Person (Singular und Plural) verwendet.

..., die vom Hörer oder Leser **verstanden wird**... (Präsens)
..., which is understood by the listener or the reader...
Das Deutsch, das... **gesprochen** und **geschrieben wurde**... (Imperfekt)
German which was spoken and written...
Luthers Bibel für das Volk **wurde** weit **verbreitet**. (Imperfekt)
Luther's Bible for the people was widely circulated.
... ist Hochdeutsch allmählich als Standardsprache **angenommen worden**... (Perfekt)
... High German has gradually been adopted as the standard form...

ZUM ÜBEN

Setzen Sie diese Sätze ins Passiv. Passen Sie auf: Ist das Präsens, Perfekt oder Imperfekt?

Beispiel: Luther **übersetzte** die Bibel ins Deutsche. →
Die Bibel **wurde** von Luther ins Deutsche **übersetzt**.

1 In Österreich spricht man Deutsch.
2 Man hat den Direktor zum Telefon gerufen.
3 Die Verkäuferin schloss den Laden um 17 Uhr.
4 Sie haben die Vorstellung auf Dienstag verschoben.
5 Heute sieht man viele Aussiedler in Deutschland.
6 Man hörte die schreienden Leute von sehr weit weg.

▷ Sagen Sie mal, Herr Ludewig...
... wie fühlen Sie sich als Sprachpanscher?

der Sprachpanscher (-) s.o. who debases language
sich vor etwas drücken to dodge/shirk s.th.
die Ehre (-n) honour

bisweilen from time to time
die Auszeichnung (-en) award, honour

❶ ◆◆ Die deutsche Sprache, wie alle Sprachen, entwickelt sich ständig, aber nicht immer wie man es sich wünschen würde. Hören Sie das *Stern*-Interview mit Herrn Ludewig von der Deutschen Bahn. Sind folgende Aussagen richtig oder falsch? Korrigieren Sie die falschen Aussagen.

a Herr Ludewig hat den Titel „Sprachpanscher des Jahres" bekommen.
b Er hat sich nicht persönlich zur Verleihung getraut.
c Er gibt zu, dass die Deutsche Bahn viele Anglizismen benutzt.
d „Service Point" heißt „Fahrkartenschalter" auf Deutsch.
e „WC" steht nicht auf den Hinweisschildern zu den Toiletten.
f Die Toiletten haben Barrieren.

❷ ◆◆ Hören Sie das Interview noch einmal und beantworten Sie folgende Fragen auf Englisch.

a *What have German Railways called* Auskunft *and* Fahrkartenschalter?
b *What is unusual about Herr Ludewig in respect of the title awarded him?*
c *What does Herr Ludewig admit?*
  1 *The charge of too many anglicisms is exaggerated.*
  2 *They have occasionally got carried away with anglicisms.*
d *Which people do the anglicised signs help?*
e *What is the reason for calling the toilets "McClean"?*
f *What other sign directs people there?*
g *Translate Herr Ludewig's statement:* Den Drang zum stillen Örtchen werden wir doch nicht durch Sprachbarrieren bremsen.
h *How seriously do you think he takes the award? Give a reason for your answer.*

❸ Gruppenarbeit.

a Machen Sie zusammen eine Liste von englischen Wörtern, die ins Deutsche aufgenommen worden sind. Versuchen Sie sie unter Stichwörtern zu gruppieren, wie zum Beispiel Sport, Technik, Musik, Kunst, Wirtschaft, Wissenschaft usw.
b Was können Sie von diesen Listen entziehen? Wann wurden diese Wörter aufgenommen, meinen Sie? Welche Einflüsse gibt (oder gab) es von der Englisch sprechenden Welt?
c Welche deutschen Wörter gibt es in der englischen Sprache? Warum sind sie eingegliedert worden, meinen Sie? Versuchen Sie sie durch englische Wörter zu ersetzen.

❹ **Zum Schreiben.** Was halten Sie von Anglizismen in der deutschen Sprache? Sollte man Fremdwörter völlig verbieten und deutsche Wörter dafür erfinden oder muss man annehmen, dass in gewissen Gebieten englische (oder fremde) Wörter viel besser sind? Schreiben Sie eine kurze Zusammenfassung der Vor- und Nachteile von Fremdwörtern (etwa 150 Wörter).

❺ **Gruppenarbeit.** Die Varianten zwischen den verschiedenen Regionen Deutschlands sind nicht nur sprachlich. Wo wohnt man am besten in Deutschland? Welche Vorteile haben die verschiedenen Regionen? Sehen Sie sich Arbeitsblatt 2.1 „Hamburg, Berlin und München – ein Vergleich" an.

> A2.1

THEMA
2

Deutsch sprechen heißt nicht nur Deutsch sein

Die verschiedenen deutschsprachigen Länder haben alle ihre besonderen Eigenschaften und sind stolz darauf. Es kann aber manchmal schwierig sein zwischen nationaler Eigenschaft und Stereotyp zu unterscheiden.

▶ Wer kommt eigentlich aus Österreich?

Gibt es überhaupt berühmte Österreicher? Sicher! Hier sind einige Österreicher, die international bekannt geworden sind – in Musik, Kunst, Politik, Geschichte, Sport, Wissenschaft...

1 **Nikolaus „Niki" Lauda**, geb. 1949, Autorennfahrer

2 **Gustav Klimt**, 1862-1918, Maler

3 **Hermann Buhl**, Alpinist, 1924-1957, tödlich abgestürzt im Karakorum

4 **Franz Joseph I.**, Kaiser, 1830-1916

5 **Billy Wilder**, Filmregisseur, geb. 1906

6 **Peter Handke**, Schriftsteller, geb. 1942

7 **Theodor Herzl**, Zionist, 1860-1904

8 **Anton „Toni" Sailer**, Skirennläufer, geb. 1935

9 **Hans Moser**, Schauspieler, 1880-1964

10 **Sigmund Freud**, Begründer der Psychoanalyse, 1856-1939

11 **Franz Grillparzer**, Dramatiker, 1791-1872

12 **Karl Raimund Popper**, Philosoph, geb. 1902

13 **Bertha von Suttner**, Autorin des Romans „Die Waffen nieder", 1905, Friedensnobelpreis, 1843-1914

14 **Herbert von Karajan**, Dirigent, 1908-1989

15 **Friedrich Gulda**, Pianist und Komponist, geb. 1930

16 **Josef „Joe" Zawinul**, Jazzmusiker, geb. 1932

17 **Johann Bernhard Fischer von Erlach**, Baumeister, 1656-1723

18 **Bruno Kreisky**, Politiker, 1911–1990

19 **Erwin Schrödinger**, Physiker, Nobelpreis 1933, Mitbegründer der „Wellenmechanik", 1887-1961

20 **Simon Wiesenthal**, Begründer des Jüdischen Informationszentrums, geb. 1908

21 **Romy Schneider**, Schauspielerin, 1938-1982

22 **Wolfgang Amadeus Mozart**, Komponist, 1756-1791

23 **Ludwig Wittgenstein**, Philosoph, 1889-1951

24 **Franz Schubert**, Komponist, 1797-1828

25 **Helmut Qualtinger**, Schauspieler und Kabarettist, 1928-1986

26 **Josef Mohr**, Pfarrer, Textdichter von „Stille Nacht", 1792-1848

27 **Julius Raab**, Politiker, 1891-1964

28 **Leopold Figl**, Politiker, 1902-1965

29 **Viktor Kaplan**, Ingenieur, Konstrukteur der Großturbine, 1876-1934

30 **Hans Hass**, Zoologe und Unterwasserforscher, geb. 1919

31 **Johann Strauss**, Komponist, „Walzerkönig", 1825-1899

32 **Otto Wagner**, Architekt, 1841-1918

33 **Konrad Lorenz**, Verhaltensforscher, 1903-1989

34 **Anton Bruckner**, Komponist, 1824-1896

35 **Maria Theresia**, Königin, 1717-1780

Selbstverständlich gibt es weit mehr Österreicher, die auch im Ausland und außerhalb der engeren österreichischen Geschichte berühmt sind; und manche, von denen man nicht weiß, dass Sie Österreicher sind.

Geo Special Österreich

❶ Gruppenarbeit. Sehen Sie sich das Bild und den Schlüssel an. Besprechen Sie in Gruppen: Von wem haben Sie schon gehört? Wussten Sie, dass er/sie Österreicher/in ist oder war? Was hat er/sie gemacht? Falls Ihnen keine von diesen Leuten bekannt sind, wählen Sie zwei oder drei aus und suchen Sie Informationen über diese Personen.

Erzählen Sie dann der Klasse, was Sie in der Gruppe herausgefunden haben.

❷ 🖿 Lesen Sie die kurzen Biografien auf Arbeitsblatt 2.2 „Wer kommt eigentlich aus Österreich?"und sehen Sie sich dabei das Bild links an. Welche Person wird beschrieben?

A2.2

❸ Zum Schreiben. Wählen Sie eine Person aus der Liste auf Seite 30 und schreiben Sie eine kurze Biografie für sie. Suchen Sie die Informationen in einem Lexikon oder im Internet. Achten Sie darauf, dass Sie vollständige Sätze schreiben, und versuchen Sie ein paar Passivkonstruktionen zu verwenden.

Erzählen Sie dann der Klasse, was Sie über diese Person herausgefunden haben.

▷ Schwyzerdütsch

❶ ◆◆ Hören Sie die Aufnahme „Schwyzerdütsch". Dieser Hörtext wird im Basler Dialekt gesprochen (Basel liegt im Nordwesten der Schweiz). Es ist gar nicht leicht, aber versuchen Sie den Text zu verstehen. Vielleicht können Sie einige Wörter oder Ausdrücke erkennen.

Lesen Sie die hochdeutsche Übersetzung unten. Wie ist die richtige Reihenfolge der Sätze?

a Schweizerdeutsch ist also keinesfalls die gemeinsame Sprache von uns Schweizern.
b Das stimmt aber nicht.
c Oft meinen sie, jeder einzelne spreche Deutsch, Französisch, Italienisch und am Ende auch noch Rätoromanisch.
d Das einzige Land, in welchem alle Schweizerdeutsch reden, ist das Fürstentum Liechtenstein – aber schhh, das bleibt unter uns!
e Viele Ausländer, die zu uns in die Schweiz kommen, sind beeindruckt von unserer Sprachenvielfalt.
f Die meisten sprechen nur ihre eigene Sprache fließend und wirklich zweisprachig sind eigentlich nur die 60 000 Rätoromanen, weil sie alle auch Schweizerdeutsch sprechen.

❷ ◆◆ Hören Sie jetzt den vollen Hörtext noch einmal auf Schwyzerdütsch und dann auf Hochdeutsch. Hatten Sie ihn auf Schwyzerdütsch doch einigermaßen verstanden? Hatten Sie die richtige Reihenfolge gefunden?

Schreiben Sie dann eine kurze Zusammenfassung auf Englisch.

Small-Talk-Munition

Wünschen Sie sich manchmal auch amüsanten Gesprächsstoff auf Partys? Bedienen Sie sich.

VÖLKERVERSTÄNDIGUNG

Ein Sprachkurs in sechs Schritten.
Heute: Deutsch sprechen wie die Schweizer.

1 Sprechen Sie ganz langsam. Aber wenn, dann mit Melodie.

2 Fragen Sie nach jedem Satz: *odr?*

3 Sprechen Sie das *ch* nach einem *i* oder *e* (*ich, echt*) wie das *ch* von *ach* oder *Docht*, also hinten.

4 Die Verkleinerungsform *-chen* wird zu *-li*, Beispiel: *Brötli* für *Brötchen*, *Lotti* für *Lottchen*. Der dazugehörige Artikel *das* wird wie *s* ausgesprochen. Beispiel: *s'Lotti, s'Brötli*.

5 Betonen Sie zweisilbige Wörter grundsätzlich auf der ersten Silbe: Beispiel: *Büro, Ressort, Fondue*.

6 Sagen Sie *Nachtessen* statt *Abendessen*, *absitzen* statt *hinsetzen*, *Orangeschü* statt *Orangensaft*, *Velo* statt *Fahrrad*.

Sie können jetzt also auf Deutsch-schweizerisch den Satz bilden: *s'Lotti und ich sitzen ab und nehmen zum Nachtessen einen Orangeschü, odr?*

Die Zeit

❶ ▦ Lesen Sie den Text „Small-Talk-Munition".

a Wie könnte man den deutsch-schweizerischen Satz am Ende auf Hochdeutsch ausdrücken?

b Können Sie weitere Sätze bilden?

c Versuchen Sie jetzt ein paar deutsche Sätze wie die Schweizer auszusprechen. Welche Schwierigkeiten haben Sie dabei? Oder ist das ziemlich einfach? Meinen Sie, das klingt wirklich schweizerisch?

Romantisches Bild oder Vorurteil?

▷ Was spricht man eigentlich in der Schweiz?

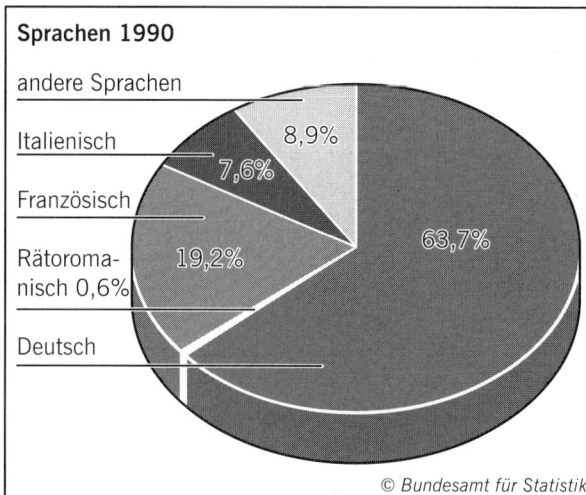

Sprachen 1990

andere Sprachen

Italienisch

Französisch

Rätoroma-
nisch 0,6%

Deutsch

8,9%

7,6%

19,2%

63,7%

© Bundesamt für Statistik

❶ ▦ Sehen Sie sich jetzt die Grafik und Ihre Zusammenfassung der Aufnahme „Schwyzerdütsch" an und füllen Sie die Lücken im folgenden Text aus.

Die Schweiz hat vier offizielle Sprachen: Fast 20 Prozent der Schweizer sprechen __1__ ; weniger als 8 Prozent sprechen __2__ ; __3__ wird nur von __4__ Rätoromanen (0,6 Prozent der Bevölkerung) gesprochen. Über __5__ Prozent der Schweizer sprechen __6__ als Muttersprache, aber ihr alltägliches Deutsch ist nicht __7__ deutsch, sondern Schwyzerdütsch. Es gibt auch Unterschiede in diesem Dialekt: Basler sprechen anders als Berner; in Zürich gibt es andere Ausdrücke als in Thun. Im Fürstentum __8__ spricht man auch Schweizerdeutsch.

❷ ◆◆ Sehen Sie sich zunächst das Foto unten an. Hören Sie dann den Hörtext „Endlich erfunden", sehen Sie sich Arbeitsblatt 2.3 an und machen Sie die Übungen.

A2.3

Endlich erfunden: das handliche Alphorn

Eine patente Lösung für die Bläser von Alphörnern hat der Westschweizer Ingenieur Roger Zanetti parat: Um das umständliche Tragen der langen Hörner zu vereinfachen, hat er, in Anlehnung an das Fernrohr von Matrosen, das Teleskop-Alphorn entwickelt. Das handliche Gerät wiegt gerade noch 1,4 Kilo.

Basler Zeitung

➤ Günter Grass – Nobelpreis für Literatur 1999

Nach Thomas Mann (1929) und Heinrich Böll (1972)
wird Günter Grass 1999 Literatur-Nobelpreisträger.

Der deutsche Schriftsteller Günter Grass erhält den Literatur-Nobelpreis für 1999. Das teilte die Schwedische Akademie am 30.9. in Stockholm mit. Grass erhalte den Preis, „weil er in munter schwarzen Fabeln das vergessene Gesicht der Geschichte gezeichnet hat". Zu den bekanntesten Werken des 71-jährigen Schriftstellers zählen die Bücher „Die Blechtrommel", „Das Treffen in Telgte" und „Die Rättin". Grass hat neben Romanen auch Erzählungen, Theaterstücke und Gedichte geschrieben. Zuletzt veröffentlichte er den Band „Mein Jahrhundert". Direkt nach der Zuerkennung sagte er: „Ich empfinde Freude und Stolz. Ich habe mich spontan gefragt, was wohl der letzte deutsche Preisträger, Heinrich Böll, sagen würde. Ich habe das Gefühl, er wäre damit einverstanden gewesen. Dieser Preis ist eine große Genugtuung für mich."

Der Nobelpreis ist mit 7,9 Millionen Kronen, umgerechnet rund 1,8 Millionen Mark, dotiert. Wie alle anderen Nobelpreise wird der Literaturpreis am 10. Dezember, dem Todestag des Preisstifters Alfred Nobel (1833–1896), überreicht.

www.goethe.de

❶ ⊟ Suchen Sie die folgenden Ausdrücke im Text.

a *announced*
b *in darkly comic tales*
c *apart from novels*

d *he published*
e *he would have agreed with it*
f *gives me great satisfaction*

g *endowed*
h *(on the) anniversary of his death*

❷ Die folgenden Sätze sind alle im Passiv. Machen Sie sie aktiv (möglichst ohne sich den Text anzusehen).

Beispiel: Der Literaturpreis **wird** am 10. Dezember **überreicht**. →
   Man **überreicht** den Literaturpreis am 10. Dezember.

a Der Preis wurde von Günter Grass erhalten.
b Der Band „Mein Jahrhundert" ist zuletzt von ihm veröffentlicht worden.
c Der Todestag von Alfred Nobel wird am 10. Dezember gefeiert.

❸ Schreiben Sie die folgenden Sätze im Passiv mit den unterstrichenen Wörtern als Subjekt. Achten Sie dabei auf die Zeitform des Verbs.

Beispiel: Der deutsche Schriftsteller Günter Grass erhält <u>den Literatur-Nobelpreis für 1999</u>. →
   Der Literatur-Nobelpreis für 1999 wird von dem deutschen Schriftsteller Günter Grass erhalten.

a Weil er in munter schwarzen Fabeln <u>das vergessene Gesicht</u> der Geschichte gezeichnet hat.
b <u>Das</u> teilte die Schwedische Akademie am 30.9. in Stockholm mit.
c Zu seinen bekanntesten Werken zählen <u>die Bücher „Die Blechtrommel", „Das Treffen in Telgte" und „Die Rättin"</u>.
d Grass hat auch <u>Erzählungen, Theaterstücke und Gedichte</u> geschrieben.

❹ 👓 Hören Sie den Bericht über deutschsprachige Literatur-Nobelpreisträger und sehen Sie sich dabei Arbeitsblatt 2.4 „Grass, der Elfte" an.

A2.4

Kulturmagazin **2**

Heinrich Böll, am 21. Dezember 1917 in Köln geboren, war nach dem Abitur Lehrling im Buchhandel. Im Krieg war er sechs Jahre Soldat. Danach studierte er Germanistik. Sein erster Erfolg war der Roman „Wo warst du Adam?" (1951). Er veröffentlichte Erzählungen, Romane, Hör- und Fernsehspiele und Theaterstücke. 1972 erhielt er den Nobelpreis für Literatur. Seine Aufsätze und Reden sind wohl der persönlichste Teil seines literarischen Schaffens. In der Rede „Die Sprache als Hort der Freiheit" (1958) spricht er von der Macht des Wortes und der Rolle des Schriftstellers. Heinrich Böll starb 1985.

„Die Sprache als Hort der Freiheit"

Es ist kein Zufall, daß immer da, wo der Geist als eine Gefahr angesehen wird, als erstes die Bücher verboten, die Zeitungen und Zeitschriften, Rundfunkmeldungen einer strengen Zensur ausgeliefert werden; zwischen zwei Zeilen, auf dieser winzigen weißen Schußlinie des Druckers, kann man Dynamit genug anhäufen, um Welten in die Luft zu sprengen. In allen Staaten, in denen Terror herrscht, ist das Wort fast noch mehr gefürchtet als bewaffneter Widerstand, und oft ist das letzte die Folge des ersten. Die Sprache kann der letzte Hort der Freiheit sein. Wir wissen, daß ein Gespräch, daß ein heimlich weitergereichtes Gedicht kostbarer werden kann als Brot, nach dem in allen Revolutionen die Aufständischen geschrien haben.

… Worte wirken, wir wissen es, haben es am eigenen Leib erfahren, Worte können Krieg vorbereiten, ihn herbeiführen, nicht immer sind es Worte, die Frieden stiften. Das Wort, dem gewissenlosen Demagogen ausgeliefert, dem puren Taktiker, dem Opportunisten, es kann zur Todesursache für Millionen werden, die meinungsbildenden Maschinen können es ausspucken wie ein Maschinengewehr seine Geschosse: vierhundert, sechshundert, achthundert in der Minute; eine beliebig zu klassifizierende Gruppe von Mitbürgern kann durch Worte dem Verderben ausgeliefert werden. Ich brauche nur ein Wort zu nennen: Jude. Es kann morgen ein anderes sein: das Wort Atheist oder das Wort Christ oder das Wort Kommunist, das Wort Konformist oder Nonkonformist. Der Spruch: Wenn Worte töten könnten, ist längst aus dem Irrealis in den Indikativ geholt worden: Worte können töten, und es ist einzig und allein eine Gewissensfrage, ob man die Sprache in Bereiche entgleiten läßt, wo sie mörderisch wird.

von Heinrich Böll, *Essayistische Schriften und Reden 1*, Verlag Kiepenheuer & Witsch

• „Wenn Worte töten könnten": Böll gibt ein Beispiel für ein Wort, das töten kann, das getötet hat. Kennen Sie weitere Beispiele? Und welche Worte können nicht „mörderisch", sondern wohltuend sein?

THEMA 3 / Deutsch in der Welt

Vor hundert Jahren war Deutschland eine Kolonialmacht und es bleiben immer noch Gebiete, wo Deutschland oder Deutsche einen besonderen Einfluss hatten und Deutsch bis heute gesprochen wird. In Teilen Europas gibt es deutschsprachige Aussiedler (z.B. in der Ukraine, in Tschechien, in Polen). Im Barossa-Tal in Australien, einem erfolgreichen Weingebiet, sieht man deutlich den deutschen Einfluss. In Namibia, Südwestafrika, besonders um die Hauptstadt Windhoek fühlt man sich ebenso deutsch und es fehlt auch nicht an Sprechern der deutschen Sprache in Nord- und Südamerika: Viele kleinere Gemeinschaften sind im Süden zu finden und die religiösen Amish-Gemeinschaften in Nordamerika sprechen Deutsch (einige sprechen einen Dialekt ähnlich wie Plattdeutsch, alle lernen Deutsch in der Schule und sprechen Deutsch in der Kirche).

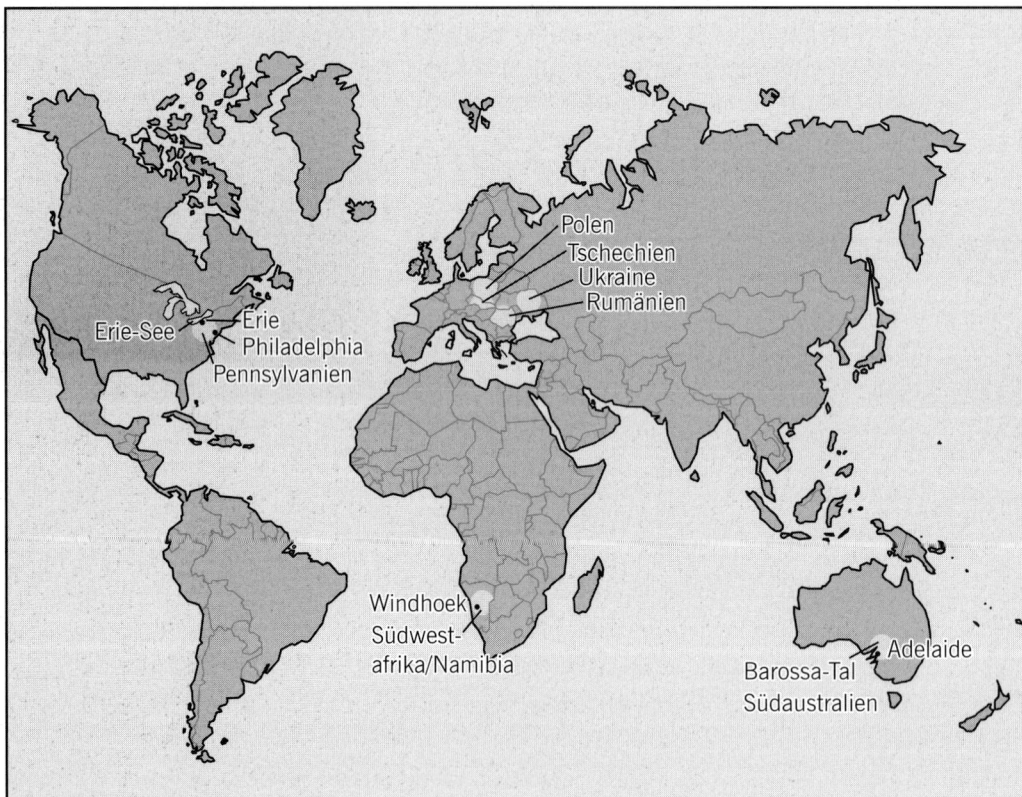

➤ Reiseführer-Namibia

❶ 📄 Sehen Sie sich die Einleitung und Arbeitsblatt 2.5 „Reiseführer-Namibia" an. Auf dem Arbeitsblatt sind einige Informationen über Namibia. Lesen Sie die Informationen mit Hilfe eines Wörterbuches.

A2.5

❷ **Zum Schreiben.** Fassen Sie die Informationen in etwa 150 Wörtern zusammen. Versuchen Sie dabei ein paar Passivsätze zu verwenden.

▷ Was ist das Goethe-Institut?

Das Goethe-Institut ist eine weltweit tätige Organisation zur Vermittlung deutscher Sprache und Kultur. Im Auftrag der Bundesrepublik nimmt es kulturpolitische Aufgaben im Ausland wahr.

❶ ▦ Lesen Sie den Artikel „Was ist das Goethe-Institut?" auf Arbeitsblatt 2.6 und machen Sie die Aufgabe.

A2.6 ▷

❷ Was wissen Sie über das Goethe-Institut in Ihrer Region, wenn es eins gibt? Kennen Sie es schon? Wenn ja, welche Veranstaltungen sind durchgeführt worden? Haben sie Ihnen gefallen? Was wünschen Sie sich für die Zukunft? Wenn Sie das Goethe-Institut noch nicht kennen, was für Veranstaltungen würden Sie gerne in Ihrer Gegend sehen? Schreiben Sie einen Brief oder eine E-Mail an das nächste Goethe-Institut (die Adresse finden Sie im Internet unter *www.goethe.de*), in dem Sie Ihre Wünsche darstellen.

PRÜFUNGSTIPP

Informationen sammeln

Seite 137 ▷

Ressourcen

- Bücher, Zeitungen, Zeitschriften
- Satelliten- oder Kabelfernsehen, Video
- Radio, Kassette
- Internet, CD-ROM

Hinweise

- Das Beste ist, wenn Sie alles auf Deutsch suchen, sonst verlieren Sie zu viel Zeit bei schwierigen Übersetzungen und Sie lernen nicht so viel dabei. Es ist viel einfacher ein paar unbekannte Vokabeln nachzuschlagen als komplizierte Sätze ins Deutsche zu übertragen.
- Sie müssen gezielt suchen, sonst verschwenden Sie schon wieder zu viel Zeit. Das gilt besonders für das Internet: Es ist sehr leicht von Links „verführt" zu werden, die zwar interessant sind, aber Ihre Recherchen nicht weiterbringen.
- Nicht zu viele Informationen sammeln. Wenn Sie zu viel Material haben, werden Sie keine Zeit finden es zu lesen (bzw. zu hören oder zu sehen). Besser einige gute Informationen, die gezielt zum Thema passen, als eine Masse von unverwendbaren Informationen.
- Aber auch nicht zu wenig sammeln: Einige Informationen sind wirklich zu oberflächlich und reichen sprachlich oder inhaltlich nicht aus.
- Nur die besten Materialien behalten, aber die anderen nicht wegschmeißen: Vielleicht können Sie damit eine Ressourcenbank für die ganze Klasse anlegen.
- Denken Sie die ganze Zeit an Ihr Thema und fragen Sie sich: Was suche ich eigentlich hier?
- Ihre Materialien müssen Sie thematisch und logisch aufbewahren, sonst finden Sie sie nie wieder. Packen Sie alles in Hefter usw. oder speichern Sie es logisch (mit erkennbaren Titeln) im Computer.
- Warnung: Achten Sie bei allen Medien auf Urheberrechte!

▷ Berlin liegt nicht nur an der Spree

118 Berlins existieren auf der weiten Welt. Einschließlich der deutschen Hauptstadt. Der Berliner Fotograf Harry Hampel kennt sie fast alle.

Berlin ist fast überall, und irgendwann hatte der Berliner Fotograf Harry Hampel eine Idee: Er wollte von Berlin nach Berlin nach Berlin nach Berlin nach Berlin auf die lange Reise gehen. Im März 1995 bestieg er den Flieger nach Boston, im Handgepäck neben der Kamera auch herzliche Grüße von „Mama Berlin": Für jeden amerikanischen Berlin-Bürgermeister eine Satellitenkarte der deutschen Hauptstadt sowie eine Flagge mit Bär als Gastgeschenk.

26 Berlins liegen allein in den Vereinigten Staaten von Amerika. Eine Namensgebung, die die Sehnsüchte früher Einwanderer ausdrückte oder einfach nur auf den Zufall verweist. Harry Hampel jedenfalls fotografierte sie alle: Das erste Berlin auf amerikanischem Boden, gegründet 1764, also

Berlin – Wisconsin, USA

Berlin – North Dakota, USA

East Berlin in Pennsylvanien. Das größte Berlin in den Vereinigten Staaten, in Wisconsin, mit 35 000 New Berlinern ebenso wie das kleinste im Bundesstaat Oregon; dort, wo 38 Berliner ohne Sheriff und Bürgermeister auskommen. Ein Berlin, in dem der Fotograf „überhaupt niemanden traf, der etwas über die Geschichte des Ortes zu sagen wusste."

„Ich bin ein Berliner", sagte John F. Kennedy am 26. Juni 1963. Vermutlich hat niemand diese Worte so ernst genommen

wie Harry Hampel. Denn tatsächlich leben Berliner überall, und Berlin liegt nicht nur in den USA. Sondern auch in Neuseeland, Argentinien, Venezuela, El Salvador, Nicaragua, in Uruguay oder in der Dominikanischen Republik, sogar in der Ukraine. Nach seinem erfolgreichen Trip durch die USA startete Hampel am 26. Februar 1996 zu einer weiteren Suche nach den Namensvettern seiner Heimatstadt. Zum Auftakt flog er an die Südspitze Afrikas, von dort suchte er kreuz und quer den afrikanischen Kontinent nach Berlinern ab. Anschließend folgten Australien, Neuseeland und Lateinamerika. Ein halbes Jahr Abenteuer, 15 000 Aufnahmen.

Berlin – Provinz Jujuy, Argentinien

Berlin – Provinz Santander, Kolumbien

Viele Berliner wissen nicht, warum ihr Berlin ausgerechnet Berlin heißt. Die meisten Berlins in Südamerika wurden von deutschen Einwanderern benannt, aber warum und wann, ist meist nicht mehr bekannt. So verschlug es einen bolivianischen Oberst nach einer Notlandung im Urwald in ein Indio-Dorf. Die Einheimischen halfen dem Verletzten, er revanchierte sich mit dem Bau einer Kirche.

Der Oberst nannte das Gotteshaus Berlin. Das Warum hat auch Harry Hampel trotz engagierter Recherche nicht erfahren können.

Berlin liegt aber auch noch einmal in Deutschland. In Schleswig-Holstein, 357 Kilometer von der Hauptstadt Berlin entfernt, irgendwo auf dem flachen Land zwischen Hamburg und Lübeck, mit 480 Einwohnern. Dort gibt es auch die Wilmersdorfer Straße und einen Weg mit dem klangvollen Namen „Unter den Linden". Und noch eine andere Prachtstraße: „Wer einmal auf einem Kudamm ohne Autoverkehr spazieren will, der fahre nach Berlin in Schleswig-Holstein."

Berliner sind aufmerksam: Trotz intensiver Recherche sind dem Spezialisten Hampel einige Berlins entgangen. So haben sich Berliner aus Costa Rica und Nova Scotia, Kanada, bei Hampel gemeldet und angefragt, ob er sie vergessen hätte.

Zeitschrift Deutschland

❶ Beantworten Sie die folgenden Fragen auf Englisch.

a *What did Harry Hampel take for the mayors of the American Berlins?*
b *What do you think a bear has to do with Berlin?*
c *How many Berlins did Harry Hampel photograph in America?*
d *What struck Hampel in particular about the smallest Berlin in America?*
e *Where did Hampel head for at the end of February 1996?*
f *What did a Bolivian colonel give the name Berlin to and why?*
g *What do you think the Kurfürstendamm (Kudamm) in Germany's capital is like?*
h *Why did the Berlins in Costa Rica and Nova Scotia contact Hampel?*
i *Try to find out what Berliners found amusing about Kennedy's famous speech in 1963.*

❷ Es gibt andere Städte (nicht nur deutsche Städte), die weltweit vertreten sind. Suchen Sie einige in einem Atlas oder im Internet aus – das könnte sogar Ihre eigene Stadt sein. Gibt es einen Grund, warum diese Städte so heißen? Erklären Sie das oder machen Sie einen Vorschlag.

❸ **Partnerarbeit.** Stellen Sie sich ein Gespräch zwischen Herrn Hampel und dem Bürgermeister eines anderen Berlins vor, als er in dieser Stadt ankommt.

❹ **Zum Schreiben.** Stellen Sie sich vor, Sie wohnen in einer Stadt oder einer Gemeinde, die Berlin heißt und Harry Hampel noch unbekannt ist. Schreiben Sie einen Brief an Herrn Hampel, in dem Sie Ihre Stadt oder Gemeinde beschreiben. Wo ist sie? Wie sieht sie aus? Was ist ihre Geschichte? Warum heißt sie eigentlich Berlin?

▷ Deutsch lernen

Fremdsprachen lernt man aus vielen Gründen – aus Spaß, für die Familie, für den Beruf, für den Urlaub, für die Politik, um mit anderen Menschen reden zu können usw. Warum lernt man Deutsch?

❶ Gruppenarbeit. Warum lernen Sie Deutsch? Was ist gut daran? Was ist schwierig? Diskutieren Sie in der Gruppe und fassen Sie Ihre Diskussion in Stichpunkten kurz zusammen.

Beispiel: • weil es Spaß macht

       • um… zu…

❷ Gruppenarbeit. Stellen Sie sich vor, Ihre Schule will einen Sprachkurs in einem deutschsprachigen Land anbieten. Der Kurs soll zwei verschiedene Gruppen ansprechen:

* Anfänger, die eine neue Sprache lernen wollen;
* Fortgeschrittene (wie Sie), die ihre Sprachkenntnisse fördern wollen.

▤▤ Ihre Aufgabe ist es das Programm zu recherchieren und zu produzieren. Achten Sie dabei auf folgende Punkte:

* Wann soll der Kurs stattfinden und wie lange soll er dauern? (Vier Wochen im Sommer, drei Wochen zu Ostern oder zu Weihnachten, …?)

* Wo? Welche deutschsprachige Stadt oder Region wählen Sie und warum? Die Stadt darf irgendwo auf der Welt liegen, muss aber deutschsprachig sein. Das könnte Ihre Partnerstadt sein oder eine völlig unbekannte Stadt. Sie könnte etwas mit Ihrer Stadt gemeinsam haben oder ganz anders sein.

* Welche Vorteile hat dieses Gebiet? Was kann man sonst in der Gegend machen (außer Deutsch lernen)? Das muss interessant sein, sonst fährt niemand hin! Vielleicht wählen Sie ein Ski- oder Sportgebiet, eine historische Stadt, eine Großstadt mit viel Nachtleben, ein Naturschutzgebiet mit guten Wandermöglichkeiten usw.

* Wie fährt man dahin und wie viel kostet das? Studenten- und Gruppenreisen sind oft günstig, Onlinebuchungen sind vielleicht möglich oder Ihr nächstes Reisebüro kann vielleicht auch gute Preise anbieten.

a Suchen Sie Informationen über einige Städte bzw. Regionen heraus, dann wählen Sie den Ort, der am besten passt. (Sehen Sie sich dabei Seite 36 an.) Schreiben Sie dann das Programm für den Kurs, in dem Sie alle Hauptpunkte vorstellen. (Schreiben Sie etwa 200 Wörter auf Deutsch.)

Oder:

b Gruppe A findet Informationen über einige Möglichkeiten heraus und präsentiert sie der Gruppe B. Gruppe B muss dann eine Entscheidung treffen und ihre Gründe dafür Gruppe A mitteilen.

3 Medien

Inhalt

Kommunikationsziele
- Meinungen äußern
- Hausarbeiten (*coursework*) schreiben

Fernsehturm, Berlin

> Es gibt eine Vielfalt von Medien (darunter Zeitungen, Zeitschriften, Fernsehen, Radio, Internet) und das Angebot wächst ständig. Die Massenmedien haben in der modernen Gesellschaft eine wichtige Funktion: Sie sollen unterhalten und informieren. Mit ihrem Nachrichten- und Meinungsangebot sollen sie den Bürger in die Lage versetzen, die Tätigkeit der Regierungen und Verwaltungen zu kontrollieren. Manchmal aber wird der Bürger selbst von den Medien kontrolliert.

THEMA 1 / Die Presselandschaft

Leute in deutschsprachigen Ländern lesen gern Zeitung. In der Zeitungsdichte (Zahl der Zeitungen je 1000 Einwohner) liegt Deutschland hinter Japan, der Schweiz und Großbritannien an vierter Stelle.

Verkaufsauflage einiger Presseorgane (1999)

Tageszeitungen

Bild (Hamburg)	5 674 400
Westdeutsche Allgemeine Zeitung (Essen)	750 000
Hannoversche Allgemeine Zeitung (Hannover)	250 200
Freie Presse (Chemnitz)	502 600
Sächsische Zeitung (Dresden)	416 800
Rheinische Post (Düsseldorf)	443 100
Süddeutsche Zeitung (München)	470 200
Frankfurter Allgemeine Zeitung (Frankfurt/Main)	471 000
Augsburger Allgemeine (Augsburg)	369 600
Südwest-Presse (Ulm)	378 800
Hessische/Niedersächsische Allgemeine (Kassel)	247 500
Die Welt (Hamburg)	216 900
B.Z. (Berlin)	370 000

Wochenblätter und Sonntagszeitungen

Bild am Sonntag (Hamburg)	2 550 000
Die Zeit (Hamburg)	564 000
Welt am Sonntag (Hamburg)	500 000
Bayernkurier (München)	166 400
Rheinischer Merkur (Bonn)	119 200

Wochenzeitschriften

Stern (Hamburg)	1 379 500
Der Spiegel (Hamburg)	1 307 300
Focus (München)	764 000

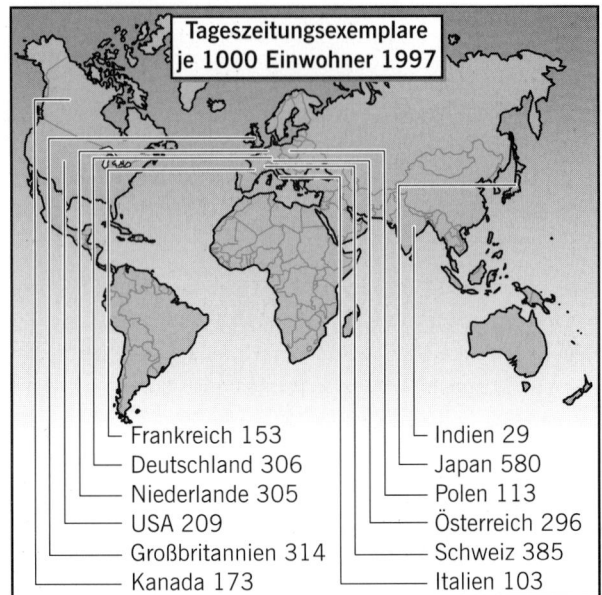

Tageszeitungsexemplare je 1000 Einwohner 1997

Frankreich	153
Deutschland	306
Niederlande	305
USA	209
Großbritannien	314
Kanada	173
Indien	29
Japan	580
Polen	113
Österreich	296
Schweiz	385
Italien	103

© BDZV

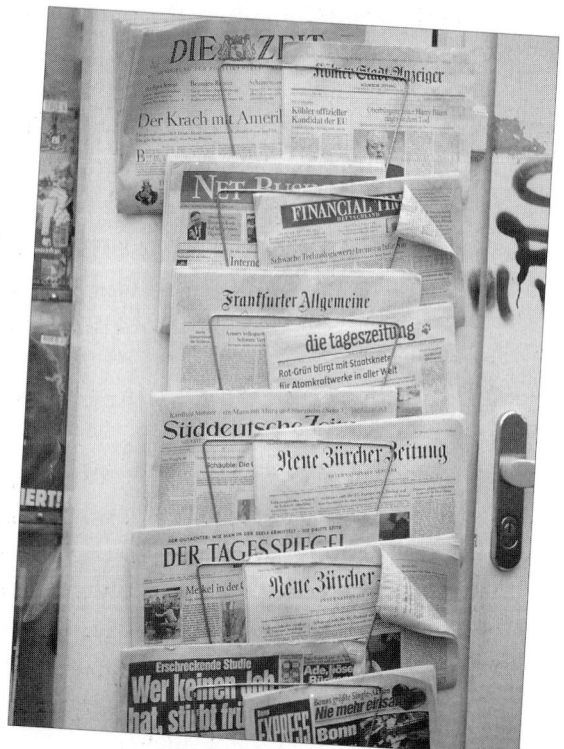

➤ Die deutsche Presse

❶ 🔊 Hören Sie „Die deutsche Presse" und füllen Sie die Lücken in dieser Kurzfassung aus.

Die Zeitungen

Werktäglich erscheinen etwa ___1___ Zeitungen mit fast ___2___ lokalen und regionalen Ausgaben.
Die *Bild*-Zeitung ist mit täglich ___3___ Exemplaren die meistverkaufte deutsche Tageszeitung.

Die Zeitschriften

Mehr als ___4___ Titel werden angeboten. *Der Spiegel* hat eine Auflage von ___5___ Exemplaren.
Die etwa ___6___ Titel der Publikumszeitschriften haben eine Gesamtauflage von mehr als ___7___
je Ausgabe.

Die Pressekonzentration

Die ___8___ der eigenständigen Zeitungen ist von Mitte der ___9___ Jahre an zurückgegangen.
Führende ___10___ können in verschiedenen regionalen ___11___ ihre Konkurrenten verdrängen.
Der Verlust an Vielfalt und ___12___ ist vielleicht eine Gefahr für die ___13___ .

❷ 📋 Sehen Sie sich die Tabelle auf Seite 42 an. Wie oft erscheinen folgende Zeitungen und
Zeitschriften (täglich oder wöchentlich)?

a Frankfurter Allgemeine Zeitung

b Die Zeit

c Welt am Sonntag

d Der Spiegel

e Bild

f Focus

g Die Welt

h Rheinischer Merkur

i Süddeutsche Zeitung

j Stern

❸ Es gibt nur eine wichtige Boulevardzeitung (*Bild*), die anderen gelten als seriöse Zeitungen.
Aber welche Zeitungen sind regional und welche überregional? Suchen Sie im Internet (vielleicht
haben diese Zeitungen eine Website) und in Bibliotheken. Machen Sie Listen.

❹ Heutzutage gibt es so viele verschiedene Möglichkeiten Informationen zu bekommen (Fernsehen,
Radio, Internet usw.), aber Zeitungen bleiben nach wie vor sehr beliebt. Woran liegt das?

a Machen Sie zuerst eine Umfrage: Welche Zeitungen lesen Sie? Wie oft? Warum
lesen Sie Zeitung? (Informationen, Unterhaltung, Bilder, Kommentar…)

b Fassen Sie die Ergebnisse kurz zusammen und machen Sie eine Liste der Vorteile
von Zeitungen im Vergleich zu anderen Medien.

❺ Gruppenarbeit. Sehen Sie sich Arbeitsblatt 3.1 an und diskutieren Sie das Thema
„Pressekonzentration".

⟩ **A3.1** ⟩

a Versuchen Sie zuerst folgende Tatsachen herauszufinden.

  • Wer sind die großen Namen der deutschen Presse?

  • Wem gehört was in der deutschen Presse?

  • Wie viel Prozent der Leser sind mit diesen Namen verbunden?

  • Haben diese Namen Medieninteressen in anderen Ländern?

  • Sind sie selber Ausländer in Deutschland?

b Bereiten Sie dann eine mündliche Präsentation vor, in der Sie die Vor- und Nachteile
der Pressekonzentration darstellen.

Auge, Ohr und Stimme der türkischen Gemeinschaft in Deutschland

Die Geschichte von »Hürriyet« (»Die Freiheit«) in Deutschland ist die Geschichte des Aufstiegs einer kleinen Gastarbeiterzeitung zum größten Auslandsblatt der Welt – mit einer täglich gedruckten Auflage von 120 000 Stück und einer Reichweite von einer halben Million Leser. 1971 begann »Hürriyet« in einem Fabrikgebäude bei Frankfurt mit der Produktion seines Deutschland-Ablegers. Bald wurden Büros in allen von Türken besiedelten Regionen eröffnet. Für die erste Generation der eingewanderten Türken bot die Zeitung mangels deutscher Sprachkenntnisse nicht nur Informationen, sondern auch Lebenshilfe.

»Hürriyet« ist Marktführer geblieben. Die Türkeiberichterstattung kommt aus Istanbul, die Europaseiten ebenfalls. Die Deutschlandseiten werden in Frankfurt produziert und verantwortet. Keine andere Zeitung kann so schnell hier lebende Türken erreichen.

Das Blatt, wechselweise als staatstreu bezeichnet oder als

Deutschland-Chef Nezih Akkutay

nationalistisch beschimpft, ahndet Verstöße gegen die nationale Ehre, vermeintliche oder tatsächliche Türkeifeindlichkeit oder, fast noch schlimmer, Kurdenfreundlichkeit mit dicken Lettern auf der Titelseite, wüsten Parolen und nicht selten mit dem Aufruf an alle Leser, doch persönlich ihrem Zorn Luft zu machen. Telefon und Faxnummern der Beschuldigten werden oft gleich mitgeliefert.

Aber wer »Hürriyet« als plumpes Hetzblatt abtun will,

liegt falsch. Überwiegend kritisch, aber sachlich zutreffend werde berichtet, so eine Untersuchung des Bundespresseamtes. Die Zahl der bösartigen oder verzerrenden Artikel sei relativ gering. Mit den eigenen Politikern geht »Hürriyet« übrigens ebenso drastisch ins Gericht – nur merkt es hier keiner. Dass Millionen Menschen in diesem Land sich von der Berichterstattung à la »Hürriyet« angesprochen fühlen, lässt ahnen, wie viele Türken in Deutschland sich wie in Feindesland fühlen. In den deutschen Medien kommen Türken kaum vor, und so wenden sich sogar die hier aufgewachsenen Türken, die Deutsch oft besser sprechen als ihre Muttersprache, mehrheitlich türkischen Medien zu. Die Morde von Mölln und Solingen, die Übergriffe rechter Gewalttäter, den deutschen Medien kaum noch eine Meldung wert, tun ein Übriges.

Stern

---

die Auflage (-n)   print run
die Reichweite (-n)   range, scope
der Ableger (-)   subsidiary, branch
mangels (+ gen.)   for the lack of
verantworten   to be responsible for
ahnden   to punish
der Verstoß (Verstöße)   offence

Luft machen   to give vent to
der Beschuldigte (-n)   accused
das Hetzblatt (-blätter)   rabble-rousing paper
abtun (sep.)   to dismiss
verzerrend (verb: verzerren)   distorting
ahnen   to guess, suspect
ein Übriges tun   to do one more thing

1 ▦ Suchen Sie im Text das Deutsche für die folgenden Adjektive.

a *printed*
b *occupied*
c *immigrant*

d *living*
e *patriotic*
f *nationalistic*

g *alleged, supposed*
h *actual*
i *coarse*

j *crude*
k *accurate*
l *malicious*

2 Beantworten Sie die folgenden Fragen. Ihre Antworten müssen grammatikalisch richtig sein.

a Wann und wo wurde „Hürriyet" in Deutschland gegründet?
b Warum war die Zeitung damals so wichtig für die Türken, die in Deutschland lebten?
c Die Deutschlandseiten von „Hürriyet" werden in Deutschland produziert. Welchen Vorteil hat „Hürriyet" dabei gegenüber anderen türkischen Zeitungen?
d Welche Eigenschaften haben die Schlagzeilen auf Seite 1 von „Hürriyet"?
e Was halten viele Türken von den Kurden?
f Wie kann man die meisten Artikel in „Hürriyet" beschreiben?

3 Gruppenarbeit. Wie sehen Sie die Rolle der Presse? Soll sie die Menschen zu Aktionen gegen Unrecht verleiten, auch wenn dies zu Gewalttaten führt? Oder soll sie bloß informieren, damit jeder weiß, was passiert und seine Reaktion formulieren kann? Was für Zeitungen lesen Sie am liebsten? Warum? Besprechen Sie diese Fragen in Gruppen.

4 Zum Schreiben. Stellen Sie sich vor, Sie sind Chefredakteur einer Zeitung (vielleicht einer Schülerzeitung). Was für Themen haben Sie in Ihrer Zeitung? Wie behandeln Sie diese Themen? Beschreiben Sie kurz Ihre Zeitung. Versuchen Sie mehrere Adjektive zu benutzen.

GRAMMATIK

Partizipien als Adjektive

Man kann Partizipien (Präsens mit **-end** und Perfekt mit (**ge**)...**t**/(**ge**)...**en**) als Adjektive benutzen. Sie brauchen nur die entsprechenden Endungen. Das klingt oft besser als ein Relativsatz.

> in allen von Türken **besiedelten** Regionen (in allen Regionen, die von Türken besiedelt wurden)
> *in all areas with Turkish settlements*
> hier **lebende** Türken (Türken, die hier leben) *Turkish people living here*
> die hier **aufgewachsenen** Türken (Türken, die hier aufgewachsen sind)
> *Turkish people who have grown up here*

ZUM ÜBEN

Bilden Sie neue Sätze mit Adjektiven anstatt der Relativsätze.

Beispiel: Die Türken, **die in Deutschland leben**, fühlen sich oft immer noch wie Fremde. →
Die **in Deutschland lebenden** Türken fühlen sich oft immer noch wie Fremde.

1 Der Chef, der in der Türkei geboren ist, ist deutscher Staatsbürger geworden.
2 Das Blatt, das als staatstreu bezeichnet wurde, ahndet Verstöße gegen die nationale Ehre.
3 Die Zeitung, die 1971 in Frankfurt gegründet wurde, heißt „Hürriyet".
4 Er spricht gerade mit dem Chefredakteur, der in Istanbul arbeitet.
5 Ich selber kann die Zeitung, die in türkischer Sprache erscheint, nicht lesen.

Wachmann als Geisel
Räuber bei Gefangenen-Transport befreit.
Von ANGELA WITTIG

Eine Flucht wie aus einem Action-Film. Reifen quietschen, ein Mitsubishi-Fahrer geht vor einem Gefangenentransporter in die Eisen, stellt sich auf der Bundesstraße 87 (bei Leipzig) quer. Hinter dem VW-Bus stoppt ein zweiter Wagen. **Drei maskierte Männer springen aus den Autos, schlagen die Seitenscheiben des Transporters ein. Einer nimmt den Fahrer in den Schwitzkasten, hält ihm die Waffe an die Schläfe, brüllt: „Den Schlüssel!"**

In Todesangst wirft der Wachmann den Schlüssel raus. Die Gangster reißen die Hintertür auf. Im Heck: Häftling Maik Pawlikowski (20). Der Gewalttäter ist mit Handschellen an einen Wachmann (37) gefesselt. **Maik zerrt seinen Bewacher als Geisel hinter sich her, steigt in den Mitsubishi. Dann braust die Bande davon.**

Mit einem Draht öffnen die Gangster die Handschellen, lassen den Wachmann frei. In Leipzig

Der Fluchtwagen wurde ausgebrannt in Leipzig gefunden. Der Mitsubishi war am Freitag gestohlen worden.

wechseln sie den Wagen. **Den Mitsubishi übergießen sie mit Benzin, zünden ihn an**. Dann verliert sich ihre Spur. Pawlikowski saß wegen Raub und Körperverletzung, sollte 2001 entlassen werden.

---

❶ 🖼️ Sehen Sie sich Arbeitsblatt 3.2 „Schlagzeilen" an. Welche Schlagzeile gehört zu welchem Artikel?

A3.2

❷ 🖼️ Sehen Sie sich den Artikel „Wachmann als Geisel" auf dieser Seite an. Aus was für einer Zeitung kommt er, meinen Sie? Machen Sie Notizen zur Begründung Ihrer Wahl.

❸ 🖼️ Sehen Sie sich jetzt Arbeitsblatt 3.3 „81-Jähriger soll Juden ermordet haben" an und vergleichen Sie den dortigen Artikel mit dem Artikel auf dieser Seite. Sie sind nicht nur inhaltlich verschieden, sondern von dem Stil und der Sprache her auch ganz anders. Kreuzen Sie auf dem Arbeitsblatt die Eigenschaften an, die die beiden Artikel unterscheiden.

A3.3

❹ ◼◼ Hören Sie jetzt zwei Radioberichte. Auch in ihnen wird dasselbe Thema ganz anders dargestellt. Wie soll der Zuhörer reagieren: emotional, empört, sachlich? Wie wird die Information manipuliert? Machen Sie Notizen zum Vergleich der Berichte.

❺ **Gruppenarbeit.** Sehen Sie sich den Artikel auf dieser Seite und den auf Arbeitsblatt 3.3 an. Versuchen Sie einen dieser Artikel im Stil des anderen umzuschreiben. Besprechen Sie zuerst, wie man einen Satz anders ausdrücken könnte. Schreiben Sie dann den Artikel und vergleichen Sie ihn mit denen anderer Gruppen.

A3.3

Rundfunk

Zum Rundfunk gehören die Bereiche Hörfunk und Fernsehen. In Deutschland liegt er nicht in der Hand des Staates, sondern ist entweder öffentlich-rechtlich oder privat.

▷ Die Sender in Deutschland

ARD (die Arbeitsgemeinschaft der öffentlich-rechtlichen Rundfunkanstalten der Bundesrepublik Deutschland) ist das Erste Programm, das Gemeinschaftsprogramm der elf ARD-Landesrundfunkanstalten. Die Sender veranstalten ein gemeinsames nationales Programm (das Erste), acht Regionalprogramme (Dritte Programme) und sind an 3sat, ARTE, dem Kinderkanal und Phoenix beteiligt. Die ARD finanziert sich durch Rundfunkgebühren und Werbeeinnahmen. Schwerpunkte: Information/Bildung und Fiction. Besondere Stärken: seriöse Nachrichten, politische Informationssendungen, regionale Berichterstattung, weltumspannendes Korrespondentennetz.

Das Zweite Deutsche Fernsehen (ZDF) ist wie die ARD ein öffentlich-rechtlicher Sender – aber eine reine Fernsehanstalt (keine Radioprogramme). Die Einnahmen aus den Fernsehgebühren teilen sich ARD und ZDF im Verhältnis 70:30. Seine Stärke: Information/Bildung, Fiction, Show und Sport.

3sat ist ein deutschsprachiges Kulturprogramm, das von der ARD, dem ZDF, dem Österreichischen Rundfunk (ÖRF) und der Schweizerischen Rundfunk- und Fernsehgesellschaft (SRG) gemeinsam veranstaltet wird.

DEUTSCHE WELLE Die Deutsche Welle (DW-tv) ist der Auslandsrundfunk der Bundesrepublik Deutschland und wird vom Bund finanziert. DW sendet Programme auf Deutsch, Englisch und Spanisch.

Der Pioniersender im deutschen Privatfernsehen: Seit 1985 bringt SAT.1 ein Programm für die ganze Familie. Erfolgsrezept: Kassenschläger aus Hollywood, eigenproduzierte Spielfilme und die Nummer-eins-Sport-Show „ran".

ProSieben zielt auf ein junges, intelligentes Publikum. Schwerpunkte: Spielfilme, Serien, Talk, Nachrichten.

RTL ist ein sehr erfolgreicher privater Sender, einer der beliebtesten TV-Sender der Deutschen. Er bringt große Spielfilme, Formel 1, Shows und Soaps (wie die tägliche Sendung „Gute Zeiten, schlechte Zeiten").

arte ARTE, der Europäische Kulturkanal, sendet auf Deutsch (von ARD und ZDF getragen) und Französisch (von La Sept). Das Markenzeichen: dreimal in der Woche interessante Themenabende mit Spielfilmen, Dokumentation und Diskussionsrunden.

Marktanteile der Sender 1999 in %

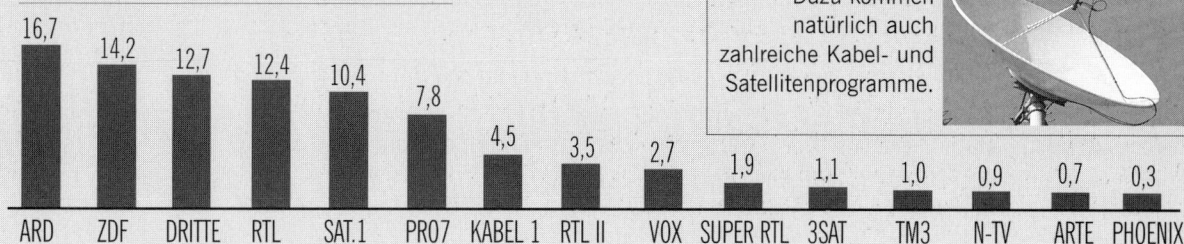

Sender	Anteil
ARD	16,7
ZDF	14,2
DRITTE	12,7
RTL	12,4
SAT.1	10,4
PRO7	7,8
KABEL 1	4,5
RTL II	3,5
VOX	2,7
SUPER RTL	1,9
3SAT	1,1
TM3	1,0
N-TV	0,9
ARTE	0,7
PHOENIX	0,3

Dazu kommen natürlich auch zahlreiche Kabel- und Satellitenprogramme.

❶ 📖 Lesen Sie den Text über Fernsehsender auf Seite 47. Machen Sie dann zwei Listen:

- öffentlich-rechtliche Sender
- private Sender

❷ Sehen Sie sich die Fernsehsender und ihre Marktanteile auf Seite 47 an. Welcher Sender wird jeweils beschrieben?

a Ein öffentlich-rechtlicher Sender, der kein Hörfunkprogramm hat.
b Der meistgesehene Privatsender.
c Ein Kulturprogramm, das gemeinsam mit einem ausländischen Sender veranstaltet wird.
d Ein Programm, das man in vielen Teilen der Welt empfangen kann.
e Der erste Privatsender, ein familienfreundliches Programm.

▶ Öffentlich-rechtlich oder privat?

öffentlich-rechtlich under public law
abdecken (sep.) to cover
ausstrahlen (sep.) to transmit
empfangen (empfängt, empfing, empfangen)
  to receive
verpflichtet (verb: verpflichten) werden to be
  committed, bound
umfassend (insep. verb: umfasssen)
  comprehensive
wahrheitsgemäß in keeping with the truth
bescheiden modest, limited
betreiben (betreibt, betrieb, betrieben)
  to operate, run

der Wettbewerb (-e) competition
ebenbürtig of equal status
wetteifern to compete
die Gunst (no pl.) benefit
der Kontrahent (-en) opponent
das Wohl (no pl.) well-being
das Weh (-e) pain, woe
es sei (verb: sein) denn unless
jdm etwas zutrauen (sep.) to credit s.o.
  with s.th.

❶ 📖 Lesen Sie den Artikel „Öffentlich-rechtlich oder privat?" auf Arbeitsblatt 3.4 mit Hilfe des Wortschatzes oben. Beantworten Sie dann folgende Fragen auf Englisch.

> A3.4

a *What is the ARD made up of?*
b *What is the main source of finance for the public TV stations?*
c *What do they have a legal commitment to provide?*
d *Why was 1985 significant for the broadcasting industry?*
e *How are private TV companies mainly financed?*
f *What does Gerd Bacher see as the main difference between public and private TV stations?*
g *Summarise in English the main points of the last paragraph about the future of television.*

❷ **Partnerarbeit.** Sehen Sie sich Arbeitsblatt 3.5 „Sport im Fernsehen" an. Diskutieren Sie das Problem und schreiben Sie eine Zusammenfassung.

> A3.5

❸ Gruppenarbeit. Sehen Sie sich „Das Abendprogramm im Fernsehen" auf
Arbeitsblatt 3.6 an.

A3.6

a Vergleichen Sie das Programm mit einem typischen Sonntagabend in
Großbritannien. Was sind die Ähnlichkeiten und die Unterschiede?

b Sie wollen den ganzen Abend zusammen in der Gruppe fernsehen, aber natürlich
hat nicht jeder den gleichen Geschmack. Welche Sendungen würden Sie (nicht)
gerne sehen? Warum (nicht)? Schließen Sie dann Kompromisse und entscheiden
Sie, was Sie zusammen sehen und wann.

c In der ARD, im ZDF und im Dritten gibt es abends keine Werbespots, aber in den
anderen Programmen ja. Was für Werbung würden Sie wohl zwischen den
verschiedenen Sendungen erwarten? Bei welchen Sendungen wären die
Werbespots wohl am teuersten, meinen Sie? (Während der populärsten
Sendungen ist die Werbung am teuersten. Je mehr Zuschauer, desto teurer die
Werbung.)

❹ Zum Schreiben. Ein deutscher Brieffreund möchte wissen, wie die britische
Rundfunklandschaft aussieht. Schreiben Sie ihm einen Brief (ca. 200 Wörter), in dem
Sie ihm einen Überblick über das britische System geben.

GRAMMATIK · Seite 145, § 2.4

Adjektive ohne Artikel

Wenn kein Artikel vor einem Adjektiv steht, hat der Artikel besondere Endungen. Diese Endungen
haben zum größten Teil Gemeinsamkeiten mit dem bestimmten Artikel.

> eigene „**Dritte** Programme"
> *own 'third programmes'*
> in **bescheidenem** Umfang
> *in a limited way*
> als **erster deutscher** Privat-TV-Sender
> *as the first German private TV station*
> **zahlreiche private** Sender
> *numerous private TV stations*
> **spezialisierte** Programme für **teureres** Geld
> *more specialised, more expensive programmes*

ZUM ÜBEN

Schreiben Sie die richtigen Endungen in die Lücken.

Beispiel: Staatlich… Fernsehen könnte propagandistisch… Sendungen ausstrahlen. →
  Staatli**ches** Fernsehen könnte propagandisti**sche** Sendungen ausstrahlen.

1 Zuschauer werden von privat… Sendern beworben.
2 Elf verschieden… Anstalten bilden die ARD.
3 Er kam als erst… ausländisch… Chef in die Firma.
4 Für teuer… Geld kann man erfolgreich… Werbespots haben.
5 Beliebt… Soaps (wie „Gut… Zeiten, schlecht… Zeiten") finden groß… Anklang bei
  jung… Leuten.

▷ Erfolgsstory: das Bayern 2-„Tagesgespräch"

Das „Tagesgespräch" wird vom Sender Bayern 2 gesendet, aber es hat auch nationale Beliebtheit gewonnen.

❶ ▰▰ Hören Sie den Bericht „Erfolgsstory: das Bayern 2-,Tagesgespräch'" und beantworten Sie folgende Fragen. Die Antwort ist immer eine Zahl.

a Jahre seit dem ersten Programm ...
b Gesamtzahl von „Tagesgespräch"-Sendungen, die bis
   zum 7. Juli ausgestrahlt worden sind ...
c Preis eines Anrufs beim „Tagesgespräch" ...
d Zahl der Gäste in jedem Programm ...
e Zahl der Leute, die täglich beim „Tagesgespräch" anrufen ...
f Anfangsdatum der Funkausstellung in Berlin ...
g Letzter Tag der Funkausstellung ...
h Telefonnummer für „Das Tagesgespräch" ...
i Faxnummer für „Das Tagesgespräch" ...

❷ Welche Art von Themen werden im Programm diskutiert? Nennen Sie mindestens zwei verschiedene Beispiele.

❸ Gruppenarbeit. Einer in der Gruppe spielt die Rolle eines prominenten oder fachkundigen Gastes im Radioprogramm. Die anderen müssen „anrufen" und Fragen stellen.

▷ Krimi im Kopf

❶ ▤▤ Lesen Sie jetzt den Artikel „Krimi im Kopf" auf Seite 51 gut durch. Wie sagt man das im Text?

a Es ist unheimlich ruhig im Gasthaus.
b Sie sitzen mit dem Kopf in den Händen.
c Er sieht sich verwirrt um.
d Jemand zeigt auf ein Poster ohne etwas zu sagen.
e Die Leute sind sehr verschieden.
f Sie sind nicht so berühmt.
g Die Menschen, die im Radio arbeiten.
h Sie möchten eine Geschichte hören.

❷ Übersetzen Sie die beiden ersten Absätze des Artikels ins Englische (von „Gespenstisch still ist es…" bis „… SWR-Hörspiel-Nachmittag im ‚Bulanger'.").

❸ Zum Schreiben. „Ich sehe einfach mehr mit den Ohren", hat einer gesagt, als er seinen Fernseher verschenkte. Die schnellen Schnitte, aggressiven Bilder, Werbeclips – das habe ihn abgestumpft. Und der Hörspiel-Chef des Hessischen Rundfunks meint, dass das Auge in den vergangenen Jahren zu sehr strapaziert worden sei. Schließlich sei das Ohr das Organ, das kaum zu betrügen sei.

Was meinen Sie? Hören Sie gern Radio oder sehen Sie lieber fern? Oder lesen Sie lieber Bücher? Welche Vor- und Nachteile haben diese verschiedenen Medien, wenn es um Geschichten geht? Schreiben Sie ungefähr 250 Wörter.

Krimi im Kopf

Im Trend: Hörpartys – die alte Radiokunst wird wieder populär.
Man trifft sich zum Hörspiel in der Kneipe.

Gespenstisch still ist es im Lokal. Keine Musik, kein Gläserklirren, niemand lacht. Kein Mensch rührt sich. Wie versteinert sitzen die Gäste in der Tübinger Traditionskneipe „Bulanger". Blicke gehen ins Leere, Gesichter sind in den Händen vergraben. Ein junges Paar sitzt in einer Ecke, ganz versunken, die Augen geschlossen. In sich gekehrt auch die drei Frauen am Nebentisch. Nur hin und wieder nippt eine am Bierglas.

Plötzlich schneit ein junger Mann herein. Verdutzt schaut er sich um. „Nanu, was ist denn hier los?" Jetzt kommt Bewegung unter die rund 20 Gäste. „Bitte Ruhe", zischelt einer. Ein anderer deutet stumm auf die Plakate an den Wänden: „Jeden Sonntag: SWR-Hörspiel-Nachmittag im ,Bulanger'."

In Tübingen und anderswo: Die Deutschen hören wieder zu. Um gemeinsam zu lauschen, treffen sie sich in Kneipen, Kinos und Kulturzentren, in Theatern, Planetarien und Museen. Im Sommer gibt es Hörspiele open-air, im Winter am Kamin. Veranstalter ist meist eine der ARD-Landesrundfunkanstalten. Aber auch private Vereine laden zum Ohrenschmaus. Das Publikum ist bunt gemischt. Alt und jung, intellektuell und normal gebildet, das hängt ganz vom Stück ab.

Zwischen 700 und 800 Hörspiele produzieren die öffentlich-rechtlichen Rundfunkanstalten jedes Jahr. Aber zwischen Frühstücks- und Jugendradio, „main-stream" und „easy-listening" führen sie zumeist ein Schattendasein. Die Einschalt-quoten sind niedrig. „Wär' doch fast billiger, die Bänder einzeln per Post zu verschicken", ist ein gängiger Spott der Dudelfunk-Macher. So richtig ernst nahmen sie die Kollegen von der Abteilung „Wort" bisher nicht.

Das könnte sich nun ändern. Immer mehr Tageszeitungen drucken das Radioprogramm ab. So genannte Hörbücher werden als Cassetten und CDs zusehends beliebter.

Zwei Gründe sind für Holger Rink von Radio Bremen ausschlaggebend für die „neue Hörspielblüte": „Die Menschen lehnen Radio-Massenkonfektion ab. Sie wollen eine Geschichte erzählt bekommen." Die Story vom Tonband als Ersatz für die Großmutter am Herd.

Krimis und Klassiker sind beliebt, genauso wie Mundartstücke, mal in Schwäbisch, mal in Japanisch. Einigen Fans ist es sogar egal, ob sie alles verstehen. Ihnen geht es allein um den Ton, das Geräusch im Ohr, die Schrift, die zur Stimme wird.

Hörzu

---

wie versteinert (*verb*: versteinern) as if made of stone, like statues

hereinschneien (*sep.*) (here) to drop in

verdutzt (*verb*: verdutzen) baffled, bewildered

lauschen to listen (attentively)

der Ohrenschmaus (-schmäuse) feast for the ears

der Spott (*no pl.*) mockery

der Dudelfunk-Macher (-) music channel host

die Mundart (-en) dialect

Medien und Gesellschaft

Soap und Talk sind die beliebtesten Sendungen: Die Einschaltquoten sind hoch, die Werbemöglichkeiten auch. Ohne Werbung geht nichts mehr.

PRÜFUNGSTIPP

Hausarbeiten (*coursework*) schreiben

Seite 137 ⟶

- Die Regeln für Hausarbeiten sind nicht in jeder Schule gleich. Fragen Sie, was bei Ihnen gilt.
- Eine Hausarbeit braucht viel Zeit: Warten Sie nicht bis zur letzten Minute!
- Wählen Sie ein Thema, das Sie interessiert.
- Sammeln Sie Informationen. (Siehe Prüfungstipp Seite 37.)
- Überlegen Sie sich einen Titel, entwerfen Sie einen Plan (auf Deutsch natürlich) und lassen Sie diese von Ihrem Lehrer/Ihrer Lehrerin überprüfen. (Siehe *Developing Examination Skills* Seite 137.)
- Schreiben Sie (am besten auf dem Computer) Ihren ersten Entwurf: Grammatik und Wortschatz sind nicht so wichtig – bringen Sie nur Ihre Ideen auf einen Schlag zu Papier.
- Schreiben Sie nicht Ihren ganzen Entwurf auf Englisch. Wer einen englischen Aufsatz hinterher ins Deutsche übersetzt, produziert Kauderwelsch!
- Es ist nicht schlimm viele Ideen von anderen Leuten zu verwenden, im Gegenteil – solange man die Quelle angibt. Schon beim ersten Entwurf sollten Sie ihre Fußnoten kennzeichnen, sonst wissen Sie hinterher nicht mehr, woher Ihr Material stammt.
- Schreiben Sie nicht zu viel und nicht zu wenig. Halten Sie sich an die angegebenen Limits.
- Lassen Sie Ihren Entwurf ein paar Tage ruhen, dann überarbeiten Sie ihn. Jetzt ist es wichtig auf Grammatik, Rechtschreibung und Stil zu achten!
- Behalten Sie immer Ihre Überschrift im Auge und fragen Sie sich ständig: „Ist dieser Punkt relevant? Ist die Struktur logisch? Ist das interessant?"
- Lassen Sie sich viel Zeit bei der Überarbeitung und seien Sie selbstkritisch.
- Erstellen Sie eine Bibliografie – Fußnoten alleine genügen nicht.

▷ Werbung

❶ ▤▤ Sehen Sie sich Seite 53 an. Beantworten Sie für jede Werbung folgende Fragen.

- **a** Auf wen zielen die Werber mit dieser Werbung ab? Was für Menschen? (Altersgruppe, Einkommensgruppe, Geschlecht usw.)
- **b** Welchen Eindruck will die Werbung erwecken? (Das Produkt sei gut, preiswert, schick usw.)
- **c** Wie wird das gemacht? (Durch Humor, Sprache, Bilder usw.)

❷ Gruppenarbeit. Wählen Sie ein Produkt und machen Sie eine Werbung auf Deutsch dafür. Diskutieren Sie zuerst, welche Zielgruppe Sie im Sinn haben und in welchem Medium die Werbung am erfolgreichsten erscheinen würde. Wenn Sie Radio wählen, ist natürlich Ton sehr wichtig. Ein Fernsehwerbespot hat auch viele Möglichkeiten. Vergessen Sie aber nicht, wo das meiste Werbegeld ausgegeben wird und welche Leute Ihr Produkt vielleicht kaufen werden.

SCHUHE KAUFT MAN MIT DEM KOPF.

ecco
Shoes for Life

A

„Was ich immer in meiner Nähe brauche? Meinen Freund und meine Bank."

Postbank Giro plus. Das Nulltarif-Konto*: Sie zahlen nichts für Kontoführung, ec- oder Postbank Card und Monatskontoauszug. Dazu 74 Stunden verfügbar: Telefon- und Online-Banking. Mehr Informationen: www.postbank.de, T-Online: »Postbank#, unter 0180-30 40 500 und in ca. 14.000 Filialen der Deutschen Post. *Für alle Privatkunden mit monatlichem Geldeingang ab 2.000 DM und für alle unter 26.

Postbank
Die Bank fürs Wesentliche.

B

Morgens Frankfurt, mittags Rom, abends tot.

Wir fordern ein Verbot der grausamen, grenzüberschreitenden Schlachttiertransporte.
Unterstützen Sie uns durch Ihre Mitgliedschaft oder eine Spende.

Deutscher Tierschutzbund e. V.
Baumschulallee 15, 53115 Bonn
Spendenkonto 40 444, Sparkasse Bonn (BLZ 380 500 00)

DEUTSCHER TIERSCHUTZBUND

C

Ausgeschlafene reisen nachts.

Mit dem DB NachtZug

Richtung Meeting

Neu   Moderne, komfortable Wagen und Abteile, freundlicher Service von Abfahrt bis Ankunft und beste Verbindungen zu Ihren Zielen. Genau das Richtige für Ausgeschlafene wie Sie!

Beratung und Buchung in Reisezentren und Fahrkartenausgaben der DB, Reisebüros mit DB-Lizenz, über das DB NachtZug Servicetelefon 01805 / 14 15 14 von 6 bis 24 Uhr oder unter www.dbnachtzug.de.
DB NachtZug – eine Dienstleistung der DB AutoZug GmbH.
Deutsche Bahn Gruppe

D

McMorning
All American Breakfast

NO TIME, WENIG

Auf gut Frühstücksdeutsch:

MONEY, VIEL

Wer wenig Zeit hat und noch weniger Geld ausgeben will,

FRÜHSTÜCK.

kommt morgens am besten zu uns. Wieso kompliziert, wenn's McDonald's gibt?

Ham & Eggs inkl. Kaffee satt 4,95 DM

McDonald's

E

▷ Die täglichen Talkshows

Talkshows sind im Moment sehr beliebt, aber sie haben auch ihre Kritiker.

❶ ◧◨ Hören Sie sich „Die täglichen Talkshows" an und beantworten Sie die folgenden Fragen.

a Wer sind Ilona, Birte, Arabella und Sonja?
b Was besprechen die Gäste in den Talksendungen?
c Wann und in welchem Programm begannen Talkshows in Deutschland?
d Wie viele Talkshows gibt es jetzt im deutschen Fernsehen?
e Warum wurde Birte Karalus von der Landesmedienanstalt kritisiert?

❷ ▤▤ Lesen Sie (mit Hilfe eines Wörterbuchs) „Die sind gar nicht so" unten und auf Seite 55.

a Warum beklagen sich die Lehrer bei Bärbel Schäfer?
b Warum wollen Sabine und Maria an Talkshows teilnehmen? Oder wollen sie das eigentlich nicht?
c Sind Talkshows nur „Fakes", nur zur Unterhaltung da, oder können sie Jugendlichen wirklich helfen ihre Probleme zu lösen? Was meinen Sie?
d Sehen Sie gern Talkshows? Warum (nicht)? Unter welchen Umständen würden Sie an einer Talkshow teilnehmen?

▷ ——— „Die sind gar nicht so" ———

„Ich möchte Euch gerne zwei junge Frauen vorstellen", sagt Bärbel Schäfer. „Die sind beide in einer Gang, und Gewalt gehört bei ihnen dazu." Auf geht die Studiotür. Das Publikum klatscht, johlt, pfeift, und verlegen-trotzig erscheinen zwei Teenager auf der Rampe. „Auf meine Freundin kann ich mich immer verlassen", erklärt Sabine (15), und Maria (16, Namen von der Redaktion geändert) lächelt neben ihr mit gepressten Lippen.

Jetzt sind sie dran. „Meine Gang ist mein Leben" heißt diesmal das Thema bei „Bärbel Schäfer". Es geht um Gewalt unter Jugendlichen. Zu Hause zappt Realschullehrer Thomas Stitz in die RTL-Sendung und entdeckt seine Schülerinnen.

„Was heißt das denn – Gewalt?" will die Moderatorin von Sabine wissen. „In welcher Situation musst du dich auf deine Freundin verlassen?" Die wird in dieser Sendung wenig sagen. Sie bestätigt nur wortlos, was Sabine da so erzählt: „Also,

wenn ich durch die Stadt gehe, und es kommen mehrere Weiber dazu und machen einen doof an und sagen »dumme Schlampe« oder so. Das lass' ich mir nicht gefallen, ist doch klar. Und da geht meine Freundin eben dazwischen. Is' klar."

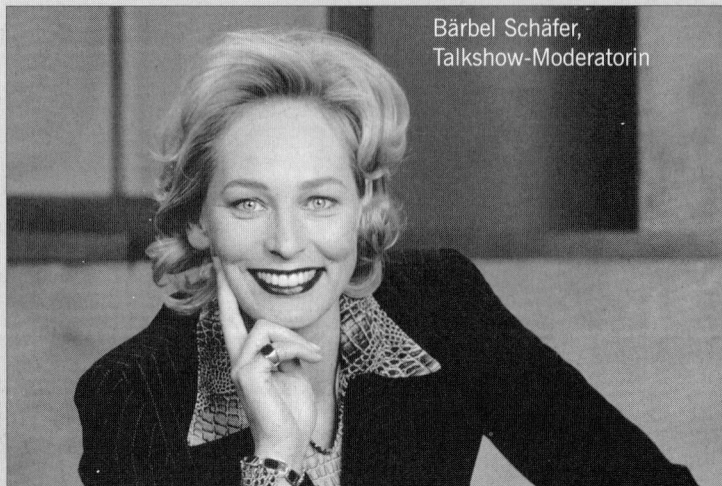

Bärbel Schäfer,
Talkshow-Moderatorin

„Die beiden sind gar nicht so", sagt Sabine Weiden [Realschullehrerin] und hält das Videoband an. „Sie sind keine Schlägerinnen", sagt sie. Sie seien missbraucht worden für eine Rolle, die sie sich zu eigen gemacht hätten, bestätigt Stitz.

Dass Talkshows nur „Fakes" seien, das meinen die meisten Jugendlichen zu durchschauen. Das bestätigt zumindest eine neue Studie zum „täglichen Balanceakt zwischen Orientierung, Amüsement und Ablehnung", die im Auftrag der Landesmedienanstalten erstellt wurde. Wissenschaftler ermittelten in Gesprächen mit rund 650 Jugendlichen, wie souverän viele unter ihnen die Inszenierungsmuster durchschauten und die Sendung deshalb auch nur als „sehr begrenzte" Orientierungshilfe zu akzeptieren scheinen.

Aber es gibt auch Zuschauer, die diese Talks konsumieren, weil sie nach Orientierung suchen: „Jüngere Mädchen mit mittlerem oder niedrigem Bildungsstand, geringer Medienkompetenz und einem problematischen lebensweltlichen Hintergrund", so die TV-Forscher. Sie verstehen „Arabella", „Bärbel Schäfer" oder „Sonja" tatsächlich als eine „Forum für Problemlösungen und Orientierungshilfe", sie seien „in ihrer eigenen Selbst- und Realitätskonstruktion anfällig für Talkshows".

Auch Sabine und Maria sehen regelmäßig Talksendungen und meldeten sich auf eine RTL-Videotext-Suchanzeige von „Bärbel Schäfer". „Nein, nein, die sind genau so, wie sie sich da dargestellt haben", beteuert „Bärbel Schäfer"-Redakteur Dieter Dehring: „Die haben sich nicht verstellt. Sie haben dargestellt, was sie sind." Die Schülerinnen und ihre Clique hätten sich freiwillig gemeldet, nicht wegen der 100 Mark Aufwandsentschädigung. Außerdem hätten sie Einverständniserklärungen ihrer Eltern vorgelegt. „Ob die Unterschriften gefälscht sind, können wir nicht nachprüfen."

„Geschicktes Zusammenschneiden der Aufnahmen erweckt und vertieft den Gesamteindruck von Gewaltbereitschaft", klagt das Kölner Lehrerkollegium. „Der bewusst herbeigeführte Effekt führt zu einer erschreckenden Verzerrung der Wirklichkeit. Aggression und Gewaltbereitschaft wird zur bejubelten Eigenschaft, die, wo möglich, dann in der Realität nachgeahmt wird."

„Viele Jugendliche sind froh, dass es ihnen besser geht als den Talkshow-Gästen", so die Studie. Sabine und Maria wollen an ihren Auftritt nicht erinnert werden.

Kölner Stadt-Anzeiger

❸ Gruppenarbeit. „Talkshows sind reines Theater, nichts anderes als ein Podium für Exhibitionisten." Diskutieren Sie in der Gruppe. Hier einige Hinweise um Ihrer Diskussion zu helfen.

- Was für Menschen nehmen an Talkshows teil?
- Haben sie wirklich Probleme, die sie lösen wollen? Oder wollen sie Mitleid, Ruhm usw?
- Können Talkshows diesen Menschen tatsächlich helfen? Oder sind sie pure Unterhaltung?
- Was erwarten die Zuschauer (im Studio und zu Hause)? Tragen sie auch Verantwortung für diese Shows, indem sie sie ansehen?

❹ Zum Schreiben. Beschreiben Sie eine Talksendung, die Sie neulich gesehen haben (oder eine imaginäre Talksendung, die wohl stattfinden könnte). Wie ist die Atmosphäre im Studio? Wer stellt sich vor? Welches Thema wird diskutiert? Wie reagieren die Gäste? Verwenden Sie eine gute Auswahl von Adjektiven und Verben, die die Atmosphäre beschreiben (etwa 200 Wörter).

Kulturmagazin **3**

„Die verlorene Ehre der Katharina Blum oder Wie Gewalt entstehen und wohin sie führen kann" von Heinrich Böll

Diese Novelle ist eine der politischsten Erzählungen des Nobelpreisträgers. Der „Plot" ist rasch erzählt: Zur Karnevalszeit verliebt sich die junge Hausangestellte Katharina Blum in den von der Polizei gesuchten Bundeswehrdeserteur und mutmaßlichen Bankräuber Ludwig Götten. Sie nimmt ihn bereits nach wenigen Stunden mit in ihre Wohnung, wo sie mit ihm zusammen die Nacht verbringt, und verhilft ihm anschließend zur Flucht, obwohl sie eigentlich eine völlig unpolitische und darüber hinaus prüde Person ist. Am nächsten Morgen dringt die Polizei in Gestapo-Manier bei ihr ein, findet Götten jedoch nicht.

Ein rechtslastiges Sensationsblatt, „Die Zeitung", schlachtet die „Story" der Katharina Blum skrupellos aus. Schon am Tag des ersten Artikels beginnt die psychische Zerstörung der jungen Frau. Die „Sex-and-Crime-Cover-Story" zieht das gesamte öffentliche Interesse auf sich, und – schlimmer noch – beschert Katharina unzählige perverse Briefe und Anrufe. Ihre Zerstörung gipfelt schließlich drei Tage nach der ersten Berichterstattung der „Zeitung" im Mord am gewissenlosen Sensationsjournalisten Tötges.

Katharina Blum (Mitte) in einer Szene aus dem gleichnamigen Film

Die Geschichte ist – im Gegensatz zum dramaturgisch anders eingefädelten Film – so erzählt, dass der Leser von vornherein vom Mord an Tötges weiß, die Erklärung aber erst häppchenweise nachgeliefert bekommt.

Böll beleuchtet in seinem Text die Verstrickung zwischen Sensationspresse und Staat und hinterfragt die Bezeichnung der Bundesrepublik Deutschland als Rechtsstaat immer wieder aufs Kritischste. Mit der „Katharina Blum" ist ihm ein Zeitdokument gelungen, das auch heute noch aktuell ist.

© Ricarda M. Romain

❶ ◀▶ Hören Sie sich das Lied „Was in der Zeitung steht" von Reinhard Mey an und machen Sie die Übungen auf Arbeitsblatt 3.7.

A3.7 ▶

❷ **Zum Schreiben.** Es gibt viele Beispiele, wo die Medien zu weit gegangen sind und das Leben eines Menschen, ob groß oder klein, geändert oder sogar zerstört haben. Welche Rolle sollten die Medien spielen? Haben sie das Recht, alles über einen Menschen zu veröffentlichen? Handeln sie immer im Interesse des Publikums? Was meinen Sie?

Besprechen Sie das Pro und Kontra des Verhaltens der Medien und geben Sie ein paar Beispiele. Schreiben Sie etwa 250 Wörter.

4 Leben durch Technik

Inhalt

Kommunikationsziele

- Informationen kürzen
- sprachlichen Stil entwickeln

> Ein Leben ohne Technik ist jetzt kaum mehr vorstellbar. Computer und Elektronik stecken hinter den meisten Aspekten des alltäglichen Lebens. Aber eines darf man nicht vergessen: Hinter der Technik stecken Menschen. "

Alles Computer!

Computer und Internet sind ein wichtiger Teil des alltäglichen Lebens geworden. In fast allen Bereichen muss man mit Computern umgehen können – auch auf Deutsch.

▷ Ein Überblick

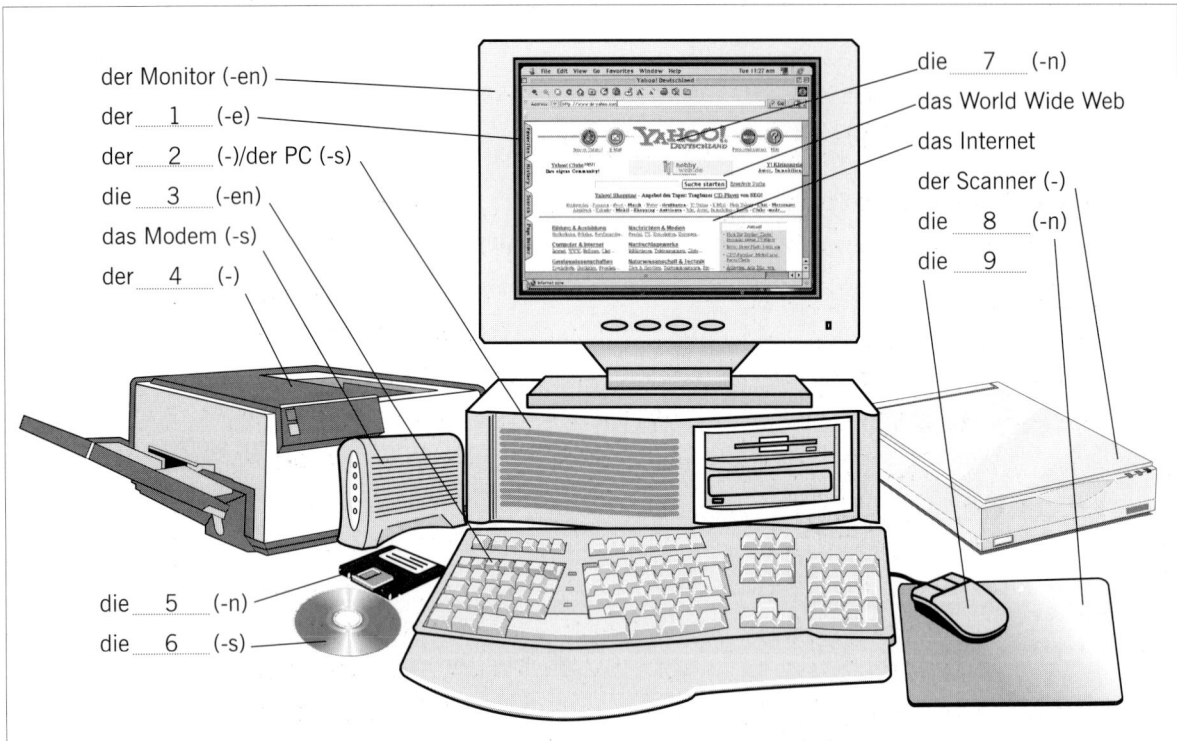

der Monitor (-en) —
der ___1___ (-e) —
der ___2___ (-)/der PC (-s) —
die ___3___ (-en) —
das Modem (-s) —
der ___4___ (-) —

die ___5___ (-n) —
die ___6___ (-s) —

die ___7___ (-n)
das World Wide Web
das Internet
der Scanner (-)
die ___8___ (-n)
die ___9___

abbrechen (*sep*.)/beenden   to exit/quit
ausschneiden (*sep*.)   to cut
bearbeiten   to edit
das CD-ROM-Laufwerk (-)   CD-ROM drive
die Datei (-en)   file
die Daten (*pl*.)   data
die Datenbank (-en)   database
die EDV (elektronische Datenverarbeitung)   data processing
einfügen (*sep*.)   to paste
die E-Mail (-s)   e-mail
die Festplatte (-n)   hard disk
kursiv/fett   italic/bold
der Internet-Zugang (Zugänge)   Internet access
der Knopf (Knöpfe)   button

der Mausklick (-s)   click of the mouse
das Menü (-s)   menu
das Netz   net
die Netzadresse (-n)   web address
schließen   to shut down
die Schrift (-en)   font
die Soundkarte (-n)   soundcard
der Speicher (-)   memory
speichern   to save
die Suchmaske (-n)   search box
surfen   to surf
die Tabellenkalkulation   spreadsheet
die Textverarbeitung   word processing
die Webseite (-n)   webpage
die Website (-s)   website

❶ ▤▤ Sehen Sie sich das Bild auf Seite 58 an. Suchen Sie die fehlenden Ausdrücke im Kasten.

Beispiel: 1 der Bildschirm (-e)

| Bildschirm | CD-ROM | Computer | Diskette | Drucker |
| Maus | Mausmatte | Suchmaschine | Tastatur | |

▷ Probleme

❶ ▰▰ Hören Sie dem Beitrag „Probleme" zu. Diese drei Leute haben alle Probleme mit ihrem Computer. Was ist los? Können sie etwas dagegen tun? Machen Sie Notizen auf Englisch.

Deutsche online

< Internet >

Gründe für den privaten Internet-Anschluss
Umfrage 1999. Mehrfachnennungen in %

- Informationsangebot 90
- Nutzungsmöglichkeiten 80
- E-Mail 80
- Neugierde 73
- Technik 59
- Beruf 49
- Ausbildung 42
- Kontakte 37
- Unterhaltungsangebot 31
- Zeitvertreib 30
- Computerspiele 11

ARD/ZDF Online-Studie 1999

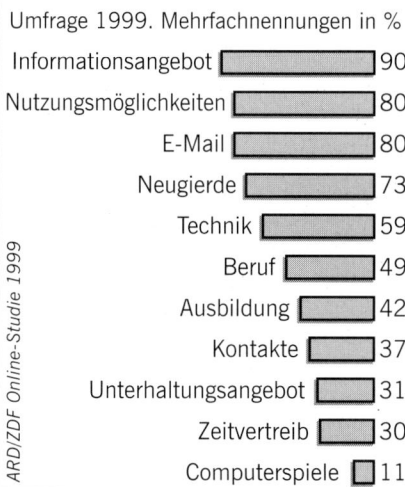

Das Internet erfreut sich zunehmender Beliebtheit. Im Frühjahr 1997 waren 6,5 Prozent der Deutschen im Netz und ein Jahr später bereits 10,4 Prozent. Die Zahl der Nutzer erhöhte sich innerhalb eines Jahres von 4,1 auf 6,6 Millionen. Dieser Anstieg ist vor allem auf die privaten Anwender zurückzuführen, die von zu Hause aus online gehen. Dabei liegt der Wunsch nach guter Information an der Spitze, während Unterhaltung, Zeitvertreib und Computerspiele den Schluss der langen Liste bilden.

❶ ▰▰ Sehen Sie sich die Grafiken an und hören Sie zu. Sind die Aussagen (a–h) richtig oder falsch? Korrigieren Sie die falschen Aussagen.

❷ Machen Sie eine Umfrage in der Klasse: Haben Sie Internet-Zugang? Ist das in der Schule oder zu Hause? Wozu brauchen Sie das Internet?

Machen Sie dann (auf dem Computer) eine Grafik mit dem Ergebnis.

❸ **Zum Schreiben.** Warum sollte man das Internet im privaten Haushalt haben? Machen Sie eine Liste der Vorteile des Internets für den „normalen" Menschen.

Online-Dienste
Deutschland vorn
Anteil der Haushalte mit Zugang zu einem Online-Service (Angaben in Prozent)

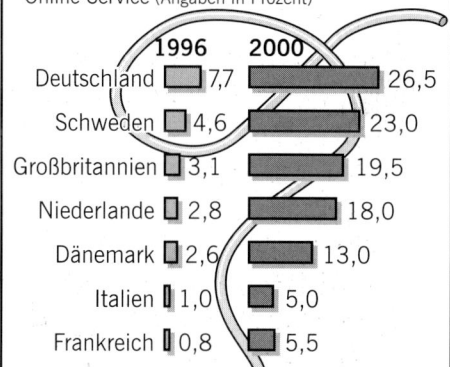

	1996	2000
Deutschland	7,7	26,5
Schweden	4,6	23,0
Großbritannien	3,1	19,5
Niederlande	2,8	18,0
Dänemark	2,6	13,0
Italien	1,0	5,0
Frankreich	0,8	5,5

▷ Unfällegibs im Sexglub

Wo fängt man an? Wenn man Informationen braucht und keine Webadresse hat, muss man durch eine Suchmaschine suchen. Die Berühmtesten (aber bei weitem nicht die Einzigen) sind *Yahoo!* und *Altavista*. Dort kann man in jeder beliebigen Sprache suchen, aber für Deutsch sucht man natürlich gezielter auf Deutsch. Suchen ist jedoch nicht immer sehr leicht – ein Stichwort bringt Millionen von Webseiten, was nicht gerade hilfreich ist: Wenn man sich nur ein paar Hunderte davon ansehen würde, so säße man tagelang am Computer. Man muss also überlegen, was man am besten eintippt um zu den gewünschten Seiten zu kommen, und wie man das tippt.

Wer suchet, der findet – falls er die Orthografie beherrscht

Internet-Nutzer sind überdurchschnittlich gebildet? Wer das glaubt, sollte sich ansehen, mit welchen Suchbegriffen die Deutschen das World Wide Web durchforsten. Um sich im Datenwust zurechtzufinden, stehen im Internet Suchprogramme bereit, die ständig das Netz durchkämmen und dem Nutzer alle Seiten ausspucken, die ein gewünschtes Stichwort enthalten. Klaus Schallhorn, ein in London lebender EDV-Spezialist, hat die Anfragen studiert, die bei der Suchmaschine Intersearch (*www.intersearch.de*) eingingen. „Ich wäre vor Lachen fast vom Stuhl gefallen", berichtet Schallhorn.

Etliche Internet-Besucher nehmen demnach anscheinend an, auf der anderen Seite des Bildschirms säßen hoch bezahlte Schnelltipper, die jede noch so ausgefallene Anfrage umfassend beantworten. Manche gaben ganze Sätze ein, zum Beispiel:

„Ich suche ein Haus direkt am Meer für acht Personen." Andere behandelten die Technik wie einen Ausländer, der der deutschen Sprache nicht ganz mächtig ist: „Personen mit der Name Eberhardt". Erschreckend viele scheiterten schlicht an der Orthografie. Ein Viertel der Surfer, die nach Suchmaschinen fahndeten, schrieben „Maschine" mit „ie". Ein Drittel der potenziellen Kunden von Frau Uhse waren vergebens auf der Pirsch nach „Beate Use". Sex war – wie zu erwarten – ein häufiges Thema. Doch wer Ausschau hielt nach „Sexglubs", „Swingerklup" oder „Stryptease", war hinterher von Intersearch wohl bitter enttäuscht.

Zu dramatischen Versuchen der Kommunikation zwischen Mensch und Maschine kam es im medizinischen Sektor. Hämorrhoiden tun nicht nur weh, sie sind auch schwierig zu buchstabieren, wie ein geplagter Zeitgenosse am eigenen

Leib erfahren musste („Hämoriden", „Hämoroiden", „Hämhoriden", „Hemoriden"). Ein anderer armer Tropf kam mit „Gibsverbänden" nicht an die ersehnten Informationen. Daraufhin probierte er es mit „Gibsbinden", „Gibsarm", „Gibsbeinen", „Gibsschinen", „Gibszimmer". „Gibs alles nicht!", möchte man dazwischenrufen. Unser Freund vor dem Bildschirm tippte unverzagt weiter: „eingegibst", „Unfällegibs" (da hat er Recht) und – der Mann scheint lernfähig – „Chirugie Brüche". Leider war's auch damit nichts. Da sage noch einer, Rechtschreibprogramme machten Unterricht in Orthografie überflüssig.

Oder liegt es vielleicht nur an der Fahrigkeit der Suchenden? Einer forschte erst nach „Aufmerksamkeitdefizitsydrom", dann nach „Aufmerksamkeitdefitsyndrom". Da weiß jemand genau, woran er leidet.

Wolfgang Blum, *Die Zeit*

---

gebildet (*verb*: **bilden**) educated	**die Orthografie** spelling
durchforsten to go through	**fahnden nach** to search for
der Wust pile, jumble	**Beate Uhse** proprietor of a chain of sex shops
ausspucken (*sep.*) to spit out	**auf der Pirsch nach** on the lookout for
anscheinend apparently	**geplagt** (*verb*: **plagen**) troubled
umfassend (*verb*: **umfassen**) comprehensively	**der Zeitgenosse (-n)** (*adj. noun*) contemporary
erschreckend (*verb*: **erschrecken**) frightening(ly)	**ersehnt** (*verb*: **ersehnen**) required
scheitern to fall down, fail	**unverzagt** undaunted
schlicht simple, simply	**an etwas leiden** to suffer from

❶ ▦ Wie wird das im Artikel auf Seite 60 ausgedrückt?

Beispiel: wenn er gut buchstabieren kann = falls er die Orthografie beherrscht

a … haben eine bessere Bildung als normal.

b Ich habe das sehr lustig gefunden.

c Leute, die schnell tippen und gut bezahlt sind.

d … der nicht sehr gut Deutsch kann.

e Viele konnten einfach nicht gut buchstabieren.

f … auf der Suche nach…

g Das alles gibt es nicht!

h Er konnte damit die gewünschten Informationen nicht finden.

i … was mit ihm los ist.

❷ Beantworten Sie folgende Fragen.

a Was ist eine Suchmaschine?

b Welches Thema (laut Artikel) suchen viele Leute im Internet?

c Warum konnte der Surfer mit Hämorrhoiden nicht an die gewünschte Information kommen?

d Wie schreibt man „Gibsverbände" richtig? Und was macht man eigentlich damit?

e Wie könnte man „Unfällegibs" als vollständigen Satz schreiben?

f Woran leidet der letzte Sucher (richtig buchstabiert)? Was bedeutet das?

❸ **Partnerarbeit.** Welche Stichwörter würden Sie eingeben um Informationen über folgende Themen zu finden? Passen Sie bei der Orthografie gut auf. Vergleichen Sie Ihre Wörter mit denen anderer Schüler und wählen Sie die besten Wörter. Versuchen Sie es dann im Internet mit Ihren Stichwörtern. (Wie erfolgreich waren Sie?)

a Sie suchen ein Haus direkt am Meer (an welchem?) für acht Personen (für die Sommerferien?).

b Der Sitz des Parlaments in Berlin.

c Die Pressefreiheit in Österreich.

d Die Rolle der Schweiz im Zweiten Weltkrieg.

e Das deutsche Schulsystem.

GRAMMATIK

Seiten 147, 156–157, § 4.4, 7.1–7.3

Satzbau (Relativ- und Nebensätze)

In Relativ- und Nebensätzen steht das Verb am Ende des Satzes.

Wer das **glaubt**, sollte sich ansehen, **mit welchen Suchbegriffen** die Deutschen das World Wide Web **durchforsten**.
If you believe that, you should take a look at the search words Germans use to go through the Web.
… hat die Anfragen studiert, **die** bei der Suchmaschine Intersearch **eingingen**.
… studied the inquiries received by the search engine Intersearch.

ZUM ÜBEN

Schreiben Sie die Sätze richtig zu Ende.

Beispiel: Er sprach mit vielen Menschen, (Chatraum an im die teilnahmen Internet einem). →
Er sprach mit vielen Menschen, die an einem Chatraum im Internet teilnahmen.

1 Sie müssen wissen, (den Informationen kommen mit Sie welchen gewünschten Wörtern zu).

2 Er hat ein Haus gefunden, (an preiswert das der ist direkt sehr Küste liegt und).

3 Sie wussten nicht, (arme könnte Kind das leiden woran).

4 Ich beantworte die Fragen, (eine auf einfache die gibt es Antwort).

5 Das ist der Lehrer, (Interessantes dem gelernt so bei viel wir haben).

▷ Die Geheimsprache beim Internet-Flirt

Wenn man sich per E-Mail oder über das Internet unterhält, muss man eine völlig neue Sprache verstehen.

❶ 🖿🖿 Sehen Sie sich „Die Geheimsprache beim Internet-Flirt" auf Arbeitsblatt 4.1 an.

A4.1

  a Unterstreichen Sie zuerst alle Neben- und Relativsätze.

  b Mit einem Farbstift unterstreichen Sie alle Partizipien Perfekt. Welche Partizipien werden mit dem Passiv benutzt? Schreiben Sie „P" danach.

❷ Erklären Sie folgende Ausdrücke mit eigenen Worten auf Deutsch.

  a Ich verstehe nur Bahnhof.   **c** eine Verstümmelung der deutschen Sprache
  b rund um die Uhr   **d** eine mündliche Sprache

❸ Hier sind einige Emoticons oder „Smileys" (a–f). Sie müssen sie sich seitwärts ansehen. Suchen Sie die richtige Bedeutung auf Deutsch (1–6).

Beispiel: **a** 6

a :-)	**d** |-[	**1** Mir geht es schlecht.	**4** Ich lache laut.
b :-D	**e** :~-(	**2** Ich bin ängstlich.	**5** Ich bin zornig.
c :-(	**f** :-o	**3** Es ist zum Weinen.	**6** Mir geht es gut.

❹ Vielleicht kennen Sie andere Smileys. Tippen Sie die Zeichen und erklären Sie sie auf Deutsch.

▷ Immer was Neues

Vier Leute erzählen von ihrem Umgang mit Computern und dem Internet.

❶ ◀◀ Hören Sie sich die vier Personen an und machen Sie Notizen zu den folgenden Fragen.

Annika: Was studiert sie? Wozu braucht sie das Internet? Wohin reist sie?
Andreas: Was ist er von Beruf? Wozu braucht er das Internet? Was mag er (nicht) am Internet?
Christa: Wozu braucht sie das Internet? Was mag sie nicht daran?
Marc: Wozu braucht er das Internet? Was sind für ihn die Vor- und Nachteile des Internets? Er hat Kontakt mit Leuten in welchen Ländern?

❷ Gruppenarbeit. Wie ist Ihre eigene Erfahrung mit Computern und dem Internet? Wozu brauchen Sie das Internet oder warum brauchen Sie es nicht? Was sind für Sie die Vor- und Nachteile des Internets? Diskutieren Sie in Gruppen und schreiben Sie dann jeweils eine kurze Zusammenfassung Ihrer Diskussion.

„Ein Computer ist dazu da, dir die Arbeit zu erleichtern, die du ohne ihn nicht hättest!!!"

„Computeranwender sind menschliche Wesen, die mit unbrauchbaren Programmen, unverständlichen Handbüchern und unangepassten Ein- und Ausgabegeräten vor einem viel zu kleinen Bildschirm Arbeiten verrichten sollen, die sie ohne Computer in der halben Zeit erledigen könnten."

Gute Seiten, schlechte Seiten

Das Internet bringt wie alle Medien Vor- und Nachteile mit sich. Lesen Sie auf den nächsten zwei Seiten über die Erfahrungen von zwei ganz verschiedenen Menschentypen.

➤ Oma ist immer online

„Früher habe ich exzessiv gestrickt", sagt Heidrun Fellert, 55. „Heute bin ich exzessiv online. Stricken ist schwieriger!" Eine fröhliche Frau, die ihre knappe Freizeit zwischen Familie und Festplatten aufteilt...

Früher, das ist erst rund fünf Jahre her. Ein Erlebnis im Job gab damals den Ausschlag – die Kriminalhauptkommissarin soll einen Computerdiebstahl aufklären. „Ich verstand nicht einmal, was da überhaupt geklaut worden war." Also rennt sie durch Läden, liest Bücher, „verhört" Verkäufer, kauft sich den ersten eigenen Computer, lässt sich von einem Neffen schulen, verliert die Ehrfurcht, experimentiert, macht, tut, fällt der Hotline ihres Händlers kräftig auf den Wecker.

Heute hat sie sieben Computer, drei Festplatten, reist per Modem durch die weite Welt. Heidrun Fellert: „Ich find's einfach aufregend. Ich komme an Leute heran, die ich im Leben sonst nicht treffen würde. Künstler, Politiker, hohe Tiere – da wimmelt einen keine Sekretärin ab, seine E-Mail liest jeder persönlich!"

Kommentar ihrer achtjährigen Enkelin dazu: „Oma ist gar keine richtige Oma. Die ist immer online!"

Worin sich die 55-Jährige von anderen Computerfreaks unterscheidet: Heidrun Fellert betreut inzwischen sechs Stunden pro Woche ratlose Anfänger, unterstützt vor allem Frauen, die die Männerbastion Computer erstürmen wollen, mischt z.B. das virtuelle Kaffeekränzchen der Mailbox auf („No-Man-Konferenz"), hält Vorträge, unter anderem im Deutschlandfunk. Die Hamburgerin: „Weil ich es schade finde, dass bisher noch so wenig Frauen oder ältere Menschen die Multimedia-Möglichkeiten nutzen."

Fürs Internet ist keiner zu alt!
Welche Vorteile die elektronischen Medien auch für die älteren Mitbürgerinnen bieten? Jürgen Rüttgers, Bundesminister für Bildung, Wissenschaft, Forschung und Technologie, kürzlich bei der Gründung des Vereins „Seniorinnen und Senioren in der Wissensgesellschaft" in Berlin: „Informationen und kulturelle Angebote sind jederzeit auf dem Bildschirm abrufbar. Bank- und Behördenangelegenheiten können bequem von zu Hause aus erledigt werden. Selbst die häusliche Betreuung lässt sich durch die neuen Informations- und Kommunikationstechnologien viel leichter bewerkstelligen."

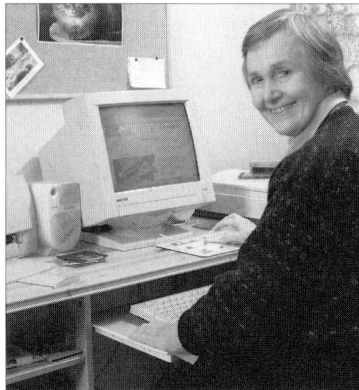

„Was denn – keine E-Mail?" Heidrun Fellert (drei Kinder, drei Enkel) versucht erst gar nicht ihre Verwunderung über so viel Rückständigkeit zu verbergen. „Sie fahren doch auch mit dem Auto, fliegen – und fahren nicht mehr mit der Postkutsche durchs Land, oder?!"

Journal für Deutschland

---

❶ 🗏 Suchen Sie die deutschen Ausdrücke im Text.

a scarce
b to tip the scales
c to get on someone's nerves
d to turn away, get rid of
e to look after

f helpless
g to support
h coffee morning
i to manage
j mail coach

❷ Lesen Sie den Artikel auf Seite 63. Sind die folgenden Aussagen richtig oder falsch? Korrigieren Sie die falschen Aussagen.

a Früher war Frau Fellert sehr strikt.
b Sie war eine Kriminelle.
c Sie musste sich bei Fachhändlern über Computer informieren.
d Ihr Neffe hat sie in die Schule geschickt.
e Sie hat den Computerverkäufer häufig angerufen.
f Sie hilft Frauen und älteren Leuten ins Internet zu kommen.
g Sie findet es merkwürdig, wenn einer keine E-Mail hat.
h Sie zieht es vor, mit dem Auto zu fahren als E-Mail zu haben.

➤ # Machen Computer und Internet unser Leben ärmer?

Arno Theben (32) „surft" in seiner Freizeit gern im Netz und nimmt an so genannten Chats – anonymen Gesprächsrunden – teil. Seine Frau beklagt, dass durch die neue Technik Familie und Freunde zu kurz kommen. Arno verteidigt sich: „Wenn ich mich mit dem PC richtig auskenne, wirst du auch davon profitieren."

Die Zahl der Internet-Teilnehmer wächst rasant und sie schwärmen von den Chancen: Man kann jederzeit Informationen abrufen, sich mit fremden Menschen verständigen, elektronisch Bankgeschäfte erledigen, Reisen buchen oder Bücher bestellen. Und dies bedeutet gerade für kranke, behinderte oder ältere Menschen eine große Erleichterung im Leben.

Es ist jedoch nicht jeder erfreut über die anscheinend unendlichen Angebote der neuen Technik. Tatsächlich beklagen viele Angehörige von Nutzern, dass wegen Chats & Co. Familie und Freunde oft vernachlässigt werden. Denn wahre Fans verbringen meistens viel Zeit am Bildschirm und das geht auf Kosten von gemeinsamen Gesprächen und Unternehmungen.

„Das Internet droht unsere kostbare Tageszeit zu verschlingen", meint die Medienforscherin Irene Neverla (47). „Je mehr Daten hier theoretisch greifbar sind, um so mehr verlangt uns danach – der Sog frisst unsere Zeit."

Machen Computer und Internet unser Leben wirklich ärmer? Experten sind der Auffassung, dass sie durchaus eine Bereicherung sind, man jedoch – ähnlich wie beim Fernsehen – eine bewusste Auswahl der Angebote treffen sollte. Wer sich für exotische Pflanzen interessiert, aber persönlich niemanden kennt, der dieses Hobby teilt, kann über das Netz einen anregenden Gesprächskreis aufbauen. Wer medizinische Fakten, Abfahrtszeiten oder Kinopläne braucht, spart per Mausklick wertvolle Zeit und oft auch Geld.

Das Gegenteil trifft ein, wenn das Internet zum Selbstzweck wird. Dann lässt man sich planlos von irgendwelchen Angeboten verführen, nur um sich zu beschäftigen. Und natürlich kann es so passieren, dass jemand eher in Chats statt im wirklichen Leben Kontakt findet. Speziell, wenn der Nutzer unter starken Hemmungen leidet. Gegenüber unbekannten Gesprächspartnern fällt es leicht, sich wie ein ganz toller Typ zu präsentieren.

Vernachlässigt ein Internet-Süchtiger die Partnerschaft, sollte man ihm klipp und klar sagen: „Das Gerät oder ich!"

tina
für die Frau von heute

❶ 🖳 Suchen Sie die deutschen Ausdrücke im Text auf Seite 64.

a *do your banking*   d *opinion*   g *internet addict*
b *neglected*   e *to seduce*   h *plainly, in no uncertain terms*
c *maelstrom*   f *inhibitions*

❷ Lesen Sie den Artikel auf Seite 64 und schreiben Sie die folgenden Sätze grammatikalisch richtig zu Ende.

a Das Internet ist wichtig für kranke, behinderte oder ältere Menschen, weil es…
b Familie und Freunde werden oft vernachlässigt, weil…
c Angehörige von Nutzern sind die Leute, die…
d Die Gefahr besteht, dass…
e Computer und Internet sind durchaus eine Bereicherung, wenn man…
f Sie sind keine Bereicherung, wenn man…
g Wer…, könnte eher in Chats statt im wirklichen Leben Kontakt finden.
h Falls…, sollte man ihm die Wahl zwischen Gerät und Person geben.

❸ Vergleichen Sie die zwei Artikel auf den Seiten 63 und 64. Die folgenden Fragen könnten behilflich sein.

a Welcher Artikel wirkt positiver auf Sie?
b Woran liegt das, meinen Sie?
c Wie ist der Stil der beiden Artikel? Ist er ähnlich in beiden Artikeln? Was sind die Unterschiede?

d Welche Wirkung hat direkte Rede in den Artikeln?
e Welche Zeiten von Verben kommen häufiger vor? Warum?
f Wie werden Adjektive benutzt?

GRAMMATIK

Seite 156, § 7.1, 7.2

Satzbau (Hauptsätze)

In einem Hauptsatz steht das Verb an zweiter Stelle, aber es ist nicht immer das zweite Wort.

Früher **habe** ich exzessiv gestrickt.
I used to knit far too much.
Heute **bin** ich exzessiv online.
These days I am online far too much.

Selbst die häusliche Betreuung **lässt** sich… viel leichter bewerkstelligen.
Even the running of the house is much easier to manage.

ZUM ÜBEN

In diesen Sätzen fehlt das Verb (in Klammern). Schreiben Sie es in der richtigen Form und setzen Sie es an die richtige Stelle im Satz.

Beispiel: Heute Frau Fellert sieben Computer. (haben) → Heute **hat** Frau Fellert sieben Computer.

1 Ratlose Anfänger Hilfe bei ihr. (bekommen)
2 Was Sie über das Internet? (wissen)
3 Früher diese Dame bei der Polizei. (arbeiten)
4 Informationen man jederzeit auf dem Bildschirm. (abrufen)
5 Der größte Teil ihrer Arbeit in ihrer Freizeit. (sich abspielen)
6 Nach viel Forschung die Kommissarin den Diebstahl. (aufklären)

▷ Doppelgänger im Netz

Ist alles, was im Internet vorkommt, zu vertrauen?

❶ ▦ Sehen Sie sich Arbeitsblatt 4.2 an. Lesen Sie den Artikel „Doppelgänger im Netz" ohne Wörterbuch durch. Lesen Sie zunächst die Vokabeln und versuchen Sie den Artikel im Großen und Ganzen zu verstehen.

A4.2

❷ Beantworten Sie die folgenden Fragen auf Deutsch.

a Warum fühlt Fred Schneider, dass er im Internet beobachtet wird?
b Was ist die Spezialität der Firma CMGI?
c Was sind „Cookies"?
d Warum kommt das Wort „Doppelgänger" im Titel vor?
e Wer profitiert von den gesammelten Daten über Internet-Nutzer?

❸ Sie müssen den Artikel kürzen, und zwar von etwa 440 Wörtern auf etwa 140. Sehen Sie sich dabei den Prüfungstipp unten an.

Zuerst ein bisschen Hilfe: Welche sind die wichtigsten Punkte? Was können Sie auslassen? Die Schlagzeile ist ein guter Anfang, weil sie den Hauptpunkt des Artikels darstellt.

❹ Partnerarbeit. Was meinen Sie? Finden Sie es gut, dass Sie Werbung im Internet bekommen, die Sie wirklich interessieren könnte? Oder ahnen Sie eine dunklere Seite der Menschen, die die Gesellschaft beherrschen wollen? Diskutieren Sie mit einem Partner/einer Partnerin und fassen Sie die Hauptpunkte schriftlich in etwa 100 Wörtern zusammen. Lesen Sie dann Ihre Zusamenfassung der Klasse vor.

PRÜFUNGSTIPP

Informationen kürzen

Wenn Sie Informationen in einem längeren Artikel haben, können Sie sie meistens in weniger Worten ausdrücken. Hier einige Hinweise:

- Titel und Untertitel enthalten oft eine Zusammenfassung der Hauptpunkte. Während Sie den Artikel lesen, sehen Sie sich ab und zu den Titel noch einmal an. Am Ende haben Sie dann eher eine Verlängerung des Titels als eine Kürzung des Textes.
- Beispiele sind oft interessant, aber sie sind wirklich nur das: Beispiele der Tatsachen, die schon ausgedrückt worden sind.
- Adjektive und Adverbien helfen dem sprachlichen Stil, aber sie können oft ausgelassen werden, ohne dass dies der Bedeutung schadet.
- Vermeiden Sie alle unnötigen Redewendungen und bleiben Sie sachlich.

▷ Orden für das Internet

Die Kirche findet wieder Anschluss – per PC und WWW. Sogar Gebete und Beichten werden via E-Mail entgegengenommen.

❶ ◼◼ Hören Sie jetzt den Bericht „Orden für das Internet" und sehen Sie sich Arbeitsblatt 4.3 an. Schreiben Sie mit Hilfe des Arbeitsblatts eine Zusammenfassung.

A4.3

THEMA 3 / Technologische Zukunft

Wie werden wir in der Zukunft mit neuen Technologien umgehen? Werden sie unser Leben besser machen? Wer weiß? Eines bleibt jedoch sicher: Ob im Internet, ob in der Industrie, es wird immer neue Technologien geben, die unser Leben ändern werden und an die wir uns gewöhnen müssen.

▷ Autos im Netz

Wo kaufen und verkaufen wir in der Zukunft unsere Autos (falls wir noch welche haben)?

Der Klick zum Überblick:

com! online

Wie viel
ist mein Auto wert?

Möchten Sie ein gebrauchtes Auto kaufen oder verkaufen?
Oder interessieren Sie sich für einen Neuwagen?
Oder möchten Sie einfach mal nachschauen, wie viel Ihr Wagen wert ist? Hier finden Sie die Antwort: www.mein-auto.de/ – ein Informationsangebot der Öffentlichen Versicherer und EurotaxSchwacke

◇ eurotaxSCHWACKE

■ Öffentliche Versicherer

Autos im Netz
Die wichtigsten Adressen:

www.stern.de/auto
www.faircar.de
www.mastercar.de
www.mobile.de
www.autodrom.de
www.carpoint.com
www.autobytel.com

❶ Das World Wide Web hat sich zum Großmarkt für Gebrauchtwagen entwickelt. Die Verlage fürchten ums Kleinanzeigengeschäft – und steigen bei der Konkurrenz ein.

A4.4

Hören Sie den Bericht „Blechlawine im Internet". Sehen Sie sich dabei Arbeitsblatt 4.4 an und füllen Sie die Lücken aus.

❷ Sehen Sie sich jetzt das ausgefüllte Arbeitsblatt an und beantworten Sie folgende Fragen. Benutzen Sie ein Wörterbuch.

a Was haben die fehlenden Wörter im ersten Absatz gemeinsam?
b Und die im zweiten Absatz?
c In welchem Absatz fehlen einige Adjektive?
d Im fünften Absatz ist das erste fehlende Wort ein Substantiv. Wie kann man es als Verb ausdrücken?
e Und das zweite fehlende Wort ist ein Verb (das Partizip Perfekt). Wie ist das Substantiv davon?
f Was haben die fehlenden Wörter im dritten Absatz gemeinsam?
g Wie viele Passivsätze (einschließlich Sätze mit „lassen" oder „zu" + Infinitiv) gibt es im Bericht? Unterstreichen Sie sie.

▷ Velo mit elektrischem Rückenwind

Ist das Rad vielleicht die Lösung für City-Verkehr?

Basel. Im dritten Stock des «Sudhauses» der ehemaligen Brauerei Warteck sind Spannung und Begeisterung greifbar. Im hellen Büro der «Velocity» wurde in den letzten Wochen alles darangesetzt, um noch möglichst in dieser Saison das neueste Produkt auf dem Elektrovelo-Markt zu lancieren. Der «Delphin», wie das vorab von Michael Kutter entwickelte Zweirad genannt wird, ist so einfach wie genial: Ein lediglich 1,8 kg schwerer Elektromotor dient als Hilfsmotor. Gesteuert wird seine Leistung (max. 800 W) nicht etwa durch einen Gasdrehgriff, sondern durch die zugeführte Tretenergie der/des Velofahrenden.

Kutter hat mit neuen Elektrovelos langjährige Erfahrung. Er war bereits bei der Entwicklung des «Twike» (s. unten) dabei. Eine tretfrequenzabhängige Energiesteuerung ist zwar nicht neu. Bereits heute existiert ein Rad Namens Flyer, welches auf einer ähnlichen Technik basiert. Neu ist hingegen ein Getriebeautomat, welcher die Drehzahl der Tretkurbel mehr oder weniger konstant hält. Eine Gangschaltung (3x7 Gänge) existiert zwar, aber sie hat nur noch ergänzende Funktion. Gegenüber den Konkurrenzprodukten und den Vorgängermodellen wurde die Technik optimiert. Im Zentrum der Diskussionen steht sehr oft die

Stromversorgung. Wirklich leistungsfähige Akkumulatoren sind teuer. Und sind sie günstiger, so sind sie schwer. So greifen die Velocity-Techniker heute wieder auf kleinere Akkus zurück, die zwar vielleicht eine etwas geringere Leistung und einen kleineren Speicher aufweisen, dafür aber bezahlbar sind. Der Akku kostet ein Drittel des Speichers des Vorgängermodells. Der scheinbare Verlust von Kundennutzen werde durch ein Schnellladegerät (1 Std. für eine Ladung) wettgemacht. Und unter dem Gepäckträger hat es Platz für einen Reserveakku.

Was ist ein Twike?

Twike ist ein zweiplätziges, leistungsfähiges Leichtelektromobil (LEM) modernster Technik. Es erfüllt die täglichen Mobilitätsbedürfnisse, wo das Fahrrad an seine Grenzen stößt, aber die umfassende Transportkapazität des Autos noch nicht benötigt wird. Das Twike ist als dreirädriges Motorfahrzeug der Kategorie A2 typengeprüft (Schweiz), das mit

Auto- oder Motorradausweis gefahren werden kann. Zum Aus-

rüstungsstandard gehören Joysticklenkung, Bordcomputer, Tempomat, Targa-Verdeck und eine einzigartige Fitnesseinheit. Fahrerinnen und Fahrer können ihre täglichen Trainingseinheiten absolvieren und damit die Effizienz ihrer Fortbewegung erhöhen. Das Twike kostet je nach Version zwischen 24 000 und 32 000 Fr.

Basler Zeitung

❶ ▤▤ Sehen Sie sich den Artikel oben an.

a Finden Sie im Artikel mindestens zwei weitere Ausdrücke für „Fahrrad" (ein Ausdruck ist schweizerisch).

b Was wurde früher im Gebäude gemacht, bevor die Elektrofahrräder dort produziert wurden?

c Was ist besonders neu bei dem „Delphin"?

d Warum benutzen die Hersteller kleinere Akkumulatoren?

e Wie sind die Nachteile dieser Akkus vermindert worden (zwei Beispiele)?

f Wie viele Räder hat das Twike?

g Was für einen Führerschein braucht man für das Twike in der Schweiz?

h Was passiert, wenn man selber mehr auf die Pedale tritt?

i Würden Sie mit so einem LEM fahren? Warum (nicht)?

▷ Stadtverkehr

❶ ▣▣ Lesen Sie die folgenden Aussagen und hören Sie „Stadtverkehr". Anna, Carsten, Julia und Türkan sprechen über den Verkehr in ihrer Stadt. Wer sagt was?

Beispiel: a Julia

a Es gibt zu viele Autos in der Stadt.
b In zwanzig Jahren sind keine Autos mehr im Stadzentrum, aber dafür sind viele Geschäfte pleite.
c Ich fahre überall mit dem Rad und mit der Bahn hin.
d Ich werde nie ohne Auto leben können.
e Die gesunde Zukunft der Stadt besteht darin, dass wir alternative Verkehrsmittel benutzen.
f Mir ist es egal, was in der Stadtmitte passiert.
g Bis ich mich auf den öffentlichen Verkehr verlassen kann, bleibe ich bei meinem Motorrad.
h Radwege und gute Busverbindungen haben die Stadtmitte viel angenehmer gemacht.

❷ **Gruppenarbeit.** Wie wird sich der Verkehr in den nächsten zehn Jahren entwickeln? Wird es mehr oder weniger Autos geben? Werden mehr Leute Rad fahren? Was meinen Sie? Diskutieren Sie in Gruppen.

GRAMMATIK Seiten 144–146

Adjektive und Adverbien

Ein Adjektiv oder Adjektivsatz ersetzt manchmal einen ganzen Nebensatz. Ein Adverb kommt vielleicht auch dazu: Man erkennt das Adjektiv an seiner Endung.

das **vorab von Michael Kutter entwickelte** Zweirad
the bike first developed by Michael Kutter
Ein lediglich 1,8 kg schwerer Elektromotor
An electric motor weighing only 1.8 kg
Eine **tretfrequenzabhängige** Energiesteuerung
A drive depending on the amount of pedal power

eine **etwas geringere** Leistung
slightly reduced performance
ein **zweiplätziges, leistungsfähiges** Leichtelektromobil
a two-seater, powerful, light electric car

ZUM ÜBEN

Schreiben Sie diese Sätze um.

Beispiel: Ein Elektromotor, der lediglich 1,8 kg schwer ist. →
　　　　Ein lediglich 1,8 kg schwerer **Elektromotor**.

1 Eine Energiesteuerung, die von der Tretfrequenz abhängig ist.
2 Leute, die übermäßig schnell fahren.
3 Ein Akkumulator, der schnell ausgeladen wird.
4 Der Preis, der am Ende des Jahres ausgegeben wird.
5 Der Computer, der vor 30 Jahren in England entwickelt wurde.

► Sprechzimmer im Cyberspace

Werden wir in der Zukunft auch den Arztbesuch vermeiden und online behandelt werden?

Tatsachen:

Welche Themen schätzen amerikanische Internet-Nutzer?

Platz 1: Online-Shopping
(30 Millionen Amerikaner)

Platz 2: Lesen von Nachrichten
(20 Millionen Amerikaner)

Platz 3: Abruf von Gesundheitsinfos
(17 Millionen Amerikaner)

Über **15 000** amerikanische Websites beschäftigen sich mit Medizin.
Zwei Prozent der US-Ärzte sind für ihre Patienten per E-Mail zu erreichen.
Auf zirka **1800** deutschsprachigen Homepages sind Gesundheitsinfos abrufbar.

Rund 70 Prozent der amerikanischen Mediziner haben Patienten, die Internet-Infos zum Arztbesuch mitbringen.

Das Institute for the Future (Kalifornien) untersuchte, wie Internet-Nutzer mit Medizinrecherchen klarkommen:

Volltreffer: 52 Prozent
Problematische Suche: 42 Prozent
Nichts gefunden: 5 Prozent

com! online

❶ ⊞⊞ Lesen Sie die oben angegebenen Tatsachen. Was halten Sie davon? Ist das erstaunlich oder haben Sie das erwartet? Haben Sie oder andere in der Klasse jemals medizinische Informationen im Internet gesucht? (Zum Vergleich: Es gibt etwa 260 Millionen Amerikaner und rund 80 Millionen Deutsche.)

❷ ◆◆ Hören Sie dann das Gespräch mit Herrn Montgomery „Sicherheit ist wichtig". Beantworten Sie die folgenden Fragen.

a Ist er für oder gegen medizinische Online-Beratung?

b Er nennt drei „gefährliche Irrwege": Beratung ohne…? Diagnose ohne…? Therapie ohne…?

c Wo hat „Health on the Net" ihren Sitz?

d Wer hat einen Überblick über die medizinischen Informationen im Internet?

e Für wen ist das gefährlich?

f Ein „Gesundheitsserver" wäre kostengünstig für die Regierung, aber unter welchen Umständen könnte das laut Montgomery funktionieren? Wählen Sie die richtigen Ausdrücke aus dieser Liste:

- Er muss gratis sein.
- Er darf nicht nur von der Pharmaindustrie aufgebaut werden.
- Er muss in einer Ärztekammer stattfinden.
- Die Werbung darf nicht laut sein.
- Es soll keine unlautere Werbung geben.
- Der Patient muss das Haus nicht verlassen.
- Die Informationen müssen objektiv und sicher sein.

❸ **Gruppenarbeit.** Diskutieren Sie das Pro und Kontra von medizinischer Online-Beratung und fassen Sie die Hauptargumente zusammen.

❹ **Zum Schreiben.** Die Tatsachen oben werden teilweise als Listen dargestellt. Schreiben Sie sie als Bericht auf, indem Sie vollständige Sätze benutzen. Sehen Sie sich dabei den Prüfungstipp auf Seite 71 an. Sie könnten dann eine Zusammenfassung Ihrer Diskussion über das Pro und Kontra hinzufügen.

Seite 137 ⇒

PRÜFUNGSTIPP

Sprachlichen Stil entwickeln

Wenn man Notizen macht, muss man kurz und sachlich sein, aber beim Aufsatzschreiben oder für einen Bericht muss man einen fließenderen Stil benutzen. Hier sind einige Hinweise:

- Aus zwei (oder mehreren) kurzen Sätzen einen längeren machen.
- Adjektive und Adverbien benutzen.
- Komplizierte Nebensätze anders ausdrücken (sehen Sie Grammatik Seite 69).
- Ein Substantiv als Verb ausdrücken und umgekehrt.
  Beispiel: Der Bus ist spät angekommen und sie mussten…
  Wegen der späten Ankunft des Busses mussten sie…
- Synonyme finden, nicht immer dasselbe Wort wiederholen.
- Verschiedene Verbformen benutzen, z.B. Passivsätze, Infinitivsätze.
- Womöglich eine Mischung von direkter und indirekter Rede benutzen.
- Zeigen, was Sie wissen, nicht was Sie nicht wissen!
- Ein gutes Wörterbuch verwenden: Da findet man viele gute Ausdrücke.

▷ Virtuelle Supermärkte

Werden wir in der Zukunft zum Supermarkt gehen oder zu Hause bleiben und alles über das Internet bestellen?

❶ Sehen Sie sich Arbeitsblatt 4.5 „Virtuelle Supermärkte" an und machen Sie die Aufgaben.

A4.5 ⇒

▷ Tamagotchi-Museum

Nichts bleibt für immer neu: Auch Computer gehören schon zur Geschichte!

Lara Croft und Tamagotchi werden salonfähig: Klassiker des digitalen Zeitalters zeigt das Frankfurter Kunsthandwerks-Museum. Das Projekt Digital Craft präsentiert ein frühes Exemplar des Apple Newton, das allererste Myst-Spiel und die jüngeren Geschwister der Tamagotchis – Love Gettys.

Auch der Prototyp des Gameboys und die ersten Websites sollen im schnelllebigen Computerzeitalter nicht in Vergessenheit geraten. Außerdem können die Besucher besonders gelungene Homepages ansurfen und elektronisch Küsse übermitteln.

www.frankfurter-museen.de

Damit Enkel sehen, womit ihre Großeltern gespielt haben: Digital Craft in Frankfurt

❶ **Zum Schreiben.** Sehen Sie sich um. Welche der modernsten Dinge werden in 30 Jahren in Museen sein, welche wird man völlig vergessen haben? Schreiben Sie einen Aufsatz von ca. 200 Wörtern und begründen Sie Ihre Meinung.

❷ Sehen Sie sich Arbeitsblatt „Grammatik Extra" an und machen Sie die Aufgaben.

G4.1 ⇒

Kulturmagazin **4**

Johannes Becher (1891–1958) war in den 20er-Jahren als Kommunist aktiv und spielte nach 1945 eine führende Rolle im kulturellen Leben der DDR. Der folgende Auszug stammt aus seinem Werk „Abschied". Während der Neujahrsfeier zur Jahrhundertwende sprechen verschiedene Generationen einer reichen bürgerlichen Familie über ihre Erinnerungen und ihre Hoffnungen für das neue Jahrhundert: das 20. Jahrhundert.

„Abschied"

Der Vater hatte mir einen Schluck Punsch eingegossen. Ich stand wie die anderen, das Glas erwartungsvoll erhoben, um von dem alten Jahrhundert Abschied zu nehmen.
Gleich wird es losgehn…

Ein fürchterlicher Knall vielleicht, ein Erdbeben, daß der Balkon mit uns allen zusammen in den Garten herunterkracht – das wird für den Burschen von Major Bonnet, der neben dem Stall wohnt, eine Hetz sein! – oder der Himmel öffnet sich, ganz rot und brennend inwendig, und Mond und Sterne fangen an durcheinanderzusausen.

Um die Ohren herum spannte es, als spürten sie die unheilvolle Schwingung dessen, was sich in der Ferne vorbereitete.

Die Welt konnte untergehen! Der Untergang der Welt jagte mir einen solchen Schreck ein, daß ich gelobte, mich bessern zu wollen und anders zu werden. Dem Untergang der Welt nämlich folgte das Jüngste Gericht, an dem alle meine Lügen und Heimlichkeiten offenbar würden. Wen der liebe Gott anblickt, der ist durchleuchtet bis in den tiefsten Grund seiner Seele hinein.

Es schlug zwölf.

Ich wollte die Schläge mitzählen, aber schon beim ersten Schlag erhob sich ein Brausen in der Luft, daß ich mich ängstlich duckte und das Weiterzählen vergaß. Die Glocken begannen das neue Jahrhundert einzuläuten. Die Glocken der Frauenkirche schwangen in dem großen Neujahrsgeläut dunkel und mächtig.

Die Balkone waren mit rufenden Menschen besetzt. Balkone schwebten rufend durch die weiße unendliche Nacht.

Eine Rakete schoß hoch, mit einem feinen Knall öffnete sie sich und stob nieder als Goldregen. Wie aus der Erde hervor kam ein Gurgeln: „Prost Neujahr!"

Ich kam erst wieder zu mir, als mir die Großmutter einen Kuß gab. Ihre Wange war feucht. Auch Christine, die in ihrer Küchenschürze ganz hinten stand, weinte. Wahrscheinlich grämten sie sich, weil die schöne Kaiserin Elisabeth von Österreich erstochen worden war oder wegen des toten Bismarck. Aber es konnte auch wegen des Großvaters sein, der jetzt ein für allemal tot sein mußte, wenn die ganze Zeit, in der er gelebt hatte, um war.

Lebewohl, du gutes altes Jahrhundert! Lebewohl! „Was wird das für eine neue Zeit geben, was wird sie wohl bringen, wer weiß."…
Die Großmutter hatte ihren Arm um mich gelegt. „Nun, und was hast du dir zum neuen Jahrhundert gewünscht?"
Ich überlegte. Ich hatte, während es zwölf Uhr schlug, vergessen, mir etwas zu wünschen. Ankersteinbaukasten und Dampfeisenbahn hatte ich zu Weihnachten geschenkt bekommen, Zinnsoldaten hatte ich, eine ganze Armee voll, eine neue Festung brauchte ich auch nicht, und „Deutschlands Jugend" schickte mir der lustige Briefkastenonkel aus Berlin jeden Samstag. Ich wußte nichts. Ich war in diesem Augenblick wunschlos.
Die Großmutter flüsterte: „Es soll anders werden…"

von Johannes R. Becher,
Gesammelte Werke Bd. II, Aufbau-Verlag

• „Es soll anders werden…" Was erhoffen Sie sich für das 21. Jahrhundert?

5 Ist das fair?

Inhalt

Kommunikationsziele

- seine Meinung ausdrücken
- jemanden von seiner Meinung überzeugen
- Rat geben
- ein Skript schreiben
- sich in die Situation einer anderen Person versetzen
- einen Aufsatz schreiben

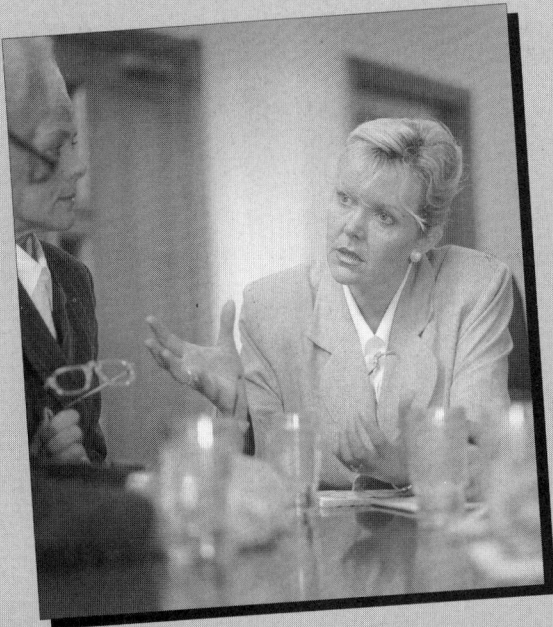

"Auch am Anfang des 21. Jahrhunderts gibt es noch immer Situationen, in denen man sich beispielsweise fragt: Inwiefern sind Männer und Frauen heutzutage wirklich gleichberechtigt? Warum ist man der Gewalttätigkeiten an vielen unserer Schulen noch nicht Herr geworden? Wer im Angesicht solcher Fragen nur die Hände über dem Kopf zusammenschlägt hat schon verloren. Wir können aber an uns selber arbeiten, versuchen unser Umfeld mitzugestalten und so zu verändern und zu verbessern."

Männer und Frauen sind gleich, aber Männer sind gleicher...

Inwiefern haben wir tatsächlich Gleichberechtigung zwischen Männern und Frauen erreicht? Ist das überhaupt möglich?

❶ Gruppenarbeit. In Deutschland sind Frauen und Männer vor dem Gesetz gleich. Wie ist es in Ihrem Land? Besprechen Sie in Gruppen, ob Männer und Frauen in den folgenden Lebensbereichen gleichberechtigt sind.

- in der Familie
- im Beruf
- in der Schule/der Universität
- im Restaurant
- im Straßenverkehr

Beispiele: Frauen sind in der Familie (nicht) gleichberechtigt, weil…

Damit stimme ich (nicht) überein, denn…

Das sehe ich anders, weil…

Ich kann ein Beispiel nennen, nämlich…

▶ Fakten zum Thema

Zwei Drittel aller Jugendlichen glauben, dass Frauen heutzutage immer noch benachteiligt sind.

❶ ◼◼ Hören Sie sich die Ergebnisse einer Studie in Deutschland an und lesen Sie den Text dabei mit. Schreiben Sie dabei auf, welche Zahlen in die Lücken gehören.

Beispiel: $\underline{\quad 1 \quad} = \frac{2}{3}$

$\underline{\quad 1 \quad}$ aller Jugendlichen glauben, dass Frauen heutzutage immer noch nicht wirklich gleichberechtigt sind. Belegen lässt sich das ihrer Meinung nach vor allem durch folgende Phänomene:

Laut der Studie denken $\underline{\quad 2 \quad}$ der Jugendlichen in Deutschland, dass Frauen es auf dem Arbeitsmarkt schwerer haben und $\underline{\quad 3 \quad}$ finden, dass sie schlechtere Aufstiegschancen haben als Männer. $\underline{\quad 4 \quad}$ der befragten Jugendlichen sind der Meinung, dass Frauen schlechter bezahlt werden. $\underline{\quad 5 \quad}$ sind der Ansicht, dass Frauen generell diskriminiert oder nicht ernst genommen werden (zum Beispiel in Schule und Studium, Wirtschaft und Politik, in technischen und wissenschaftlichen Berufen). $\underline{\quad 6 \quad}$ sagen, Frauen müssen sich normalerweise um die Hausarbeit und Kindererziehung kümmern.

Hinzu kommen sonstige Gründe wie die traditionelle Rollenerziehung, der Zwang für die gleiche Anerkennung mehr leisten zu müssen oder auch das Problem, dass Frauen Gewalt stärker ausgesetzt sind.

Die Jugendlichen, die die Chancengleichheit von Frauen und Männern bereits verwirklicht sehen, führen dafür folgende Gründe an: ....7.... sagen, dass Frauen in allen Bereichen des gesellschaftlichen Lebens gleichberechtigt sind und die gleichen Möglichkeiten haben. ....8.... befinden, dass Frauen und Männer die gleiche Ausbildung erhalten und beiden Geschlechtern alle Berufe offen stehen. Tatsächlich sind ....9.... der Ansicht, dass Frauen überall Karriere machen: sie sitzen in den Chefetagen, bekleiden Ministerämter, sind anerkannte Wissenschaftlerinnen usw.

❷ **Partnerarbeit.** Besprechen Sie mit Ihrem Partner/Ihrer Partnerin, mit welchen Punkten im Text Sie persönlich übereinstimmen. Wenn Ihr/e Partner/in anders denkt, versuchen Sie ihn/sie von Ihrer eigenen Meinung zu überzeugen.

- Ich stimme (nicht) damit überein, dass…
- Ich meine, dass…
- Das ist Unsinn, weil…
- Ich sehe das anders, denn…

▷ Deutsche Männer

❶ ▦ Arbeiten Sie mit einem Partner/einer Partnerin und machen Sie die Aufgabe auf Arbeitsblatt 5.1.

Hier sind zwei Zeitungsartikel total durcheinander geraten. Schneiden Sie alle Teile aus. Lesen Sie dann alles mit Hilfe eines Wörterbuches und sortieren Sie die beiden Zeitungsartikel wieder auseinander. Versuchen Sie sich dabei nur auf Deutsch zu verständigen!

A5.1

- Das kommt hierher, weil…
- Nein, ich glaube, das gehört dorthin, denn…

GRAMMATIK

Seite 154, § 5.9b

G5.1

Indirekte Rede

Wir benutzen indirekte Rede, wenn wir wiedergeben, was ein anderer gesagt hat. Dazu benutzt man den Konjunktiv (mit oder ohne „dass"), aber passen Sie auf die Wortstellung auf.

Zwanzig Prozent der Männer sagen, **dass** sie das Geräusch des Staubsaugers **hassen**.
Twenty per cent of men say that they hate the sound of the vacuum cleaner.
Fünfunddreißig Prozent sagen, sie **täten** mehr als andere Männer.
Thirty-five per cent say they do more than other men.
Jeder Fünfte gibt zu, seine Partnerin **werfe** ihm vor, zu wenig zu tun.
One in five admits that his partner accuses him of doing too little.
Danach **habe** das durchschnittliche Mädchen nur die Nase vorn…
According to the study, the average girl is only just ahead…

▶ Was Wissenschaftler über Frauen und Männer herausfanden

Sind Frauen und Männer gleich? Gleichberechtigt immer öfter – aber gleich auf keinen Fall. Dies ist das Ergebnis von vielen unabhängigen Untersuchungen.

❶ Gruppenarbeit. Lesen Sie den Text auf Arbeitsblatt 5.2 „Der kleine Unterschied – so groß ist er wirklich" mit Hilfe eines Wörterbuches. Benutzen Sie auch Ihr gemeinsames Wissen. Sie werden sehen, dass Sie so weniger Vokabeln nachschlagen müssen. Machen Sie dann die Aufgaben unten. Versuchen Sie sich die ganze Zeit nur auf Deutsch zu verständigen!

A5.2

❷ Zeichnen Sie die Tabelle ab. Suchen Sie im ersten Abschnitt des Textes alle Verbformen heraus. Füllen Sie dabei die Tabelle aus. Um Ihnen zu helfen ist immer *eine* Kategorie bereits eingetragen:

Verbform im Text	Infinitiv	Imperfekt	Part. Perfekt	Bedeutung
ist	sein	war	gewesen	*to be*
denken				
		hatte		
	schaffen			
			abgerufen	
				to find
fällt… ein				
	können			
		steuerte		
			nachgezeichnet	
				to go
funktioniert				
		sprach		
	ausschließen			
			angeregt	
			geschenkt	

❸ Im zweiten und dritten Abschnitt fehlen die Präpositionen. Welche Präposition aus dem Kasten gehört in welche Lücke? Benutzen Sie jede Präposition nur einmal!

nach   für   für   für   unter   unter   in   im   an   zu   auf

❹ In den Abschnitten 4–6 fehlen einige Wörter, die im Kasten unten zu finden sind. Benutzen Sie jedes Wort nur einmal. Achtung, es gibt mehr Wörter als Lücken!

Liebe   Kopf   Länder   Hausarbeit   Stress   Fuß   Erklärung   Karriere   Gehirn
Männer   Stadtplänen   Welt   Gesellschaften   Gefühle   Hand   Gramm

❺ Machen Sie eine Liste der genannten Unterschiede zwischen Männern und Frauen.

Beispiel: *Frauen*   *Männer*
können schneller Informationen aus dem   sind besser in Mathe…
Langzeitgedächtnis abrufen…

▷ Männer können so naiv sein

Hören Sie sich ein *Stern*-Interview mit drei deutschsprachigen Bestseller-Autorinnen an. Sie heißen Gaby Hauptmann, Tina Grube und Hera Lind. Sie sprechen über Karriere, Kinder und Kerle…

Gaby Hauptmann

Tina Grube

Hera Lind

❶ ◆◆ Hören Sie einmal genau hin und stoppen Sie die Kassette, wenn einer der folgenden umgangssprachlichen Ausdrücke benutzt wird. Was bedeuten sie? Wählen Sie unter Möglichkeiten a und b die Richtige aus.

1 die Schnauze voll haben
   a *to be fed up*
   b *to have had enough to eat*

2 baggern
   a *to dig for something*
   b *to chat up*

3 einen schweren Stand haben
   a *to have a hard time of it*
   b *to have a heavy stand*

4 giftig sein
   a *to be envious*
   b *to be poisonous*

5 mit anpacken
   a *to lend a hand*
   b *to touch*

6 die Ehe kriselt
   a *the marriage is in trouble*
   b *the marriage is over*

7 nicht in die Hufe kommen
   a *not be able to find a hoof*
   b *not to get on with it*

8 auf jemanden trinken
   a *to have a drink on someone*
   b *to drink to someone*

9 kaum zu Wort kommen
   a *scarcely know a word*
   b *unable to get a word in edgeways*

❷ Lesen Sie die Aussagen gut durch und entscheiden Sie dann, welche richtig und welche falsch sind.

a Die drei Autorinnen kennen sich persönlich gut.

b Gaby Hauptmann hat ein Buch über impotente Männer geschrieben, weil sie gerade die Schnauze von Kerlen voll hatte.

c Tina Grube findet es erstaunlich, dass Frauen so naiv sein können.

d Gaby Hauptmann wurde beim Radio von ihren männlichen Kollegen ernst genommen, weil sie einen Porsche fuhr.

e Tina Grube möchte nicht ohne Liebe leben.

f Hera Lind hat vier Kinder.

g Hera Lind hat ein sehr gutes Verhältnis zu ihrer Kinderfrau.

h Hera Lind macht neben ihrer Karriere noch die meiste Hausarbeit.

i Gaby Hauptmann hat ihrer Mutter eine Putzfrau geschenkt.

j Hera Lind wurde als Mädchen dazu erzogen ihre Brüder zu bedienen.

k Tina Grube ist der Ansicht, dass Frauen heutzutage alles machen können.

l Die Frau vom *Stern* lässt einen Mann die Abschrift des Interviews machen.

m Das finden die drei Autorinnen albern.

n Die Frau vom *Stern* hat rege am Gespräch teilgenommen und viele Fragen gestellt.

Der Prinz ist tot, es lebe die Prinzessin

Bestseller-Autorin Gaby Hauptmann
(„Suche impotenten Mann fürs Leben")
über Pseudo-Superweiber,
Zwangs-Karrieren und Männer,
die nichts taugen.

»Kein Warten auf den Kerl mit dem großen Geldbeutel – selber machen!«

Ich hasse Übermütter. Ich hasse Karrierefrauen, die alles locker unter einen Hut bekommen und sich dabei ganz großartig finden. Schaut her, ich bin ein Organisationstalent: Mit meinem Baby mache ich pädagogisch wertvolle Spiele, meinem Mann koche ich Trennkost auf Koreanisch, für meine Beine gehe ich aufs Laufband, für den Teint zur Kosmetikerin. Außerdem verdiene ich mehr als der Bundeskanzler. Was sonst?

Glauben Sie nichts davon. Irgendwo liegt da eine Leiche im Keller. Erfolg, Schönheit, Kind, Sport und Mann sind sicherlich zu vereinbaren, für viele Frauen müssen sie vereinbar sein. Aber nicht an einem Tag, und nur selten in einer Woche.

Nehmen Sie mich.

Ich habe Kind und Freund, darf aus meinen eigenen Büchern vorlesen und für den STERN schreiben. Und das ist schon alles. Meine letzte Kosmetikbehandlung hatte ich, als meine Freundin mich im Krankenhaus besuchte und mir dort eine Maske angedeihen ließ, und kürzlich ging ich auf Drängen einer anderen Freundin mal wieder zum Karate – zum ersten Mal seit 17 Jahren. Für Urlaub habe ich keine Zeit. Bin ich eine Karrierefrau? Ich denke schon, aber mit allem Wenn und Aber.

Es gibt Frauen, denen bleibt nichts anderes übrig, als Karriere zu machen, sonst werden sie zum Sozialfall. Ich bin so eine.

Meine Tochter ist ein nachträgliches Wunschkind. Hätte ich sie planen müssen, wäre ich heute noch kinderlos, denn ich hätte mich nicht getraut, mich freiwillig in den Status der Superfrau zu begeben. Freischaffend, allein erziehend, prädestiniert zum Untergang. Fragen Sie mal einen Mann, wie er alleine mit einem Kind und Beruf klarkommt. Ohne Frau. Geht nicht, ist in 90 Prozent der Fälle die Auskunft. Frau, Beruf und Kind? Geht! Wenn Männer Frauen sonst auch nichts zutrauen, das trauen sie ihnen zu. Danke!

Wir brauchen viele junge Frauen, die sich dazu entschließen, den Spagat zwischen Beruf und Kind zu wagen. Die sich nicht als hoch qualifizierte Bauklötzchenstaplerinnen abqualifizieren lassen, sondern darauf pochen, dass Müttern das Arbeiten leichter gemacht wird. Mit guten Teilzeitjobs, mit rund um die Uhr geöffneten Kindergärten, in denen der Nachwuchs zur Not auch essen und schlafen kann.

Wenn wir dann den Boden für unsere Arbeit geschaffen haben, brauchen wir allerdings noch die passenden Lebensgefährten. Männer vom Kaliber »Du warst zwar heute zehn Stunden im Büro, aber warum sind die Betten nicht gemacht?« schicken wir [weg]. Wir brauchen Partner. Keine Erpresser. Wenn die jungen Frauen verstanden haben, dass sie den Märchenprinzen in sich selbst entdecken müssen, ist schon viel gewonnen. Kein Warten auf den Kerl mit dem großen Geldbeutel – selber machen! Kein Warten auf einen Mann, der einem alles erlaubt. Sich selber was gönnen!

Erst wenn wir wissen, dass es unsere Entscheidung ist, ob wir Arbeiterin, Sachbearbeiterin oder Chefin werden, ob wir fordern oder geben wollen, ob wir ledig bleiben, heiraten oder mit einer Frau zusammenziehen möchten, wenn wir uns von der öffentlichen Meinung, von der Meinung des Chefs, von der Meinung der Nachbarn unabhängig gemacht haben, dann haben wir ihn endlich kapiert, den schlichten Satz: »Ich bin auch wer!«

Stern

alles unter einen Hut bekommen to be able to manage everything	**freischaffend** self-employed
die Trennkost (*no pl.*) special diet	**jdm etwas zutrauen (*sep.*)** to believe s.o. is capable of doing s.th.
der Bundeskanzler (-) (here) German Chancellor (Prime Minister)	**auf etwas pochen** to insist on s.th.
da liegt eine Leiche im Keller there's a skeleton in the cupboard	**der Nachwuchs (*no pl.*)** children
	den Boden für etwas schaffen to build the foundations for s.th.
jdm etwas angedeihen lassen to let s.o. feel the benefit of s.th.	**sich etwas gönnen** to indulge oneself
sich (nicht) trauen (not) to dare s.th.	**die öffentliche Meinung** public opinion

❶ 🖳 Lesen Sie den Artikel von Gaby Hauptmann mit Hilfe der angegebenen Vokabeln und einem Wörterbuch. Finden Sie dann die folgenden Ausdrücke im Text.

a *super mothers*

b *educational games*

c *there are women who don't have a choice*

d *the task of balancing career and family*

e *academically highly qualified mothers*

f *blackmailer*

g *Prince Charming*

h *guy with the big wallet*

❷ Richtig oder falsch? Lesen Sie die kurze Zusammenfassung, in die sich einige Fehler eingeschlichen haben. Können Sie diese Fehler finden, *ohne* sich den *Stern*-Artikel wieder anzusehen?

Die Bestseller-Autorin Gaby Hauptmann findet Frauen, die Karriere und Familie problemlos miteinander verbinden können, einfach großartig. Heutzutage gibt es viele Frauen, die arbeiten gehen müssen, obwohl sie Kinder haben. Frau Hauptmann selber hat Karriere gemacht und dabei zieht sie ein Kind groß. Sie hat auch noch Zeit für ihren Ehemann, aber dabei bleibt es dann auch. Selbst für Urlaub hat sie keine Zeit. Laut Hauptmann finden 90% der Männer, dass es ihnen unmöglich wäre als allein Erziehender Kind und Beruf miteinander zu verbinden. Frauen trauen sie das auch nicht zu.

Um die Situation zu verbessern, so schlägt Gaby Hauptmann vor, müssen sich mehr junge Frauen wagen Beruf und Kinder zu vereinbaren. Sie sollten gute Vollzeitjobs verlangen, wo man die Kinder mitbringen kann.

Frauen sollten sich nicht darauf verlassen, dass ein reicher Mann daherkommt und für sie alles entscheidet und bezahlt. Sie sollten selber Verantwortung für ihr Leben übernehmen und wichtige Entscheidungen selber treffen. Männer sollten sie dabei nicht bevormunden, sondern ihnen als gleichgestellte Partner zur Seite stehen. Schließlich sind Frauen „auch wer!"

❸ **Zum Schreiben.** Schreiben Sie 200 Wörter zu einem der beiden Themen:

a Wie sollte eine gute Partnerschaft Ihrer Meinung nach aussehen?

b „Männer und Frauen können nie wirklich gleich sein. Männer können schließlich keine Kinder kriegen!" Stimmen Sie mit dieser Aussage überein?

Gewalt – wo's anfängt und hinführt...

„Wachsende Gewalt unter Teenagern", „Schule brutal", „Gewalt an Schule". Schlagzeilen wie diese tauchen im Blätterwald der deutschen Presse immer häufiger auf. Reißerische Berichterstattung oder Realität? Tatsache ist, dass Gewalt an Schulen an der Tagesordnung ist. Erpressung auf dem Schulweg. Pöbelei an der Bushaltestelle. Schubserei in der Klasse. Messerstecherei auf dem Schulhof. Schlägerei auf dem Sportplatz. Die Frage ist: Was tun in der konkreten Situation? Selber draufhauen? Lieber abhauen?

▷ Trouble an der Bushaltestelle

Yippie! Der Bio-Lehrer ist krank. Freistunde. OK, jetzt bloß noch auf den Bus warten...

❶ 🔲🔲 Hören Sie sich die Kassette an und machen Sie die Aufgaben auf Arbeitsblatt 5.3.

> A5.3

▷ Kohle oder Prügel

Wie viele Schüler wird Lars in der Schule unter Druck gesetzt.

Teil 1 _____

Lars ist fix und fertig. „Was mach' ich bloß? Wieso hab' ich mich gewehrt?" In der Ecke vom Schulhof, hinter den Müllcontainern, haben sie ihn abgefangen. Sie waren älter, 11. Klasse oder so. Und gesoffen hatten sie. Das war nicht zu überriechen. Sie wollten Kohle. Als Lars sagte, er hätte kein Geld dabei, hatte er 'ne Faust im Magen, dann im Gesicht. Im nächsten Augenblick ein Messer vor der Nase. Einer durchsuchte seine Taschen. Zwei standen „Wache" am Container. „Morgen bringst du 'nen Fuffi, sonst geht's dir dreckig! Und wenn du uns verrätst erst recht!" Um der Drohung Nachdruck zu verleihen noch ein ordentlicher Schlag ins Gesicht.

Lars steckt wirklich in einer schwierigen Lage. Wenn er nicht zahlt, wird er ordentlich Prügel einstecken. Wenn er zahlt, ist er denen künftig geliefert. Die wollen dann sicher immer mehr, und so doll ist Lars' Taschengeld nun wirklich nicht. Außerdem ist es wirklich bescheuert, solchen Typen Schutzgeld zu zahlen! Wer weiß, mit wie vielen anderen die das schon gemacht haben?!

---

❶ ▤▤ Suchen Sie die folgenden Ausdrücke im Text.

a *is shattered*	e *two kept watch*	i *get a good hiding*
b *they got hold of him*	f *fifty marks*	j *stupid*
c *they had been drinking*	g *if you tell on us*	k *protection money*
d *they wanted dosh*	h *threat*	

❷ Schreiben Sie die Sätze zu Ende

Beispiel: Lars ist der Junge, der…

→ … verprügelt worden ist.

a Die Ecke hinter den Müllcontainern war der Ort, wo…

b Lars konnte riechen, dass die Jungen vorher Alkohol…

c Als Lars sagte, er habe kein Geld, da hat man ihm eine Faust in…

d Wenn Lars morgen kein Geld mitbringt oder die Jungen verrät…

e Lars überlegt nun hin und her, was er…

❸ **Zum Schreiben.** Was soll Lars tun? Schreiben Sie ihm einen Brief oder eine E-Mail, in dem/der Sie Rat geben. Schreiben Sie mindestens 50 Wörter.

Teil 2

Hier nun Lars' Überlegungen und seine eigene Lösung: <u>Mal ganz nüchtern betrachtet:</u> Wenn Lars <u>nicht blecht</u>, kriegt er Prügel. Wenn er zahlt, kriegt er spätestens dann Prügel, <u>wenn er blank ist</u> und nicht mehr zahlen kann. Oder er müsste anfangen zu <u>klauen</u>… aber wer will das schon?! Wenn er zur Schulleitung geht, gibt's Schläge. <u>Wenn die aber etwas unternimmt</u>, z.B. einen Verweis erteilt, bekommen die „Bad Boys" ihre Strafe. Klar, Lars hat das Risiko auf dem Schulweg von ihnen abgefangen und <u>vermöbelt</u> zu werden. Trotzdem die größte Chance <u>auf Dauer</u> ohne Prügel davonzukommen – besonders, weil Lars den gleichen Schulweg wie <u>zwei seiner Kumpels</u> hat.

<u>Er fasst den Entschluss</u>, gleich am nächsten Tag mit dem Rektor zu reden. Seine Eltern, denen er beim Abendbrot alles erzählt, ermutigen ihn dazu und geben ihm den (guten!) Rat demnächst nicht mehr im hinterletzten Winkel des Schulhofes <u>herumzulungern</u>.

❹ Erklären Sie die im Text unterstrichenen Wörter und Ausdrücke in Ihren eigenen Worten.

Beispiel: Mal ganz nüchtern betrachtet = einmal rational gesehen

❺ **Gruppenarbeit.** Schreiben Sie ein Skript für Lars' Geschichte. Vergessen Sie nicht auch Bühnenanweisungen zu geben. Üben Sie das Stück dann gut ein und spielen Sie es der Klasse vor. Wenn Sie die Möglichkeit dazu haben, lassen Sie Ihre Szene auf Video oder Kassette aufnehmen!

▷ Und dann hängten sie den Viktor auf

Zehntklässler brachten einen Mitschüler beinahe ums Leben. Lehrer und Eltern reagieren hilflos.

BERLIN.

An einem Freitagmittag drängen die Zehntklässler vom Sportunterricht in die Umkleideräume. Viktor beeilt sich. Nur ein Schuh fehlt noch, als drei Klassenkameraden ihm ein Seil über den Kopf werfen und ihn unter lautem Lachen quer durch den Umkleideraum ziehen. Die Klasse steht daneben und amüsiert sich.

Viktor hat Glück im Unglück: Er kann sich befreien und findet schließlich einen Sportlehrer, der die Schlinge aufschneidet. Was dann passiert, macht das Geschehen nur noch schlimmer – Lehrer, Eltern und Schüler reagieren mit einer Mischung aus hilflosem Versagen und Vertuschung.

Viktor wird unmittelbar nach der Tat von der Direktorin alleine zum Arzt geschickt. Nur Francis, einer der drei beteiligten Mitschüler, geht ein Stück des Weges mit – und gibt zu verstehen, dass bei Viktor zu Hause schon mal die Scheiben klirren könnten, wenn er zur Polizei ginge. Während an der Schule der normale Unterricht weiterläuft, diagnostizieren die Ärzte im Krankenhaus Schürfwunden, Würgemale rund um den Hals, Schluckbeschwerden.

Eine Polizeistreife bekommt zufällig von dem Vorfall Wind und nimmt das Tatgeschehen auf. Die Polizeibeamten sind es schließlich auch, die Viktors Mutter am späten Nachmittag von dem Vorfall berichten.

Von der Schule – kein Anruf, keine Nachfrage nach Viktors Befinden. „Die wollten", sagt Viktor, „ihr ruhiges Wochenende haben." Am Montag erstattet Viktors Mutter Strafanzeige gegen die drei Täter. Sascha, Stefan und Francis werden unter dem Verdacht des versuchten Totschlags von der Schulbank weg verhaftet. Die Lehrer selbst hatten die Behörden bis dahin noch gar nicht eingeschaltet.

Aber immerhin – mit einiger Verspätung wird eine Klassenversammlung angesetzt, die Beteiligung ist rege. Die Eltern der drei Täter fehlen. Viktors Mutter hatte gehofft, sie hier zu treffen um endlich Aufschluss zu finden über das „Warum" dieser Tat und das „Wie weiter?" Doch als sie diese Fragen stellt, schlägt ihr eine feindselige Stimmung entgegen. Die Zeitungen haben inzwischen über den Vorfall berichtet. Der Ruf der Schule steht auf dem Spiel, und das ein halbes Jahr vor den Abschlusszeugnissen, monieren die Eltern. Mehr noch als die gruselige Tat regt sie die Berichterstattung darüber auf. Unverschämtheit, dass sein Sohn nur wegen eines „Kerls, der sich offenbar als Medienstar fühlt", jetzt vielleicht keine Lehrstelle mehr bekomme, wettert ein Vater. Wie viel die Zeitungen denn so gezahlt hätten? Um den Ruf der Schule sorgt sich auch der Klassensprecher. Der ganze Presserummel um Viktor sei Schuld, wenn die Klasse im Sommer ohne Arbeit und Ausbildung dastünde. Ein einziger Mitschüler entschuldigt sich bei Viktor, weil er – statt einzugreifen – gelacht hatte, als es hieß „jetzt hängen wir den Viktor auf". Ein anderer gesteht immerhin ein, er habe Angst gehabt, er könnte der Nächste sein.

Vera Gaserow, *Die Zeit*

die Vertuschung (-en)	cover-up	monieren	to complain
Strafanzeige erstatten	to bring a charge against s.o.	wettern	to rage
der Ruf steht auf dem Spiel	the reputation is at stake		

❶ 📖 Lesen Sie den Text mit Hilfe der angegebenen Vokabeln und einem Wörterbuch gut durch. Entscheiden Sie dann: Was haben die verschiedenen Leute gemacht und was hätten sie eigentlich tun sollen? Benutzen Sie die angegebenen Möglichkeiten unten oder Ihre eigenen Ideen.

Beispiel: *gemacht* *hätten tun sollen*
Die Mitschüler haben daneben gestanden. Sie hätten Viktor helfen sollen.

a Viktor hat… Er hätte…
b Der Sportlehrer hat… Er hätte…
c Die anderen Lehrer…
d Die Eltern der Schüler…
e Die Direktorin…
f Die Schüler…
g Die Eltern der Täter…

Möglichkeiten:

schreien   besser aufpassen   die Mutter benachrichtigen Viktor und seine Mutter unterstützen   die Behörden einschalten sich entschuldigen   zur Klassenkonferenz erscheinen   Viktor helfen

❷ Gruppenarbeit. Besprechen Sie diesen Artikel in Ihrer Gruppe.

• Was hat Sie an dieser Geschichte besonders aufgeregt? Warum?
• Was glauben Sie, wie würden Sie sich verhalten, wenn Sie Zeuge eines solchen Verbrechens würden?
• Was hätten Sie getan, wenn Sie Viktor gewesen wären?
• Was hätten Sie gemacht, wenn Sie der Sportlehrer gewesen wären?
• Wie hätten Sie reagiert, wenn Sie die Direktorin dieser Schule gewesen wären?

▶ Wer schlägt, muss zur Kripo!

Im Wiesbadener Polizei-Präsidium kämpft die „Arbeitsgruppe Jaguar" seit fünf Jahren gegen Kinder- und Jugendkriminalität. Mit ungewöhnlichen Methoden. *Bild der Frau* sprach mit dem Leiter der Sondereinheit, Kriminal-Oberkommissar Wolfgang Gores.

❶ ◆◆ Listen to the interview. Which of the points under the following headings are wrong?

Example: 1 b

1 What does the group do?
  a *try to solve conflicts*
  b *suggest appropriate punishments*
  c *have discussions with pupils*

2 Which kinds of criminal offences occur in schools?
  a *attempted murder*
  b *theft and assault*
  c *intimidation and blackmail*

3 Which weapons do some pupils carry in school?
  a *truncheons and knuckle dusters*
  b *revolvers*
  c *paint guns and knives*

4 Why are schools not coping?
  a *because teachers cannot put right what is going wrong at home*
  b *some schools have pupils with up to 35 different nationalities*
  c *because too many mothers are divorced*

5 Why are some young people too brutal?
  a *youngsters watch too much brutality on television*
  b *many offenders come from broken homes, where alcohol, unemployment or illness rule family life*
  c *offenders are often victims themselves*

6 And who looks after the victims?
  a *in serious cases the main culprit is immediately taken down to the police station*
  b *victims are looked after by the school*
  c *in cases of actual bodily harm or blackmail, offenders find themselves in court ten weeks after a charge has been brought against them at the latest*

7 What can parents do to help their children?
  a *parents should give their childen extra money, in case they are being blackmailed*
  b *parents should encourage their children to talk to them about any problems they have*
  c *parents should listen closely when children talk about school and seek contact with other parents*

„Arbeitsgruppe Jaguar" diskutiert neue Methoden

❷ Partnerarbeit. Stellen Sie sich vor, Sie sind die Eltern von zwei befreundeten Kindern, die in der Schule von einer Gruppe Rowdies erpresst werden. Besprechen Sie, was Sie als Eltern nun tun können, um Ihren Kindern zu helfen.

- Wir könnten zum Beispiel…
- Wir sollten auf jeden Fall…
- Wir dürfen nicht vergessen, dass…

Sehen Sie auch Seite 150 im Grammatikanhang zum Thema „Modalverben".

Seite 150

▶ Ein Fall für das Gericht

Fälle wie der von Viktor aus Berlin haben schließlich dazu geführt, dass die Polizei eingreifen kann, wie Kriminal-Oberkommissar Wolfgang Gores im Interview beschrieben hat. Ein Gerichtsurteil von 1999 hat weitere Signale gesetzt. Brutalität wird an deutschen Schulen nicht mehr geduldet.

Schulverweis: Wer seine Klassenkameraden verprügelt, wird gefeuert.

Der Junge war zwar erst elf Jahre alt – trotzdem benahm er sich wie ein halbstark ....1.... Rowdy der übelst ....2.... Sorte: Einmal schlug er einem Mitschüler die Lippe blutig ....3.... . Ein anderes Mal versetzte er einem Klassenkameraden im Schulbus einen Faustschlag auf die Nase, gab ihm noch eine Ohrfeige, beschimpfte ihn als „Asozialen", „Stricher" und „Eisenfresser".

Die Schulleitung sah schließlich nur noch einen Ausweg: Man verwies den verhaltensauffällig ....4.... Jungen in eine andere Orientierungstufe (entspricht der fünften und sechsten Klasse).

Die Eltern des Elfjährigen klagten gegen die Entscheidung, sie wollten den Verbleib ihres Sohnes an der alten Schule per Gerichtsbeschluss erzwingen. Das Verwaltungsgericht in Göttingen schmetterte die Klage jedoch ab.

Begründung: Das Verhalten des Jungen ist eine „grob ....5.... Pflichtverletzung". Jedes Kind wird angehalten, andere Schüler nicht in ihrer Gesundheit zu beeinträchtigen und sie auch nicht mit Worten zu verletzen. Die Versetzung an eine andere Schule, so der Richter, hat eine wünschenswert ....6.... „Erziehungs- und Appellfunktion".

Wichtig: Der Gerichtsentscheid gilt nicht nur für diesen Fall, sondern hat grundsätzlich ....7.... Charakter und ist eine Reaktion auf die nachweislich gestiegen ....8.... Gewaltbereitschaft an unseren Schulen.

Das bedeutet im Klartext: Jedes Kind, das in der Schule pöbelt und schlägt, muss in Zukunft damit rechnen, gefeuert zu werden.

tina
für die Frau von heute

---

❶ 🔲🔲 Lesen Sie den Text gut durch und entscheiden Sie, welche Endungen die Adjektive haben sollten.

Beispiel: 1 halbstarker

❷ Beantworten Sie die Fragen in ganzen Sätzen, die grammatikalisch richtig sind!

a Wie hat sich der Junge in der Schule verhalten?
b Wie hat die Schulleitung darauf reagiert?
c Was haben die Eltern dann versucht?
d Wie hat das Verwaltungsgericht in Göttingen reagiert und mit welcher Begründung?
e Wie ist Ihre Meinung zum Beschluss des Gerichtes? Geben Sie Gründe.

❸ **Gruppenarbeit.** Machen Sie das Rollenspiel auf Arbeitsblatt 5.4. Lesen Sie sich Ihre
Rollen gründlich durch und notieren Sie kurze Stichpunkte dazu, was Sie sagen wollen.
Benutzen Sie sowohl Ihre eigenen Ideen und Meinungen, als auch die Informationen,
die Sie in den Texten von Thema 2 gelesen und gehört haben.

A5.4

Nehmen Sie das Rollenspiel auf Video oder Kassette auf, wenn die Möglichkeit dazu
besteht. Falls Ihre Lehrer damit einverstanden sind, könnten Sie das Rollenspiel ins
Englische übersetzen und in einer Assembly den jüngeren Schülern vorspielen.

PRÜFUNGSTIPP

Einen Text lesen und darüber sprechen

Im mündlichen Teil der *A2-Level* Prüfung könnte unter anderem von Ihnen verlangt werden,
dass Sie einen kurzen Text lesen müssen. Dieser Text kann deutsch oder englisch sein. Sie
werden vor der Prüfung ungefähr 20 Minuten lang den Text lesen und überdenken können.
Dazu dürfen Sie Notizen machen, die Sie mit in die Prüfung nehmen können. In der Prüfung
selbst müssen Sie dann zu dem vorbereiteten Text auf Deutsch Fragen beantworten und
schließlich mit dem/der Prüfer/in ein Gespräch darüber führen. Sie sollten auch in der Lage
sein, Ihre Meinung zum Text auszudrücken.

Sehen Sie sich die folgenden Punkte an und entscheiden Sie, welche davon zur Vorbereitung
auf diese mündliche Prüfung nützlich sind.

Sie sollten:

- sofort aufhören Deutsch zu lernen, weil Sie die mündliche Prüfung sowieso nicht
  bestehen.

- jeden Tag 5–10 neue Vokabeln lernen.

- ein Grammatikbuch Ihrer Wahl auswendig lernen.

- idiomatische Redewendungen lernen, mit denen Sie Ihre Meinung gut ausdrücken
  können.

- sich vor der mündlichen Prüfung fürchten.

- regelmäßig eine gute englische Zeitung lesen und die Nachrichten hören/sehen.

- regelmäßig in einer deutschsprachigen Zeitschrift/Zeitung lesen.

- sich bei der Lektüre kurzer deutscher und englischer Artikel überlegen, welche Fragen
  man zu diesem Thema stellen könnte.

- öfters einen kurzen Text (deutsch oder englisch) mit Notizen annotieren.

- jedes Wochenende stundenlang nur deutsche Vokabeln und Grammatik pauken.

- öfters mit ihren Freunden über verschiedene Themen diskutieren und sich eine Meinung
  bilden.

- nur noch deutsche Bücher lesen.

- überhaupt nichts tun. Es wird schon alles gut gehen in der Prüfung.

- mit Mitschülern zusammen kurze deutsche und/oder englische Texte lesen, sich dann auf
  Deutsch gegenseitig dazu Fragen stellen und/oder darüber diskutieren.

➤ Drei Jugendliche aus Deutschland und Österreich zum Thema...

Natznet, Nina und Tore erzählen von ihren perönlichen
Erfahrungen an deutschen und österreichischen Schulen.
Jetzt sind sie Schüler am *FE College* in Exeter.

❶ 👓 Lesen Sie sich die Fragen gut durch und hören Sie sich das ganze
Interview ein bis zweimal an. Beantworten Sie die Fragen. Sie müssen
nur die Namen der Personen aufschreiben.

a Wer ist auf eine Steiner-Schule gegangen?
b Wer war auf der Realschule und dann auf dem Gymnasium?
c Wer hat eine Schule in Wien besucht?
d Wer ist in der Schule malträtiert worden?

Tore (hinten), Natznet und Nina

❷ Hören Sie sich jetzt nur Teile 1 und 2 an und beantworten Sie die Fragen in ganzen
Sätzen, die grammatikalisch richtig sind.

a Was passierte, wenn es gewalttätiges Verhalten an der Steiner-Schule gegeben hat?
b Inwiefern gibt es Unterschiede zwischen Realschule und Gymnasium, was Gewalt
  betrifft?
c Wie denkt Natznet darüber, dass Gewalttätigkeiten nach der Schule stattfinden
  und die Lehrer sich nicht mehr darum kümmern?

❸ Hören Sie sich nur Teil 3 an und entscheiden Sie, ob die folgenden Aussagen richtig
oder falsch sind oder gar nicht erwähnt werden.

a Nina hat nur gute Erfahrungen in der Schule gemacht.
b Ihr Klassenkamerad Phillip wurde von anderen Jungen immer geärgert.
c Phillip und Nina haben immer zusammmen gesessen.
d Die Lehrer haben nicht gemerkt, dass die Schüler immer alle Schuld auf Phillip
  geschoben haben.
e Phillip hat die Schule verlassen und macht etwas anderes.
f Einige Schüler haben oft abends oder in der Nacht bei Nina angerufen.
g Nina hat die Anrufe in der Schule gemeldet.
h Diese Schüler haben zugegeben, was sie gemacht haben.
i Nina ist auch häufiger verprügelt worden.
j Man hat ihr Geld gestohlen.
k Nina weiß genau, warum die Mitschüler sie malträtiert haben.
l Ninas Vater war immer sehr böse, wenn angerufen wurde.
m Nina ist traurig, dass sie jetzt nicht mehr auf dieser Schule ist.

❹ **Zum Schreiben.** Schreiben Sie einen gut strukturierten Aufsatz, der mindestens 200
Wörter lang ist. Das Thema ist „Gewalt in der Schule sollte man ignorieren.
Schließlich kann nichts dagegen gemacht werden". Inwiefern stimmen Sie mit dieser
Aussage überein?

Kulturmagazin 5

Gabriele Wohmann wurde 1932 in Darmstadt geboren. Nach dem
Abitur studierte sie Literatur und heiratete 1953. Ein Jahr lang
arbeitete sie als Internatslehrerin auf einer Nordseeinsel. Ihre ersten
Prosa-Arbeiten kamen 1956 heraus.

„Ein netter Kerl"

Ich hab ja so wahnsinnig gelacht, rief Nanni in einer Atempause. Genau wie du ihn beschrieben hast, entsetzlich.

Furchtbar fett für sein Alter, sagte die Mutter. Er sollte vielleicht Diät essen. Übrigens, Rita, weißt du, ob er ganz gesund ist?

Rita setzte sich gerade und hielt sich mit den Händen am Sitz fest. Sie sagte: Ach, ich glaub schon, daß er gesund ist. Genau wie du es erzählt hast, weich wie ein Molch, wie Schlamm, rief Nanni. Und auch die Hand so weich.

Aber er hat dann doch auch wieder was Liebes, sagte Milene, doch, Rita, ich finde, er hat was Liebes, wirklich.

Na ja, sagte die Mutter, beschämt fing auch sie wieder an zu lachen; recht lieb, aber doch gräßlich komisch. Du hast nicht zu viel versprochen, Rita, wahrhaftig nicht. Jetzt lachte sie laut heraus. Auch hinten im Nacken hat er schon Wammen, wie ein alter Mann, rief Nanni. Er ist ja so fett, so weich, so weich! Sie schnaubte aus der kurzen Nase, ihr kleines Gesicht sah verquollen aus vom Lachen. Rita hielt sich am Sitz fest. Sie drückte die Fingerkuppen fest ans Holz.

Er hat so was Insichruhendes, sagte Milene. Ich find ihn so ganz nett, Rita, wirklich, komischerweise.

Nanni stieß einen winzigen Schrei aus und warf die Hände auf den Tisch; die Messer und Gabeln auf den Tellern klirrten.

Ich auch, wirklich, ich find ihn auch nett, rief sie. Könnt ihn immer ansehn und mich ekeln.

Der Vater kam zurück, schloß die Eßzimmertür, brachte kühle nasse Luft mit herein. Er war ja so ängstlich, daß er seine letzte Bahn noch kriegt, sagte er. So was von ängstlich.

Er lebt mit seiner Mutter zusammen, sagte Rita.

Sie platzten alle heraus, jetzt auch Milene. Das Holz unter Ritas Fingerkuppen wurde klebrig. Sie sagte: Seine Mutter ist nicht ganz gesund, so viel ich weiß.

Das Lachen schwoll an, türmte sich vor ihr auf, wartete und stürzte sich dann herab, es spülte über sie weg und verbarg sie: lang genug für einen kleinen schwachen Frieden. Als erste brachte die Mutter es fertig, sich wieder zu fassen.

Nun aber Schluß, sagte sie, ihre Stimme zitterte, sie wischte mit einem Taschentuchklümpchen über die Augen und die Lippen. Wir können ja endlich mal von was anderem reden.

Ach, sagte Nanni, sie seufzte und rieb sich den kleinen Bauch, ach ich bin erledigt, du liebe Zeit. Wann kommt die große fette Qualle denn wieder, sag, Rita, wann denn? Sie warteten alle ab.

Er kommt von jetzt an oft, sagte Rita. Sie hielt den Kopf aufrecht.

Ich habe mich verlobt mit ihm.

Am Tisch bewegte sich keiner. Rita lachte versuchsweise und dann konnte sie es mit großer Anstrengung lauter als die andern, und sie rief: Stellt euch das doch bloß mal vor: mit ihm verlobt! Ist das nicht zum Lachen!

Sie saßen gesittet und ernst und bewegten vorsichtig Messer und Gabeln.

He, Nanni, bist du mir denn nicht dankbar, mit der Qualle hab ich mich verlobt, stell dir das doch vor!

Er ist ja ein netter Kerl, sagte der Vater. Also höflich ist er, das muß man ihm lassen.

Ich könnte mir denken, sagte die Mutter ernst, daß er menschlich angenehm ist, ich meine, als Hausgenosse oder so, als Familienmitglied.

Er hat keinen üblen Eindruck auf mich gemacht, sagte der Vater.

Rita sah sie alle behutsam dasitzen, sie sah gezähmte Lippen. Die roten Flecken in den Gesichtern blieben noch eine Weile. Sie senkten die Köpfe und aßen den Nachtisch.

• Wie verhalten sich die Mitglieder der Familie und warum? Ist das fair?

Inhalt

Kommunikationsziele

- eine Reportage schreiben
- seine Meinung mündlich und schriftlich ausdrücken
- sich in die Situation einer anderen Person hineinversetzen

Ypern, 1918

" 1889 wurde Adolf Hitler in Österreich geboren. 1913 zog er nach München, wo er sich 1914 als Freiwilliger zum deutschen Heer meldete. Im Oktober 1918 wurde er zum zweiten Mal verwundet. In einem Lazarett erlebte Hitler das Ende des Ersten Weltkrieges. 1920 trat er in die damals bedeutungslose „Deutsche Arbeiterpartei" ein. In seinen Propagandareden trug Hitler immer wieder seine zwei Hauptthesen vor: Erstens, das Unglück der Deutschen seien der „Versailler Schandvertrag" und die Juden. Zweitens, Deutschland müsse von den Politikern, die den Versailler Vertrag unterschrieben hatten, befreit werden. Am 30. Januar 1933 hatte er es geschafft: Hitler wurde Reichskanzler. Das Unheil nahm seinen Lauf... "

Die Weimarer Republik

Die Weimarer Republik ist gekennzeichnet von Wirtschaftskrise, Inflation und politischen Unruhen. Hunger, Not und verletzter Nationalstolz herrschen unter den Deutschen. 1919 wird die Nationalsozialistische Deutsche Arbeiterpartei gegründet.

▷ Bilanz des Krieges und Neubeginn

Der Erste Weltkrieg (1914–1918) bringt ungeahnte Schrecken mit sich. Sein Ende bahnt jedoch noch Schlimmeres an.

❶ ◆◆ Hören Sie sich den Beitrag auf der Kassette an und beantworten Sie die folgenden Fragen. Ganze Sätze sind nicht nötig.

a Wie viele Länder befanden sich im Kriegszustand mit Deutschland?
b Wie viele Soldaten haben am Ersten Weltkrieg teilgenommen?
c Wie viele Soldaten sind gestorben?
d Wie viele Soldaten wurden verwundet?
e Wie viele Soldaten wurden vermisst oder gefangen?
f Welche Partei stellt den ersten Reichspräsidenten der neu gebildeten Nationalversammlung?
g Wie heißt er?

❷ Am 19. Januar 1919 wurden in Deutschland die Wahlen für eine verfassungsgebende Nationalversammlung durchgeführt. Zeichnen Sie die Tabelle ab, hören Sie noch einmal zu und notieren Sie die Wahlergebnisse.

Wahlergebnisse:	Sozialdemokraten	... %
	Konservative und Christliche	
	Liberale	
	Radikale und Splitterparteien	

▷ Der Friedensvertrag von Versailles

Am 18. Januar 1919 wurde die Friedenskonferenz in Versailles eröffnet, an der nur die Siegermächte beteiligt waren. Die Deutschen konnten nur in schriftlicher Form zu den Friedensbedingungen Stellung nehmen. Am 7. Mai wurden die Friedensbedingungen an die deutschen Bevollmächtigten übergeben. Am 28. Juni 1919 wurde der Versailler Vertrag unterzeichnet, nachdem ihn die deutsche Nationalversammlung angenommen hatte. Die zwei Texte auf Seite 91 sind Auszüge aus dem Versailler Vertrag.

❶ ◆◆ ▤▤ Sehen Sie sich die Texte und die Karte über den Versailler Vertrag auf Seite 91 an. Nehmen Sie ein Wörterbuch zur Hilfe. Hören Sie sich dann die Kassette an und machen Sie die Aufgaben auf Arbeitsblatt 6.1.

A6.1

Text 1

Gebietsabtretungen Deutschlands

- Moresnet an Belgien
- Elsass-Lothringen an Frankreich
- Posen, Westpreußen, Teile von Ostpreußen und Hinterpommern an Polen
- Hultsheimer Ländchen an die Tschechoslowakei
- Danzig wird „freie Stadt"
- Memelland an die Alliierten
- Eupen-Malmedy (Abstimmungsgebiet)
- Schleswig (Abstimmungsgebiet)
- Oberschlesien (Abstimmungsgebiet)
- Teile West- und Ostpreußens (Abstimmungsgebiet)
- Im Saargebiet soll die Bevölkerung nach 15 Jahren entscheiden, unter welche Souveränität sie zu treten wünscht

Text 2

Artikel 42: Es ist Deutschland untersagt, auf dem linken Ufer des Rheins und auf dem rechten Ufer westlich einer 50 km breiten Linie Befestigungen beizubehalten oder anzulegen.

Artikel 45: Als Ersatz für die Zerstörung der Kohlengruben in Nordfrankreich und als Anzahlung der Wiedergutmachungen tritt Deutschland die Kohlengruben im Saargebiet an Frankreich ab.

Artikel 80: Deutschland erkennt die Unabhängigkeit Österreichs an und dass diese Unabhängigkeit unabänderlich ist, es sei denn, dass der Rat des Völkerbundes einer Abänderung zustimmt.

Artikel 119: Deutschland verzichtet zu Gunsten der alliierten Mächte auf alle seine Rechte bezüglich seiner überseeischen Besitzungen [Kolonien].

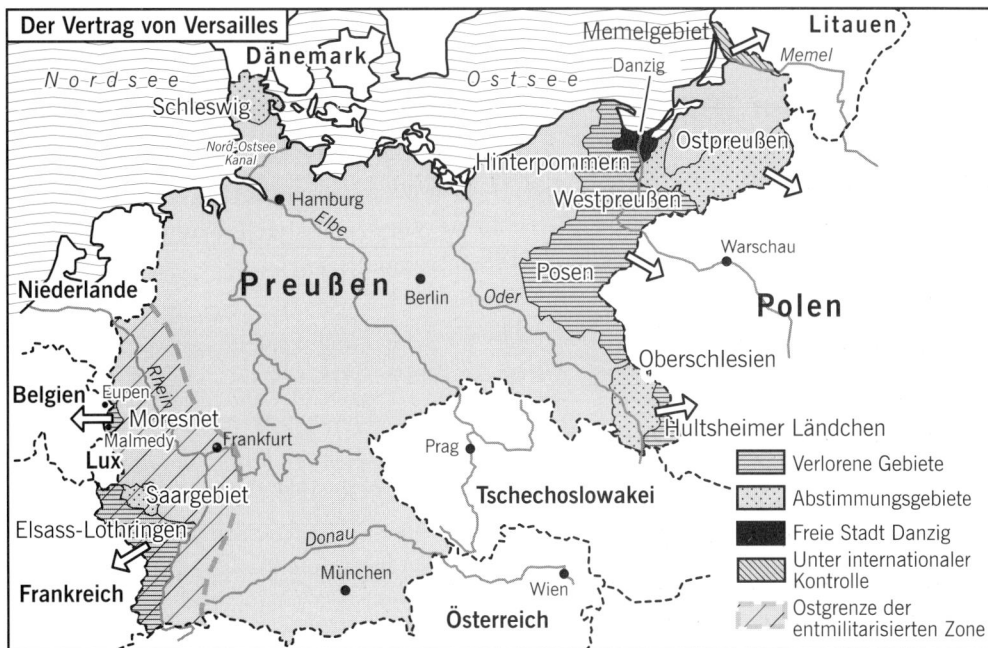

Der Versailler Vertrag ändert die Landkarte von Europa

zu etwas Stellung nehmen to air one's opinion about s.th.	**das Abstimmungsgebiet (-e)** area where a referendum takes place
die Friedensbedingungen (pl.) conditions for peace	**es ist untersagt (verb: untersagen)** it is prohibited
der Bevollmächtigte (-n) authorised representative	**die Befestigung (-en)** fortification
die Gebietsabtretung (-en) cession of territory	**die Wiedergutmachung (-en)** reparation

Inflation und Weltwirtschaftskrise

Inflation und Arbeitslosigkeit schwächen die Weimarer Republik immer mehr.
Durch die Weltwirtschaftskrise gerät der Staat an den Rand des
Zusammenbruchs.

Text 1

Zahl der Arbeitslosen in Deutschland	
1921	354 000
1922	213 000
1923	751 000
1924	978 000
1925	636 000
1926	2 000 000
1927	1 300 000
1928	1 300 000
1929	1 600 000
1930	3 000 000
1931	4 500 000
1932	5 500 000

Abb. 1 Auf dem Höhepunkt der Inflation war das Geld nichts mehr wert. Man konnte es nur noch zum Anzünden des Ofens verwerden.

Text 2

Ein Brot für 260 Millionen Mark

Die deutsche Nachkriegswirtschaft ist in Not: Wichtige Wirtschaftszentren sind verloren gegangen; der Staat ist durch den Krieg überschuldet, soll zudem astronomisch hohe Reparationszahlungen leisten und finanziert seine Ausgaben durch Darlehen der Reichsbank. Die Folge: Die Inflationsrate steigt bedenklich an, das Leben der breiten Bevölkerungsschicht verschlechtert sich zusehends. Viele verlieren ihr Geld, die Menschen hungern und frieren. Wartezimmer der Ärzte werden nur noch beheizt, wenn die Patienten Kohle mitbringen...

Im November 1923 ist die Inflation auf dem Höhepunkt: Ein Brot kostet 260 Millionen Mark (Vorkriegszeit 14 Pfennig), der Tageslohn eines Arbeiters liegt bei drei Billionen Mark. Die Kurse ändern sich stündlich und damit auch die Preise und Löhne. Nur wer Devisen hat, kann sich in Deutschland wie ein König fühlen... Am 15. November hat der Spuk mit der Einführung der Rentenmark (Wert 4,20 Dollar oder 1 Billion Inflationsmark) ein Ende...

Text 3

Folgen der Krise in Deutschland

Als die USA 1929 mit wirtschaftlichen Schwierigkeiten zu kämpfen hatten, forderten sie ihr Geld zurück, das sie den europäischen Staaten geliehen hatten. Dadurch geriet auch in Europa die Wirtschaft in Unordnung... Viele Fabriken lagen still, zahlreiche Läden waren geschlossen. In Deutschland stieg die Zahl der Arbeitslosen im Laufe der Jahre auf mehr als sechs Millionen. Wieder herrschten Elend und Hunger. Mehr als ein Drittel der Bevölkerung konnte nur durch staatliche Unterstützung am Leben erhalten werden... Der amerikanische Reporter Knickerbocker berichtete in seiner Zeitung über das Elend in Deutschland im Jahre 1932. Er hatte die Familie eines Arbeitslosen besucht und gefragt: „Wie kaufen Sie von der Arbeitslosenunterstützung von 8 Mark 20 Pfennig in der Woche Lebensmittel für sieben Menschen?" „Brot und Kartoffeln", antwortete die Frau. „Zum größten Teil Brot. An dem Tag, an dem wir Geld kriegen, kaufen wir Wurst. Einmal in der Woche will doch der Mensch ein bisschen Fleisch haben. Dafür hungern wir aber die beiden letzten Tage in der Woche."

Text 4

Wahlergebnisse der NSDAP		
4.4.1924	7%	32 Mandate
7.12.1924	3%	14 Mandate
29.3.1925	1.1%	–
20.5.1928	2.6%	12 Mandate
14.9.1930	18.3%	107 Mandate
31.7.1932	37.3%	230 Mandate
6.11.1932	33.1%	196 Mandate
5.3.1933	43.9%	288 Mandate

Abb. 2

❶ ▤ Lesen Sie Texte 1–4 und sehen Sie sich die zwei Abbildungen an. Sind die folgenden Aussagen richtig, falsch oder werden sie nicht erwähnt?

a Zwischen 1921 und 1932 stieg die Zahl der Arbeitslosen jedes Jahr an.
b Die Inflation machte alle Leute sehr reich.
c Viele Leute wanderten aus.
d Gegen Ende des Jahres 1923 war die Inflation in Deutschland am schlimmsten.
e Mitte November 1923 wird eine neue Währung eingeführt.
f Ab 1924 ging es den Deutschen wieder gut.
g Ab 1929 herrschten in Deutschland wieder Hunger und Not.
h Anfang der dreißiger Jahre waren mehr Menschen bereit Hitler und der NSDAP ihre Stimme zu geben als in den zwanziger Jahren.

❷ Sehen Sie sich die Texte und Abbildungen noch einmal an. Schreiben Sie zu jedem Text und jeder Abbildung zwei bis drei Sätze, die zusammenfassen, um was es da genau geht.

Beispiel: Text 1: Von 1921 bis 1932 ist die Zahl der Arbeitslosen in Deutschland von 354 000 auf 5 500 000 angestiegen.

❸ **Zum Schreiben.** Stellen Sie sich vor, es ist das Jahr 1923 und Sie sind Reporter/in für eine deutsch-schweizerische Zeitung. Schreiben Sie einen kurzen Bericht (ca. 50–100 Wörter) zur Lage in Deutschland. Benutzen Sie Informationen aus den Texten und Abbildungen.

❹ **Zum Schreiben.** Stellen Sie sich vor, Sie sind eine Person auf den Abbildungen. Schreiben Sie einen langen Brief an Ihre Freunde in Amerika, in dem Sie die Lage in Deutschland genau beschreiben. Vergessen Sie nicht Fakten zu erwähnen. Beschreiben Sie auch, wie Sie sich fühlen und wie Ihre persönliche Meinung zur wirtschaftlichen und politischen Situation ist. Schreiben Sie 250–300 Wörter.

Das Leben unter dem Hakenkreuz

Die Nazis veränderten den Alltag in Deutschland. Die folgenden Abbildungen und Texte sollen Ihnen einen Einblick in das alltägliche Leben im Dritten Reich geben.

▷ Organisation des Dritten Reiches

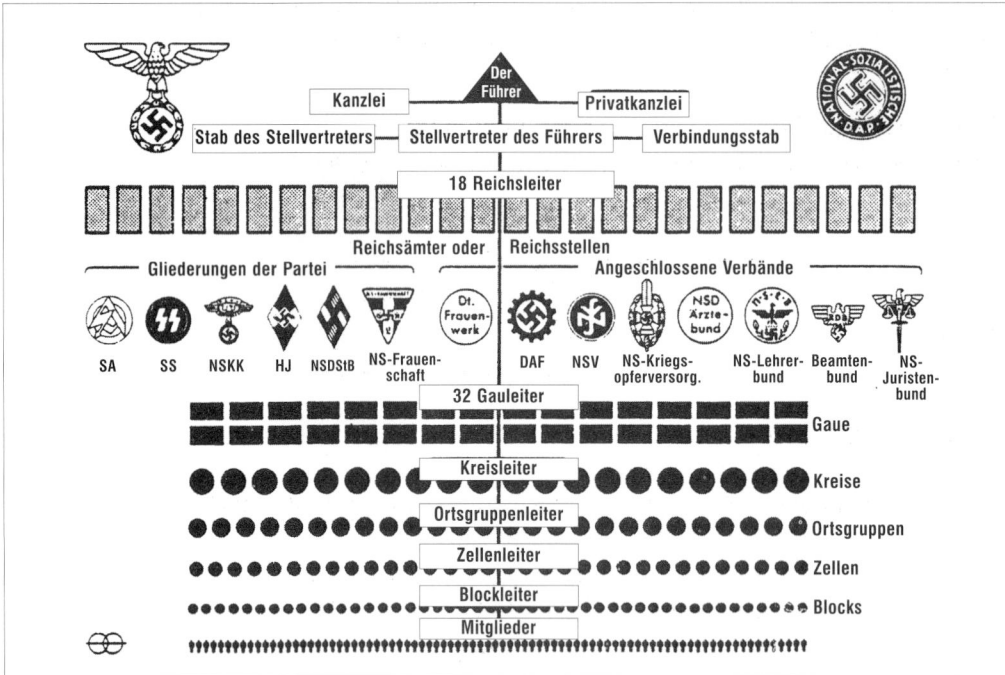

Die Organisation der NSDAP

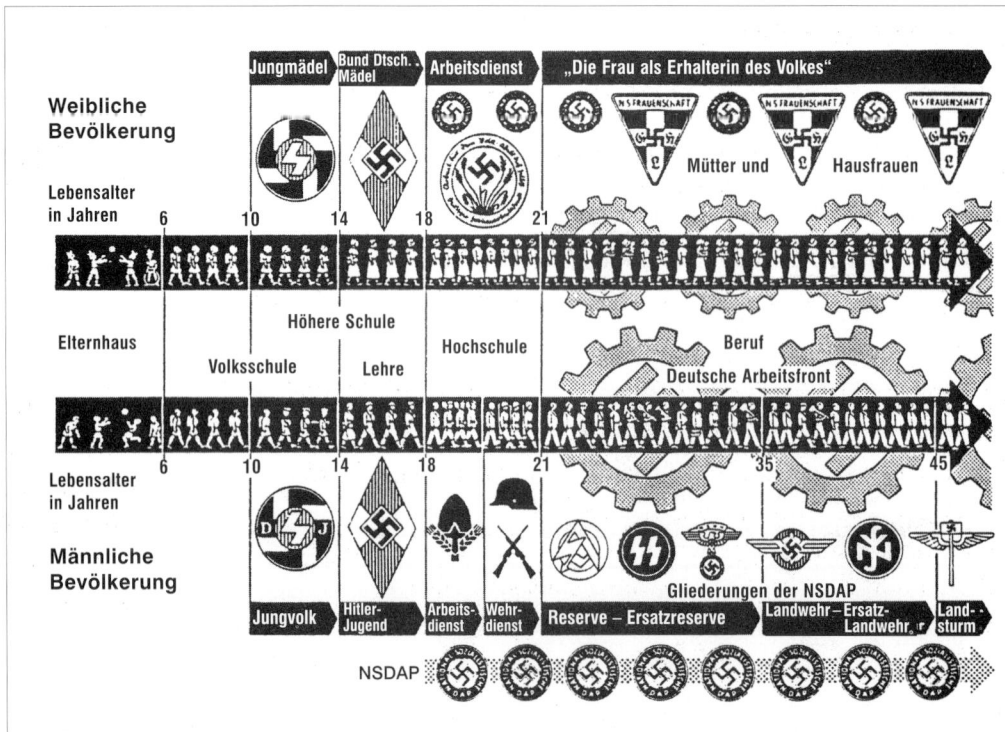

Die „Betreuung" des Staatsbürgers

❶ 🔲 Was bedeuten die Abkürzungen? Suchen Sie die richtige Bedeutung im Kasten unten.

Beispiel: NSKK = Nationalsozialistisches Kraftfahrerkorps

a SA = …
b SS = …
c HJ = …
d NSDStB = …

e DAF = …
f NSV = …
g NSDAP = …

> Nationalsozialistische Deutsche Arbeiterpartei
> Schutzstaffeln   Hitler-Jugend   Deutsche Arbeitsfront
> Nationalsozialistische Volkswohlfahrt   Sturmabteilungen
> Nationalsozialistischer-Deutscher Studentenbund

❷ Sehen Sie sich die Abbildungen auf Seite 94 genau an. Welcher nationalsozialistischen Organisation würden die folgenden Menschen angehören? Schreiben Sie die Sätze grammatikalisch richtig zu Ende.

Beispiele: Ein 10-jähriges Mädchen gehörte… dem Jungmädelbund an.
Ein 15-jähriges Mädchen musste… dem Bund Deutscher Mädel angehören.

a Ein Lehrer gehörte…
b Arbeiter gehörten…
c Ein Arzt musste…
d Ein Beamter…

e Ein 16-jähriger Junge…
f Eine 19-jährige Frau…
g Eine Hausfrau…
h Studenten/Studentinnen…

❸ Gruppenarbeit. Besprechen Sie welche Berufsgruppen einer nationalsozialistischen Organisation angehören mussten. Warum, glauben Sie, war das wohl der Fall? Gab es auch Berufe, die keiner Organisation angehören mussten? Wenn ja, welche? Warum?

❹ Partnerarbeit. Gehen Sie jetzt in die Bibliothek oder benutzen Sie das Internet. Finden Sie so viel wie möglich über die folgenden Organisationen heraus: SA, SS, HJ und BDM.

▷ Die Jugend im Dritten Reich

Kinder und Jugendliche sollten im Sinne der Partei erzogen werden.

❶ 👓 Hören Sie sich den Beitrag über die Organisation der Jugend im Dritten Reich an. Machen Sie die Aufgaben auf Arbeitsblatt 6.2.

> A6.2 ▷

❷ Stellen Sie die folgenden Sätze in die indirekte Rede. Zur Hilfe sind die unterstrichenen Verbformen im Kasten angegeben. Aber Achtung – es gibt genau so viele falsche wie richtige Antworten!

Beispiel: Er sagte: „Von der Jugend hängt die Zukunft des deutschen Volkes ab." →
Er sagte, von der Jugend hänge die Zukunft des deutschen Volkes ab.

a „Die gesamte deutsche Jugend <u>ist</u> in der Hitler-Jugend zusammengefasst."
b „Diese Jugend, die <u>lernt</u> ja nichts anderes, als deutsch denken, deutsch handeln."
c „Die Mädchen und Jungen <u>kommen</u> mit zehn Jahren in die Hitler-Jugend."
d „Dann <u>werden</u> sie in die Arbeitsfront oder die SA aufgenommen."
e „Wenn sie dann immer noch keine Nationalsozialisten <u>sind</u>, dann <u>schickt</u> man sie in den Arbeitsdienst."

> war   sei   lerne
> gelernt   kamen
> kämen   wurden
> würden   seien
> waren   schicke
> geschickt

❸ Gruppenarbeit. Besprechen Sie die folgenden Fragen.

- Wie viel Kontrolle hatte die NSDAP über die Menschen?
- Wie einfach war es, sich nicht den vorgeschriebenen Organisationen anzuschließen?
- Wären Sie als Jugendliche(r) gerne in die HJ oder den BDM eingetreten? Warum?

❹ Zum Schreiben. Sie sind ein Reporter/eine Reporterin in Reichenberg am 2. Dezember 1938 und sollen einen Bericht für Ihre Zeitung schreiben. Benutzen Sie die Rede Hitlers und die Informationen aus den vorhergehenden Texten um einen Artikel von ungefähr 200 Wörtern zu schreiben. Versuchen Sie die indirekte Rede in Ihrem Artikel zu benutzen.

▷ Erziehung zur „Elite"

Neben dem staatlichen Schulsystem schufen die Nationalsozialisten eine Reihe von schulischen Institutionen, in denen die Eliten erzogen werden sollten, die für Führungspositionen in Partei, Verwaltung und Wehrmacht vorgesehen waren. Zuständig für den Parteinachwuchs sollten die nichtstaatlichen Adolf-Hitler-Schulen und die Ordensburgen sein... Die Jugend sollte „in straffer Zucht, ausgerichtet auf die Werte des völkischen wehrhaften und politischen Lebens, in Bereitschaft zum Dienst und zum Opfer" erzogen werden...

Die Nationalpolitischen Erziehungsanstalten (NAPOLAS) waren eine Mischung aus Internat und Kadettenanstalt und umfassten acht Sekundarschulklassen. Alles geschah in Uniform; Ausgang während der Freizeit war nur mit Genehmigung möglich; nur dreimal im Jahr durfte man in den Ferien nach Hause fahren. Die Lehrer dieser Schulen wurden sorgfältig nach parteipolitischen und pädagogischen Gesichtspunkten ausgewählt... Ab 1936 gerieten diese staatlichen Schulen mehr und mehr unter den Einfluss der SS, die hier ein Nachwuchspotenzial sah.

---

❶ ▤▤ Lesen Sie den Text über die Erziehung zur Elite. Suchen Sie dann die Synonyme für die folgenden Wörter und Ausdrücke im Text.

Beispiel: mehrere = eine Reihe von

a Einrichtungen
b Armee
c Jugendliche
d Bereitwilligkeit
e beinhalteten
f war es einem erlaubt
g sehr genau
h ausgesucht

❷ Answer the following questions in English.

a *Why did the Nazis create these schools?*
b *What were the pupils of these schools intended to learn?*
c *What do you think life was like at the NAPOLAS?*
d *Who influenced these schools especially after 1936?*

Die reichen Plebejer

Auch in normalen Schulen sollte die Jugend zu gehorsamen Nationalsozialisten herangezogen werden. Lehrer, die auch nur ansatzweise andere Meinungen vertraten, wurden von nationalsozialistischen Kollegen und Eltern unter Druck gesetzt. Diese Geschichte stammt aus dem Roman „Jugend ohne Gott" von Ödön von Horvath.

❶ 📄 Arbeiten Sie mit einem Partner/einer Partnerin oder alleine. Lesen Sie sich die Geschichte auf Arbeitsblatt 6.3 gut durch. Bearbeiten Sie dann die Fragen, die hier im Buch abgedruckt sind.

A6.3

a Welchen Beruf hat der Protagonist dieser Geschichte?

b Was passierte in der Stunde von 10–11 Uhr?

c Warum hält der Lehrer einmal in der Woche eine Sprechstunde ab?

d Wer kommt in seine Sprechstunden und wer nicht? Was passiert in diesen Sprechstunden normalerweise?

e Warum will der Lehrer selbst keine Kinder?

f Warum beschwert sich Ottos Vater beim Lehrer?

g Wie rechtfertigt sich der Lehrer gegenüber der Anklage des Vaters?

h Haben Sie eine Idee wer oder was „Philippi" sein könnte?

i Warum musste der Lehrer zum Direktor?

j Wozu muss die Schule die Schüler erziehen?

k Wie reagiert der Lehrer auf das „Geständnis" des Direktors?

l Bei dem Gespräch zwischen dem Schuldirektor und dem Geschichtslehrer: Wem oder was gibt der Direktor die Schuld an der prekären Situation?

m Warum glaubt der Direktor, hält ihn sein junger Kollege für einen Zyniker?

n Mit welcher historischen Situation vergleicht der Direktor die politische Situation, in der sie sich in der vorliegenden Geschichte befinden?

❷ **Gruppenarbeit.** Besprechen Sie nun die Geschichte mit Ihren Mitschülern. Die folgenden Fragen und Punkte sollen Ihnen dabei helfen.

• Stimmen Sie mit dem Lehrer oder mit dem Vater des N überein? Warum?

• Welche Reaktion haben Sie vom Schulleiter erwartet?

• Können Sie das Verhalten des Schulleiters verstehen? Warum?

• Warum vergleicht der Schulleiter die Situation im Dritten Reich mit der Situation im alten Rom? Wer sind Ihrer Meinung nach im Dritten Reich die Patrizier, die Plebejer und wer die Optimates?

• Wie hat Ihnen die Geschichte gefallen? Begründen Sie Ihre Meinung.

Nordische Gattin gesucht

Einen Einblick in das nationalsozialistische Ideal von Ehe und Familie geben Zeitungsanzeigen jener Jahre.

❶ 📄 Lesen Sie die zwei Anzeigen auf Seite 98. Erklären Sie die im Text unterstrichenen Vokabeln in Ihren eigenen Worten auf Deutsch.

Beispiel: Witwer = ein Mann, dessen Ehefrau gestorben ist

Witwer, 60 Jahre alt, wünscht sich wieder zu verheiraten mit einer nordischen Gattin, die bereit ist, ihm Kinder zu schenken, damit die alte Familie in der männlichen Linie nicht ausstirbt.

Hamburger Fremdenblatt, 5. Dezember 1935

Zweiundfünfzig Jahre alter, rein arischer Arzt, Teilnehmer an der Schlacht bei Tannenberg, der auf dem Lande zu siedeln beabsichtigt, wünscht sich männlichen Nachwuchs durch eine standesamtliche Heirat mit einer gesunden Arierin, jungfräulich, jung, bescheiden, sparsame Hausfrau, gewöhnt an schwere Arbeit, breithüftig, flache Absätze, keine Ohrringe, möglichst ohne Eigentum.

Münchener Neueste Nachrichten, 25. Juli 1940

❷ **Partnerarbeit.** Besprechen Sie mit Ihrem Partner/Ihrer Partnerin diese zwei Anzeigen. Was halten Sie davon? Wie fühlen Sie sich, wenn Sie so etwas lesen?

❸ **Zum Schreiben.** Stellen Sie sich vor, Sie hätten solche Anzeigen in Ihrer Zeitung gelesen. Schreiben Sie einen Brief an die Zeitung, in dem Sie Ihre Meinung ausdrücken. Begründen Sie alles, was Sie sagen. Schreiben Sie 50–100 Wörter.

▷ Judenverfolgung und Judenmord

„Wenn das Wunder geschieht, dass ihr lebend davonkommt, schreibt es auf und sprecht es aus, was sie mit uns angestellt haben!"
(Letzte Bitte eines sterbenden KZ-Häftlings)

Gleich nach der Machtübernahme hatte man mit dem Boykott jüdischer Geschäfte und dem Verbot bestimmter Berufe die Ausstoßung der Juden aus dem „deutschen Volkskörper" begonnen. Der Reichsparteitag vom September 1935 verkündete dann die so genannten Nürnberger Gesetzte, die jede Gemeinschaft, besonders Ehen, zwischen Juden und „Ariern" verboten. Alle bürgerlichen und politischen Rechte wurden den Juden abgesprochen.

Am 9. November 1938 stürmte die SA in einer planmäßigen Aktion Synagogen der Juden, warf die Kultgegenstände auf die Straße und steckte die Gebäude in Brand. Jüdische Friedhöfe wurden verwüstet, die Fenster jüdischer Geschäfte einge-schlagen, Juden misshandelt und fast 100 Juden getötet. Etwa 150 000 deutsche Juden verließen 1938/39 ihre Heimat.

Die „Reichskristallnacht" war der Auftakt zu Schlimmerem. Nachdem Hitler 1939 einen neuen Weltkrieg entfesselt hatte und große Teile Europas unterworfen waren, begann das Entsetzlichste, was je im deutschen Namen geschehen ist.

Die Juden wurden zusammengetrieben und nach Polen verschleppt um dort „vernichtet" zu werden. Die SS hatte regelrechte „Todesfabriken" eingerichtet, die Größte bei dem polnischen Dorf Auschwitz... Mit kalter, teuflischer Grausamkeit sind hier und in den anderen Konzentrationslagern der Nazis Menschen zu Tode gebracht worden.

❶ 🗎🗎 Lesen Sie den Text über die Verfolgung der Juden. Benutzen Sie dabei ein Wörterbuch. Füllen Sie dann die Lücken in den folgenden Sätzen mit passenden Vokabeln oder Ausdrücken aus. Benutzen Sie Ausdrücke aus dem Text oder Ihre eigenen Worte.

a Sofort nachdem Hitler an die… gekommen
war, wurde mit der Verfolgung der Juden…
b Die Nürnberger Gesetze verboten eine…
zwischen Juden und „Ariern".
c Am 9. November 1938 fand die… statt.
d Danach wurde es immer… für die Juden.
e Nach Beginn des Zweiten Weltkrieges
wurden Juden in Konzentrationslager
gebracht um dort… zu werden.

➋ Schreiben Sie alle Sätze aus dem Text heraus,
die im Passiv stehen.

Beispiel: Alle bürgerlichen und politischen Rechte
wurden den Juden abgesprochen.

➌ Schreiben Sie jetzt die folgenden Sätze um,
indem Sie das Passiv benutzen.

In der
„Reichskristallnacht"
wurden Synagogen
verbrannt, Juden
verletzt oder gar
getötet und ihr
Besitz gestohlen
oder vernichtet

Beispiel: Nach der Machtübernahme begannen die Nazis mit der Judenverfolgung. →
Nach der Machtübernahme wurde (von den Nazis) mit der
Judenverfolgung begonnen.

a Man boykottierte jüdische Geschäfte.
b Im September 1935 verkündete der Reichsparteitag die Nürnberger Gesetze.
c Am 9. November 1938 stürmte die SA die Synagogen.
d Man steckte jüdische Gebäude in Brand.
e Man misshandelte und tötete Juden.

➍ Zum Schreiben. Versuchen Sie sich vorzustellen, wie die Reichskristallnacht
abgelaufen ist, wie schrecklich es gewesen sein muss. Sie sind ein Jude/eine Jüdin.
Schreiben Sie einen Eintrag in Ihr Tagebuch. Beschreiben Sie, was Sie gesehen haben,
was Ihnen passiert ist und wie Sie sich dabei gefühlt haben. Wie sind Sie entkommen?
Benutzen Sie in Ihrem Aufsatz so viele Passivkonstruktionen wie möglich.

▷ Fräulein Lola Buchsbaum

Vera Ferra-Mikura erinnert sich an eine jüdische Familie, die lange Zeit im
selben Haus gewohnt hat.

➊ Hören Sie sich die Geschichte an und bringen Sie die richtigen Satzhälften zusammen.

a Lola lebte mit ihrer Familie…
b Familie Buchsbaum hatte kaum…
c Lola fand, dass…
d Lolas Familie zog aus dem Haus aus,…
e Die Erzählerin traf Lola 1938…
f Die Erzählerin wunderte sich,…
g Lola Buchsbaum hatte nun…

1 … im Stadtzentrum von Wien.
2 … die Farbe Grün dem Mädchen gut stand.
3 … weil Lola „Sie" zu ihr sagte.
4 … Kontakt zu anderen Leuten im Haus.
5 … einen Schweizer Personalausweis.
6 … ein Jahrzehnt lang im Hause der Erzählerin.
7 … bevor deutsche Truppen kamen.

❷ Beantworten Sie die folgenden Fragen. Ganze Sätze sind nicht nötig.

   a Warum lebten die Buchsbaums so zurückgezogen?

   b Was lernen wir über Lola? Wie sieht sie aus, wie verhält sie sich?

   c Warum hätte es für die Erzählerin gefährlich werden können mit Lola zusammen gesehen zu werden?

   d Warum reichten sie sich zum Abschied nicht die Hände?

❸ **Partnerarbeit.** Partner A ist Lola und Partner B die Erzählerin der Geschichte. Machen Sie aus dem Treffen in der Wiener Innenstadt ein Rollenspiel. Fragen Sie sich zum Beispiel gegenseitig, wie es Ihnen geht und sprechen Sie ein bisschen miteinander. Was könnten die beiden Menschen wohl zueinander gesagt haben? Benutzen Sie Ihr Wissen und Ihre Fantasie.

Falls Sie die Möglichkeit dazu haben, machen Sie eine Videoaufnahme Ihres Rollenspiels und zeigen Sie es der ganzen Klasse.

❹ **Zum Schreiben.** Stellen Sie sich vor, Sie sind die Erzählerin dieser Geschichte. Schreiben Sie einen Brief, in dem Sie alles aufschreiben, was Sie über Lola wissen und von dem Treffen mit ihr in der Wiener Innenstadt erzählen. Benutzen Sie Informationen aus dem Hörtext und viel Fantasie. Schreiben Sie mindestens 150 Wörter.

PRÜFUNGSTIPP

Vorbereitung auf die mündliche Prüfung   Seite 139 ⟩

Auf einen Teil Ihrer mündlichen A2 Prüfung können Sie sich vorbereiten. Sie müssen in der Prüfung gute Sachkenntnisse und Ihre persönliche Meinung über das gewählte Gebiet vorweisen können. Ein wichtiger Teil Ihrer mündlichen Note wird von diesem Wissen und Ihrer Fähigkeit darüber zu diskutieren abhängen!

Die folgenden Punkte sollen Ihnen bei der Vorbereitung auf diesen Teil der Prüfung behilflich sein, aber sie sind etwas durcheinander geraten. Bringen Sie sie in eine sinnvolle Reihenfolge!

• Füllen Sie die Lücken in Ihrem Plan/Assoziogramm mit den neuen Informationen.

• Wenn Sie ein Thema wählen dürfen, entscheiden Sie sich für etwas, das Sie persönlich sehr interessiert.

• Besorgen Sie sich den Teil der Prüfungsordnung von Ihrem Lehrer, der Ihre mündliche Prüfung im Detail beschreibt.

• Machen Sie zwei Listen während Sie lesen: eine mit Informationen und eine mit nützlichen Vokabeln und idiomatischen Ausdrücken zu Ihrem Thema.

• Lesen Sie Ihren Aufsatz und unterstreichen Sie die Fakten, die Sie auswendig lernen müssen.

• Suchen Sie Informationen in deutscher Sprache zu Ihrem Thema.

• Wenn Ihr Thema feststeht, erstellen Sie zuerst einen Plan – vielleicht in Form eines Assoziogrammes.

• Lesen Sie den ausführlichen Prüfungstipp im Buch auf Seite 139 gut durch.

• Lesen Sie Ihren Aufsatz wieder und erstellen Sie ein neues Assoziogramm, welches die Essenz Ihres Themas erfasst. Benutzen Sie diese Notizen um Ihre mündliche Prüfung zu üben – entweder alleine vor dem Spiegel oder mit einem Partner.

• Gehen Sie in die Bibliothek oder benutzen Sie das Internet.

• Schreiben Sie nun einen gut strukturierten Aufsatz zu Ihrem Thema um Ihre Gedanken zu ordnen und auszuformulieren.

Widerstand und das Ende des Terrors

Nicht nur die Juden standen auf der Abschussliste der Nazis. Wer nicht ins Weltbild passte oder Widerstand übte, wurde umgebracht.

▷ Deutsche gegen die Gewalt der Nazidiktatur

Die Quellenlage zur Darstellung des Widerstandes ist problematisch, weil das Hinterlassen von schriftlichem Material im Falle einer Entdeckung durch die Gestapo mit Lebensgefahr verbunden war. Fest steht aber: zwischen 1933 und 1945 gab es überall in Deutschland Menschen, die im Kampf um die Freiheit ihr Leben riskierten.

1 ◆◆ Lesen Sie die Fragen und hören Sie sich die Kassette an. Welche Antworten stimmen?

1 Wann fand der Widerstand der Menschen statt?
 a 1932–1944
 b 1933–1945
 c 1939–1945
2 Wie viele Inhaftierte gab es 1938 im Konzentrationslager Sachsenhausen?
 a 1200
 b 12 000
 c rund 20 000
3 Wer terrorisierte die Bevölkerung?
 a SS und Gestapo
 b die Mitläufer
 c die Kommunisten

4 Welche der folgenden Gruppen leistete keinen Widerstand?
 a Gewerkschaften
 b Militär
 c Hitler-Jugend
5 Wie viele Attentate wurden auf Hitler ausgeübt?
 a Anzahl unbekannt
 b 140
 c 24

---

inhaftiert (*verb:* inhaftieren) arrested
der Mitläufer (-) person who joins in, in order not to be different
eingeschüchtert (*sep. verb:* einschüchtern) intimidated

sich wagen to dare
die Gewerkschaft (-en) trade union
gescheitert (*verb:* scheitern) failed
das Attentat (-e) assassination attempt

▷ Die Weiße Rose

Eine Gruppe Studenten und <u>Universitätslehrer</u> in München versuchte die Menschen in Deutschland zu aktivem Widerstand zu bewegen. <u>Die Weiße Rose</u> stellte heimlich Flugblätter her und verteilte sie bei <u>Nacht</u>. Als die Geschwister Scholl mit anderen <u>Mitgliedern</u> der Gruppe am 18. Februar 1943 Flugblätter in den Lichthof der Universität warfen, wurden sie gesehen, verraten und am 22. Februar 1943 zum Tode verurteilt. Das Urteil wurde am gleichen Tag vollstreckt. Den meisten Mitgliedern der Weißen Rose erging es genauso wie Hans und Sophie Scholl.

Hier ein Ausschnitt aus dem letzten Flugblatt der Geschwister Scholl:

„Freiheit und Ehre! Zehn Jahre haben Hitler und seine Genossen die beiden herrlichen Worte bis zum Ekel ausgequetscht. Was ihnen Ehre und Freiheit gilt, haben sie in zehn Jahren Zerstörung aller materiellen und geistigen Freiheit genugsam gezeigt. Der deutsche Name bleibt für immer geschändet, wenn nicht die deutsche Jugend endlich aufsteht, rächt und sühnt zugleich, ihre Peiniger zerschmettert und ein neues Europa aufrichtet.

Studentinnen und Studenten! Auf uns sieht das deutsche Volk!

Von uns erwartet es, wie 1813 die Brechung des napoleonischen, so 1943 die Brechung des national-sozialistischen Terrors aus der Macht des Geistes."

Inge Scholl,
Die Weiße Rose

Sophie Scholl,
22 Jahre

Hans Scholl,
24 Jahre

❶ Erklären Sie in Relativsätzen, was die unterstrichenen Wörter im Text über die Weiße Rose und dem Flugblatt bedeuten.

Beispiel: Studenten = **Leute, die** an einer Universität studieren.

a Universitätslehrer
b Die Weiße Rose
c Nacht

d Mitglieder
e Peiniger

❷ Zum Schreiben. Schreiben Sie eine kurze Zusammenfassung der beiden Texte auf Englisch. Versuchen Sie nicht mehr als 100 Wörter zu schreiben.

❸ Partnerarbeit. Besprechen Sie mit Ihrem Partner/Ihrer Partnerin die Frage, ob Sie wohl im Dritten Reich zu einer Widerstandsgruppe gehört hätten. Wenn nein, warum nicht? Wenn ja, was hätten Sie gemacht um Widerstand zu leisten?

▶ Niemand hat mich vor den Nazis gewarnt

Kurt Rossa, ehemaliger Kölner Oberstadtdirektor (1977–1989), wurde 1930 in Gelsenkirchen-Buer geboren. Als der Zweite Weltkrieg am 8. Mai 1945 zu Ende ging, war er 15 Jahre alt. Wenn seine Mutter ihn nicht versteckt hätte, wäre er vielleicht noch als Soldat in den letzten Tagen des Krieges gefallen…

❶ Lesen Sie den Text auf Arbeitsblatt 6.4 und machen Sie dann die Aufgaben.

A6.4

▷ Als der Krieg zu Ende ging

Albert Esser und Renate Linck haben das Ende des Krieges als Kinder erlebt.

❶ 👄 Hören Sie sich Alberts Geschichte (Teil 1) an und bearbeiten Sie die Aufgaben auf Arbeitsblatt 6.5.

❷ 👄 Hören Sie sich nun Renates Erlebnisse (Teil 2) an und beantworten Sie die Fragen auf Arbeitsblatt 6.5.

Renate in Berlin 1943

Albert zu seiner Erstkommunion, 1943

A6.5

Kulturmagazin 6

Wolfgang Borchert wurde am 20. Mai 1921 in Hamburg geboren und starb am 20. November 1947. Während des Krieges war er Soldat und wurde 1941 schwer verwundet. Wegen Äußerungen gegen den Staat musste er ins Gefängnis und wurde zum Tode verurteilt. Anstatt das Urteil zu vollstrecken, schickte man ihn auf Bewährung an die Ostfront. Borchert war der Dichter der jungen, betrogenen Kriegsgeneration. Sein Werk ist voller Anklage und Schwermut.

„Die Küchenuhr"

Sie sahen ihn schon von weitem auf sich zukommen, denn er fiel auf. Er hatte ein ganz altes Gesicht, aber wie er ging, daran sah man, dass er erst zwanzig war. Er setzte sich mit seinem alten Gesicht zu ihnen auf die Bank. Und dann zeigte er ihnen was er in der Hand trug.

Das war unsere Küchenuhr, sagte er und sah sie alle der Reihe nach an, die auf der Bank in der Sonne saßen. Ja, ich habe sie noch gefunden. Sie ist übrig geblieben.

Er hielt eine runde tellerweiße Küchenuhr vor sich hin und tupfte mit dem Finder die blaugemalten Zahlen ab.

Sie hat weiter keinen Wert, meinte er entschuldigend, das weiß ich auch. Und sie ist auch nicht so besonders schön. Sie ist nur wie ein Teller, so mit weißem Lack. Aber die blauen Zahlen sehen doch ganz hübsch aus, finde ich. Die Zeiger sind natürlich nur aus Blech. Und nun gehen sie auch nicht mehr.

Nein. Innerlich ist sie kaputt, das steht fest. Aber sie sieht noch aus wie immer. Auch wenn sie jetzt nicht mehr geht.

Er machte mit der Fingerspitze einen vorsichtigen Kreis auf dem Rand der Telleruhr entlang. Und er sagte leise: Und sie ist übrig geblieben.

Die auf der Bank in der Sonne saßen, sahen ihn nicht an. Einer sah auf seine Schuhe, und die Frau sah in ihren Kinderwagen. Dann sagte jemand:

Sie haben wohl alles verloren?

Ja, ja, sagte er freudig, denken Sie, aber auch alles! Nur sie hier, sie ist übrig. Und er hob die Uhr wieder hoch, als ob die anderen sie noch nicht kannten.

Aber sie geht doch nicht mehr, sagte die Frau.

Nein, nein, das nicht. Kaputt ist sie, das weiß ich wohl. Aber sonst ist sie doch noch ganz wie immer: weiß und blau. Und wieder zeigte er ihnen seine Uhr. Und was das Schönste ist, fuhr er aufgeregt fort, das habe ich Ihnen ja noch überhaupt nicht erzählt. Das Schönste kommt nämlich noch: Denken Sie mal, sie ist um halb drei stehengeblieben. Ausgerechnet um halb drei, denken Sie mal.

Dann wurde Ihr Haus sicher um halb drei getroffen, sagte der Mann und schob wichtig die Unterlippe vor. Das habe ich schon oft gehört. Wenn die Bombe runtergeht, bleiben die Uhren stehen. Das kommt von dem Druck.

Er sah seine Uhr an und schüttelte den Kopf. Nein, lieber Herr, nein, da irren Sie sich. Das hat mit den Bomben nichts zu tun. Sie müssen nicht immer von den Bomben reden. Nein. Um halb drei war ganz etwas anderes, das wissen Sie nur nicht. Das ist nämlich der Witz, daß sie gerade um halb drei stehengeblieben ist. Und nicht um Viertel nach vier oder um sieben. Um halb drei kam ich nämlich immer nach Hause, nachts, meine ich. Fast immer um halb drei. Das ist gerade der Witz.

Er sah die anderen an, aber die hatten ihre Augen von ihm weggenommen. Er fand sie nicht. Da nickte er seiner Uhr zu: Dann hatte ich natürlich Hunger, nicht wahr? Und ich ging immer gleich in die Küche. Da war es dann fast immer halb drei. Und dann, dann kam nämlich meine Mutter. Ich konnte noch so leise die Tür aufmachen, sie hat mich immer gehört. Und wenn ich in der dunklen Küche etwas zu essen suchte, ging plötzlich das Licht an. Dann stand sie da in ihrer Wolljacke und mit einem roten Schal um. Und barfuß. Immer barfuß. Und dabei war unsere Küche gekachelt. Und sie machte ihre Augen ganz klein, weil ihr das Licht so hell war. Denn sie hatte ja schon geschlafen. Es war ja Nacht.

So spät wieder, sagte sie dann. Mehr sagte sie nie. Nur: So spät wieder. Und dann machte sie mir das Abendbrot warm und sah zu, wie ich aß. Dabei scheuerte sie immer die Füße aneinander, weil die Kacheln so kalt waren. Schuhe zog sie nachts nie an. Und sie saß so lange bei mir, bis ich satt war. Und dann hörte ich sie noch die Teller wegsetzen, wenn ich in meinem Zimmer schon das Licht ausgemacht hatte. Jede Nacht war es so. Und meistens immer um halb drei. Das war ganz selbstverständlich, fand ich, daß sie mir nachts um halb drei in der Küche das Essen machte. Ich fand das ganz selbstverständlich. Sie tat das ja immer. Und sie hat nie mehr gesagt als: So spät wieder. Aber das sagte sie jedes Mal. Und ich dachte, das könnte nie aufhören. Es war mir so selbstverständlich. Das alles. Es war doch immer so gewesen.

Einige Atemzüge lang war es ganz still auf der Bank. Dann sagte er leise: Und jetzt? Er sah die anderen an. Aber er fand sie nicht. Da sagte er der Uhr leise ins weiß-blaue runde Gesicht: Jetzt, jetzt weiß ich, daß es das Paradies war. Das richtige Paradies.

Auf der Bank war es ganz still. Dann fragte die Frau: Und Ihre Familie?

Er lächelte sie verlegen an: Ach, Sie meinen meine Eltern? Ja, die sind auch mit weg. Alles ist weg. Alles, stellen Sie sich vor. Alles weg.

Er lächelte verlegen von einem zum anderen. Aber sie sahen ihn nicht an.

Da hob er wieder die Uhr hoch, und er lachte. Er lachte: Nur sie hier. Sie ist übrig. Und das Schönste ist ja, daß sie ausgerechnet um halb drei stehengeblieben ist. Ausgerechnet um halb drei.

Dann sagte er nichts mehr. Aber er hatte ein ganz altes Gesicht. Und der Mann, der neben ihm saß, sah auf seine Schuhe. Aber er sah seine Schuhe nicht. Er dachte immerzu an das Wort Paradies.

von Wolfgang Borchert, *Das Gesamtwerk*, Rowohlt-Verlag

7 Ausländer

Inhalt

Kommunikationsziele

- Vergleiche ziehen
- Fragen stellen
- jemanden überzeugen
- ein Interview machen/geben
- einen argumentativen Aufsatz schreiben

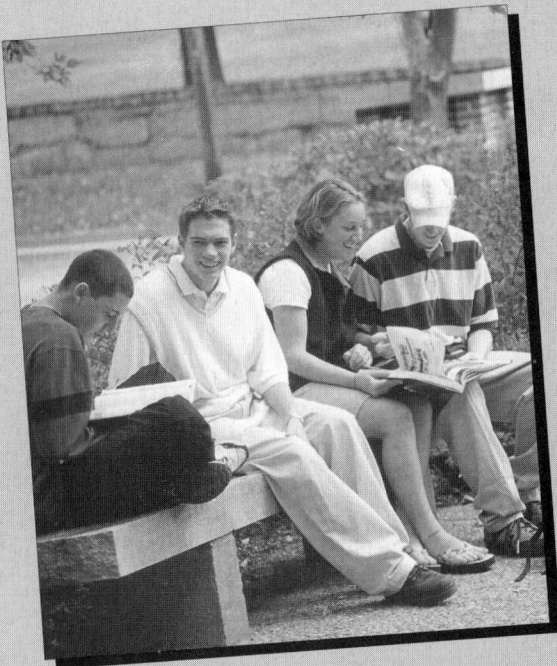

„Anfang 1994 lebten 6,88 Millionen Ausländer, das sind ca. 8,8% der Bevölkerung, in der Bundesrepublik. Im Jahr 2010 werden etwa 8 Millionen Ausländer in Deutschland leben. Fast zwei Drittel der Ausländer, die heute bereits in der Bundesrepublik angesiedelt sind, leben seit zehn Jahren oder länger dort und mehr als zwei Drittel der ausländischen Kinder und Jugendlichen sind in der Bundesrepublik geboren. Ab wann wird man eigentlich vom Ausländer zum Inländer?"

Warum sind Aussiedler keine Ausländer?

Oft wird die Frage gestellt, warum Aussiedler Deutsche sein sollen. Schließlich sind sie in vielen Fällen noch nicht einmal der deutschen Sprache mächtig.

▷ Bei Christian nachgefragt

Christian ist als Aussiedler in das Land seiner Vorfahren zurückgekehrt. Ist er nun Deutscher oder ist er Ausländer? Was meinen Sie?

❶ ◆◆ Hören Sie sich das Interview mit Christian an. Beantworten Sie die folgenden Fragen auf Englisch.

a *Did Christian and his family find it difficult to leave Banath in Romania? Why?*

b *Which language did Christian's family speak in Romania and why?*

c *Why did they leave Romania?*

d *The school system in Romania is different from the German system. Make a list of differences.*

❷ Partnerarbeit. Besprechen Sie mit einem Partner/einer Partnerin auf Deutsch, aus welchen Gründen Menschen in ein anderes Land ziehen. Hier sind schon ein paar Beispiele. Vervollständigen Sie diese Liste.

- Weil ihnen das Leben und die Kultur dort besser gefallen.
- Weil das Wetter besser ist.
- Weil sie in ihrer Heimat politisch verfolgt werden.
- Weil…

❸ Gruppenarbeit. Machen Sie eine Liste von Fragen, die Sie Christian stellen würden, wenn Sie die Möglichkeit dazu hätten.

Beispiele: Warum gab es denn eine deutsche Schule in Banath?
Warum ist sie geschlossen worden?

▷ Wir halten zusammen

»Lasst mich sofort los. Ich habe euch doch nichts getan. … ihr sollt mich loslassen!« Das ist doch Hugos Stimme, schießt es Christian durch den Kopf. Schnell springt er vom Bett auf und schmeißt das Buch in die Ecke. Er schlüpft in seine Schuhe, öffnet die Zimmertür zum Gang und rennt los.

Schon wieder die drei Russen. Warum müssen die sich immer an Hugo vergreifen. Er ist doch viel kleiner und schwächer als sie. Christian läuft so schnell er kann nach draußen. Als er auf dem Hof ankommt, schreit er aus voller Kehle: »Lasst sofort meinen Bruder in Ruhe. Sonst…« Christian fuchtelt energisch mit seinen Fäusten um sich. Er weiß, dass die drei Russen kein Deutsch verstehen. »Alles in Ordnung?« fragt Christian seinen kleinen Bruder. Hugo stehen die <u>Tränen</u> in den Augen. »Danke, dass du mir geholfen hast.« »Das ist doch selbstverständlich. Wir sind doch Brüder und müssen <u>zusammenhalten</u>.« »Aber in Rumänien hast du nie so auf mich aufgepasst«, <u>entgegnet</u> Hugo.

Christian überlegt. Er weiß, dass Hugo Recht hat. Aber in Rumänien war das auch anders. Da hatte jeder seine Freunde. Hier im <u>Auffanglager</u> in Empfingen muss man zusammenhalten. Jede Familie lebt hier für sich. Selbst unter den Kindern bilden sich keine Freundschaften. »Wir sind hier die einzigen Rumänen. Die anderen Aussiedler kommen alle aus Russland«, sagt Christian. »Ich weiß. Die reden alle auch nur wenig Deutsch«, erwidert Hugo und fügt hinzu: »Eigentlich schade. Vielleicht könnten wir sonst alle Freunde sein.« »Warum eigentlich nicht? Freundschaften sind doch nicht von Sprachen <u>abhängig</u>. Wir gehen einfach zu den Russen!« Hugo ist begeistert. »Deine Idee ist genial,

Christian. Aber meinst du, die akzeptieren uns?« »Komm, lass es uns versuchen.« »Ich habe Angst. <u>Schließlich</u> haben die mich heute Morgen…« Christian unterbricht Hugo: »Man muss auch vergessen können. Du wirst sehen, die Russen und wir werden Freunde.« »Aber entschuldigen müssen die sich schon«, fügt Hugo energisch hinzu.

Christian und Hugo klopfen an der Wohnungstür der russischen Aussiedlerfamilie. Die Mutter öffnet die Tür. In gebrochenem Deutsch bittet sie Christian und Hugo herein. »Ihr wollt zu Alexander, Sergej und Nikolai?« fragt sie. Christian und Hugo <u>nicken</u> gleichzeitig mit dem Kopf. »Sie sind im Wohnzimmer und spielen Karten.« Als Christian und Hugo das Wohnzimmer betreten, gucken die drei Jungen ganz erstaunt. »Hi, wir sind Christian und Hugo. Wollen wir Freunde werden?« Einer der drei Jungen steht auf. »Ich bin Sergej. Entschuldigung wegen heute Morgen, Hugo. Es tut uns Leid. Lasst uns Freunde sein.«

Sächsisches Ministerium für Kultus

---

❶ ▤ Ordnen Sie jedem englischen Wort in der folgenden Liste eines der <u>unterstrichenen</u> Wörter aus dem Text zu.

Beispiel: *let go* = loslassen

a *throws*	**d** *replies*	**g** *to wave about*	**j** *after all*
b *tears*	**e** *corridor*	**h** *nod*	**k** *dependent*
c *stick together*	**f** *as loud as possible*	**i** *reception camp*	

❷ Erinnern Sie sich daran, was Modalpartikeln sind? Wenn nicht, sehen Sie sich Seite 159 noch einmal gut an. Können Sie Modalpartikeln im Text finden?

❸ Entscheiden Sie, welche Aussagen den Text betreffend richtig sind, welche falsch und welche überhaupt nicht erwähnt werden.

a Christian und Hugo sind Brüder.
b Christian wird von drei Russen geärgert.
c Skinheads greifen das Auffanglager an.
d Im Auffanglager sind alle gute Freunde.
e Christians Familienmitglieder sind die einzigen Rumänen im Lager.
f Christian und Hugo rächen sich an den Russen.
g Als Christian und Hugo an die Tür klopfen, öffnet ein Mann.
h Die russischen Jungen sehen fern.
i Im Auffanglager gibt es eine Fußballmannschaft.
j Sergej tut es Leid, dass er Hugo geärgert hat.

▷ Rumänische Deutsche

Hier einige Antworten auf Fragen, die Christian in seiner neuen Heimat oft gestellt werden.

Wo lebte Christian in Rumänien?

In Hermannstadt in Siebenbürgen. Dieses Gebiet heißt im Rumänischen »Transilvania«. Dort lebten und leben noch viele Deutsche.

Wann und warum sind Christians Vorfahren aus Deutschland nach Rumänien gezogen?

Vermutlich vor mehr als 800 Jahren. Damals gehörte dieses Gebiet zu Ungarn. Der ungarische König wollte dieses Gebiet besiedeln und bot den deutschen Siedlern die Möglichkeit, sich in Siebenbürgen niederzulassen. Viele Deutsche kamen aus den Gebieten an Rhein und Mosel. Einige kamen aus Sachsen. Sie verließen ihre Heimat, weil es da nicht mehr genug Ackerboden gab, um alle dort wohnenden Menschen zu ernähren.

Christian weiß nicht, woher seine Vorfahren stammen, aber er spricht Deutsch, seine Familie auch. Alle sind in eine deutsche Schule gegangen. Wie konnten die Deutschen ihre Sprache, ihre Tradition und ihre Kultur über eine so lange Zeit bewahren?

Bis ins 19. Jahrhundert behielten die Siebenbürger eine gewisse politische Unabhängigkeit. Sie konnten ihre Sprache, ihre Religion und ihre Traditionen bewahren. Als die österreich-ungarische Doppelmonarchie gegründet wurde, verloren sie ihren autonomen Status. Nach dem Ersten Weltkrieg brach diese Monarchie zusammen und Siebenbürgen wurde Rumänien zuerkannt. Aber die Schulen und Kirchen blieben erhalten. Die Deutschen behielten ihre Kultur.

Warum haben viele Deutsche Rumänien verlassen und sind nach Deutschland zurück-gekehrt?

Nach dem Zweiten Weltkrieg hatten die Deutschen große Schwierigkeiten. Die Bauern verloren ihren Hof und mussten in die Stadt ziehen. Viele wurden mit Gewalt vertrieben oder mussten fliehen. Andere fühlten sich als Deutsche diskriminiert. Zwischen 1952 und Ende 1990 haben 272 000 Deutsche Rumänien verlassen.

Sächsisches Ministerium
für Kultus

---

❶ ⊞ Was gehört hier zusammen?

a Siebenbürgen heißt auf…
b Die Vorfahren von Christian sind…
c Damals gehörte Siebenbürgen…
d Die Deutschen verließen vor vielen hundert Jahren ihre Heimat,…
e Die Deutschen Aussiedler in Siebenbürgen…
f Im 19. Jahrhundert…
g Nach dem Ersten Weltkrieg…
h Nach dem Zweiten Weltkrieg…

1 konnten auf Grund politischer Unabhängigkeit ihre Kultur bewahren.
2 wurde Siebenbürgen rumänisch.
3 wahrscheinlich vor über 800 Jahren aus deutschem Gebiet weggezogen.
4 zu Ungarn.
5 Rumänisch „Transilvania".
6 weil es nicht mehr genug zu Essen gab.
7 verlor Siebenbürgen seine Unabhängigkeit.
8 fühlten sich viele deutsche Aussiedlerfamilien diskriminiert.

❷ **Gruppenarbeit.** Nehmen Sie Ihre Liste mit Fragen heraus, die Sie für Aufgabe 3 auf Seite 106 zusammen aufgeschrieben haben. Gibt es Fragen auf Ihrer Liste, die in diesem Text beantwortet werden? Unterstreichen Sie diese Fragen auf Ihrer Liste und schreiben Sie die Antworten dazu aus dem Text heraus.

▷ Aussiedler sind keine Ausländer

Viele Bundesbürger sehen in Aussiedlern neben Gastarbeitern, Asylbewerbern und Asylanten nur eine weitere Gruppe von Ausländern, die Deutschland überschwemmen.

❶ ◆◆ Hören Sie sich das Interview über Aussiedler an und finden Sie die Synonyme im Hörtext.

Beispiel: Deutsch sprechen können = der deutschen Sprache mächtig sein

a mit Geld aushelfen   c aus diesem Grund
b akzeptiert werden   d leiden müssen

❷ Hören Sie sich die Kassette noch zweimal an. Notieren Sie dabei Stichworte, die Ihnen helfen sollen eine kurze Zusammenfassung (etwa 50–90 Wörter) von diesem Bericht zu schreiben. Ihre Zusammenfassung sollte die folgenden Fragen beantworten.

• Aus welchen Gründen sind Aussiedler bei vielen Deutschen unbeliebt?
• Was muss man tun um als Aussiedler in Deutschland anerkannt zu werden?
• Inwiefern sind Aussiedler anders als andere Bundesbürger?

❸ Zum Schreiben. Formulieren Sie einen kurzen Brief an das Radio, in dem Sie Ihre Meinung ausdrücken. Schreiben Sie nicht mehr als 50 Wörter.

❹ ▤▤ Lesen Sie den Text „Nur Sommerloch-Schlägerei" auf Arbeitsblatt 7.1 und machen Sie die Aufgaben. Es gibt mehrere grammatikalische Aufgaben. Nehmen Sie ein Grammatikbuch zur Hilfe, falls Sie sich nicht mehr so richtig an die Regeln erinnern können. Aber vielleicht erst einmal einfach probieren um zu sehen, was Sie noch wissen!

> A7.1

Aussiedler – Neue Heimat

Das brandenburgische Niedergörsdorf ist zum Pilgerort für neugierige Politiker geworden: Dort bestaunen sie, wie problemlos Russlanddeutsche und Einheimische miteinander auskommen.

Aus diesen Ländern kommen die Aussiedler

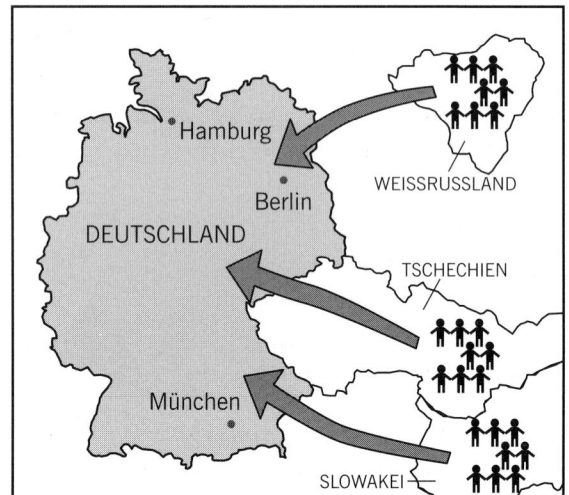

Manchmal fragt sich der junge Russlanddeutsche Alexander Schneider, was das für ein merkwürdiges deutsches Dorf ist, in dem er lebt. Eigentlich ist ja alles normal: Die Einwohner leben ganz friedlich zusammen, manche reden miteinander, manche nicht, manche kochen Soljanka, andere Schnitzel, und wenn ein Deutscher ihn als »Russensau« beschimpft, nennt Alexander ihn eben einen »Nazi«. Das ist schon okay so unter Jugendlichen.

Wenn Politiker beweisen wollen, dass Ostdeutsche nicht so fremdenfeindlich sind, wie die Statistiken der Verfassungsschützer das immer behaupten, dann fahren sie nach Niedergörsdorf/Ortsteil Flugplatz. Denn hier in der brandenburgischen Provinz, 80 Kilometer südlich von Berlin, passiert anscheinend etwas ganz Außergewöhnliches: Rund 600 Aussiedler und 400 Einheimische wohnen Tür an Tür – und schlagen sich nicht die Köpfe ein. Sie brüllen auch keine Nazi-Parolen und schänden keine Gräber. Und im Dorfklub gibt es nicht mal Skinheads. Ausnahmezustand Ost.

Klar, es ist nicht immer märchenhaft hier, findet Alexander. Die einen lästern schon mal über die »dicken Unterröcke der Russinnen« und die anderen über die »kalte Seele der Deutschen«. In der Schule und selbst im Kindergarten bilden sich kleine monolithische Blöcke, die untereinander wenig Kontakt haben. Und unter Erwachsenen hört man immer häufiger: Die nehmen unsere Arbeit weg. Doch Amtsvorsteher Rauhut beruhigt: »Es wird eine Generation dauern, bis sich alle aneinander gewöhnt haben. Das ist nun mal so auf dem Land.«

Stern

❶ 🖹🖹 Suchen Sie im Text die deutschen Entsprechungen der angegebenen englischen Vokabeln.

a *place of pilgrimage*
b *to marvel at something*
c *locals*
d *strange*
e *inhabitant*
f *xenophobic*
g *defender of the constitution*

h *something totally out of the ordinary*
i *to shout*
j *to violate/dishonour*
k *exceptional situation*
l *fabulous/fantastic*
m *to make malicious remarks*
n *head of department*

❷ Wie würden Sie den folgenden idiomatischen Ausdruck ins Englische übersetzen?

- sich (nicht) die Köpfe einschlagen

❸ Beantworten Sie die folgenden Fragen. Versuchen Sie in ganzen Sätzen zu antworten, die grammatikalisch richtig sind.

a Warum ist Niedergörsdorf in Brandenburg so interessant für Politiker?
b Wie reagiert Alexander, wenn ihn jemand eine „Russensau" nennt?
c Wo liegt Niedergörsdorf?
d Was ist so außergewöhnlich an der Situation in Niedergörsdorf?
e Welche kleinen Probleme gibt es trotz allem in der Ortschaft?

❹ **Partnerarbeit.** Einer von Ihnen ist Alexander Schneider, der/die andere ist Journalist/in. Machen Sie ein Rollenspiel, in dem Alexander ein Interview über sein neues Heimatdorf gibt. Bereiten Sie Ihre Rollen gut vor. Der/Die Journalist/in muss Fragen aufschreiben und dann stellen. Alexander muss diese Fragen beantworten können. Benutzen Sie die im Text gegebenen Informationen und Ihre Fantasie. Wenn Sie die Möglichkeit haben, sollten Sie das Interview auf Tonband aufnehmen.

❺ **Zum Schreiben.** Verfassen Sie einen kurzen Aufsatz über Aussiedler. Wählen Sie eines der vorgeschlagenen Themen und schreiben Sie ca. 150–200 Wörter.

a „Aussiedler sind keine richtigen Deutschen!" Ist das auch Ihre Meinung?
b Welchen Problemen stehen Aussiedler gegenüber, wenn sie in die Bundesrepublik kommen?
c Warum hat die Bundesrepublik Deutschland eine Pflicht gegenüber Aussiedlern?

Erinnern Sie sich daran, wie man Aufsätze strukturiert:

- Einleitung – Wovon handelt dieser Aufsatz? Warum schreibe ich ihn?
- Hauptteil mit einem Absatz pro Argument oder Aussage
- Schluss – Zusammenfassung und eigene Meinung zum Thema

Gastarbeiter in der dritten Generation

Mitte der fünfziger Jahre benötigte die Bundesrepublik Arbeitskräfte für die expandierende Wirtschaft. 1973 waren etwas mehr als zwei Millionen Ausländer aus Südeuropa in der BRD beschäftigt. Am 23. November 1973 beschloss die Bundesregierung den „Anwerbestopp". Es durften keine neuen Arbeiter in die Bundesrepublik vermittelt werden. Viele Arbeiter, die bereits in Deutschland waren, blieben da und heute sprechen wir bereits von „Gastarbeitern in der dritten Generation".

❶ **Gruppenarbeit.** Was sind Ihrer Meinung nach Gastarbeiter? Und was sind „Gastarbeiter in der dritten Generation"? Gibt es auch Gastarbeiter in Ihrem Land? Machen Sie ein Brainstorming und notieren Sie Ihre Ideen in einem Assoziogramm auf einen großen Blatt Papier. Wenn Sie fertig sind, sollten Sie Ihre Ideen der ganzen Klasse präsentieren.

── Wohin gehöre ich? ──

Ich bin in der BRD geboren. Meine Eltern arbeiten in der BRD.
Manch einer sagt: „Du bist Deutsche."
Andere sagen: „Du bist eine deutsche Türkin."
Aber was bin ich wirklich?
In meiner Schule sind alle Kinder Deutsche. Hans, Helga…
Neben ihnen fühle ich mich bedrückt. Sie lassen mich nicht an ihren
    Spielen teilnehmen.
Deutsch ist meine erste Sprache.
In der Schule lerne ich mit deutschen Kindern.
Wir sind im gleichen Alter.
Meine Eltern arbeiten in ihren Fabriken und sind abgespannt.
Mein Vater sagt: „In unserem Urlaub fahren wir in die Türkei.
    Die Türkei ist unsere Heimat."
In meinem Traum habe ich Ayse, Emine und Ali umarmt, aber
    sie haben mich nur aus der Ferne angeschaut. Durch ihre
    Blicke fühle ich mich minderwertig, denn sie schauen verächtlich.
Unsere Sprache ist uns fremd geworden, wie auch unsere Spiele und
    unser Handeln.
Meine türkischen Freunde riefen mich Deutsche!
Ich habe ihnen nicht die Hälfte meines Kuchens gegeben, das hat Ayse sehr
    verärgert.
„Bei uns ist es Tradition, unser Essen untereinander zu teilen. Du bist
    selbstsüchtig wie sie geworden", hat sie gesagt.
„Du sprichst nicht unsere Sprache." – „Du bist keine von uns."
Gewiss, aber wohin gehöre ich?
Ihr Vögel auf den Bäumen, ihr wisst nicht, wie es ist, überall ein Fremdling zu sein.

Türkan Gedik

❶ 🔲🔲 Lesen Sie das Gedicht von Türkan Gedik. Welche der folgenden Aussagen stimmen Ihrer Meinung nach? Welche stimmen nicht? Warum? Begründen Sie alle Antworten mit Zitaten aus dem Gedicht.

a Türkan ist keine Deutsche.　　　　c Die Türkei ist ihre Heimat.
b Türkan hat keine Probleme in der Schule.　　d Türkan ist deprimiert.

❷ **Partnerarbeit.** Besprechen Sie Ihre Antworten. Haben Sie beide die gleichen Antworten gegeben und dieselben Zitate benutzt? Versuchen Sie Ihren Partner/Ihre Partnerin davon zu überzeugen, dass Ihre Interpretation die Richtige ist. Oder vielleicht kann Ihr Partner/Ihre Partnerin Sie überzeugen und Sie stimmen schließlich mit ihm/ihr überein?

▷ Hanimgül über das Leben einer jungen Türkin in Deutschland

❶ 👀 Lesen Sie die Punkte unten gut durch. Hören Sie sich dann Teil 1 des Interviews mit Hanimgül an und entscheiden Sie, welche Punkte angesprochen werden und welche nicht.

- Personalien und Familie
- Studium
- Alltag des Unilebens
- Job im Supermarkt
- Freizeit und Freunde
- Probleme in der Schule

❷ Hören Sie sich Teil 1 so oft an, bis Sie die folgenden Fragen beantwortet haben. Ganze Sätze sind nicht nötig.

a Wie alt ist Hanimgül?
b Was studiert sie?
c Wo wohnt sie jetzt?
d Wo arbeitet sie für sechs Stunden pro Woche?
e Sind ihre Geschwister älter oder jünger als sie?
f Mit wem spricht Hanimgül Türkisch zu Hause und mit wem Deutsch?
g Welche Probleme hatte sie in der Schule?

❸ Lesen Sie die Punkte unten gut durch. Hören Sie sich dann Teil 2 des Interviews an und entscheiden Sie, welche Punkte angesprochen werden und welche nicht.

- Berufswunsch
- Krankheit des Vaters
- Probleme der Ausländer
- Besuche in der Türkei
- Besuch bei den Großeltern
- Praktikum im Frauenhaus
- Ausländerfeindlichkeit
- Erfahrungen mit Skinheads
- Konsequenzen einer Heirat mit einem Deutschen

❹ Hören Sie sich Teil 2 so oft an, bis Sie die folgenden Fragen beantwortet haben. Ganze Sätze sind nicht nötig.

a Warum möchte sie später im Krankenhaus mit krebskranken türkischen Frauen arbeiten?
b Welche Probleme haben Ausländer laut Hanimgül?
c Warum ist die Identitätsfindung so schwer für Ausländer in Deutschland?
d Wo hat sie in der Türkei ein Praktikum gemacht?
e Was könnte passieren, wenn Hanimgül einen deutschen Mann heiratet?

❺ **Partnerarbeit.** Ist Hanimgül glücklich in Deutschland? Begründen Sie Ihre Antwort mit Beispielen aus dem Interview. Stimmen Sie mit Ihrem Partner/Ihrer Partnerin überein?

Doppelpass – Der Streit um die Staatsbürgerschaft von Ausländern

In Deutschland, Schweden, Österreich, Spanien und Luxemburg müssen Ausländer, die eingebürgert werden wollen, den Pass ihres bisherigen Heimatlandes abgeben. In Finnland dürfen nur mit Finnen verheiratete Ausländer eine doppelte Staatsangehörigkeit haben.

Das ist für viele Ausländer problematisch, vor allem für Türken, die in ihrer Heimat kein Erbe antreten können, wenn sie ihre türkische Staatsbürgerschaft aufgegeben haben.

Ausländer leben langfristig in der BRD. Über 40 Prozent leben schon seit Jahren in ihrer zweiten Heimat. Die Regierung der Bundesrepublik Deutschland (Koalition SPD und Grüne) will nun für mehr Ausländer die Möglichkeit der doppelten Staatsbürgerschaft einführen. Alle Ausländer, die sich um die doppelte Staatsangehörigkeit bemühen, müssen der deutschen Sprache soweit mächtig sein, dass sie sich verständigen können.

geboren oder ist bis zur Vollendung des 14. Lebensjahres nach Deutschland eingereist und verfügt über eine Aufenthaltsgenehmigung.

- Ausländer die keine Sozial- oder Arbeitslosenhilfe vom Staat bekommen.
- Ausländer, die nicht im Gefängnis sind.
- Ausländer, die seit acht Jahren rechtmäßig in Deutschland wohnen.
- Ausländer unter 18 Jahren, die mindestens seit fünf Jahren in der BRD leben und zwar mit mindestens einem Elternteil, das eine unbefristete Aufenthaltsgenehmigung hat.
- Ausländische Ehegatten Deutscher, die seit mindestens drei Jahren in der BRD wohnen und davon mindestens zwei Jahre verheiratet sind.

In den meisten Staaten der Europäischen Union sind Ausländerrecht und doppelte Staats-

mindestens fünf Jahre im Land gelebt haben. Ein Jahr nach der Hochzeit mit einem Franzosen oder einer Französin können Ausländer die französische Staatsbürgerschaft bekommen.

- **GROSSBRITANNIEN:** Ein Kind bekommt die britische Staatsbürgerschaft, wenn ein Elternteil Brite ist oder seinen ständigen Wohnsitz im Lande hat. Eingebürgert werden kann, wer fünf Jahre in Großbritannien gelebt hat und die Absicht hat, dort zu bleiben.

- **NIEDERLANDE:** Einbürgerung ohne Verlust der bisherigen Nationalität nach fünf Jahren möglich.

- **BELGIEN:** Kinder von Ausländern erhalten auf Antrag einen belgischen Pass, in der zweiten Generation geschieht das automatisch. Ausländer können nach fünf Jahren eingebürgert werden.

- **ITALIEN:** Im Lande geborene Kinder erhalten automatisch die italienische Staatsbürgerschaft. Eine Einbürgerung ist nach zehn Jahren im Lande möglich.

- **PORTUGAL:** Ausländerkinder erhalten einen portugiesischen Pass, wenn ein Elternteil mindestens sechs Jahre im Land gelebt hat und dies beantragt. Die bisherige Staatsbürgerschaft muss das Kind nicht aufgeben.

- **GRIECHENLAND:** Bei Einbürgerung wird die Aufgabe der bisherigen Staatsbürgerschaft zwar gern gesehen, ist aber nicht zwingend.

- **DÄNEMARK:** Ausländer können nach sieben Jahren im Land eingebürgert werden. Im Gesetz steht zwar, dass dafür die bisherige Staatsbürgerschaft aufgegeben wird, in der Praxis wird es jedoch nicht mehr angewendet.

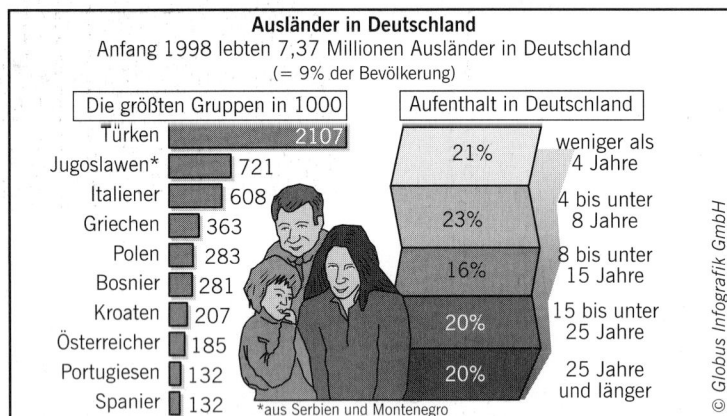

Ausländer in Deutschland
Anfang 1998 lebten 7,37 Millionen Ausländer in Deutschland
(= 9% der Bevölkerung)

Die größten Gruppen in 1000

Türken	2107
Jugoslawen*	721
Italiener	608
Griechen	363
Polen	283
Bosnier	281
Kroaten	207
Österreicher	185
Portugiesen	132
Spanier	132

*aus Serbien und Montenegro

Aufenthalt in Deutschland

21%	weniger als 4 Jahre
23%	4 bis unter 8 Jahre
16%	8 bis unter 15 Jahre
20%	15 bis unter 25 Jahre
20%	25 Jahre und länger

© Globus Infografik GmbH

Die Koalitionsregierung SPD/Grüne möchte folgenden Gruppen die doppelte Staatsbürgerschaft anbieten.

- Kindern ausländischer Eltern bei ihrer Geburt in Deutschland. Vorraussetzung: Ein Elternteil wurde entweder in der BRD

bürgerschaft längst kein Thema mehr. Hier darf man zwei Staatsangehörigkeiten haben:

- **FRANKREICH:** Franzose ist, wer einen französischen Elternteil hat. Kinder ausländischer Eltern erhalten automatisch die französische Nationalität, wenn sie

FRAU im Spiegel

❶ 🔲 Suchen Sie im Text „Doppelpass" die Entsprechungen für die folgenden englischen Vokabeln.

a *to be naturalized*
b *nationality*
c *inheritance*
d *long-term*
e *to be able to communicate*
f *residence permit*
g *legally*

❷ Beantworten Sie die folgenden Fragen.

a In welchen Ländern der Europäischen Union müssen Ausländer bei der Einbürgerung ihre bisherige Staatsbürgerschaft aufgeben?
b Welche Personen dürfen in Finnland doppelte Staatsbürgerschaft haben?
c In welchen Ländern ist die doppelte Staatsbürgerschaft erlaubt?
d In welchem Land stimmen gesetzliche Theorie und Praxis nicht mehr überein?

▷ Nachrichten zur Ausländerpolitik in der Bundesrepublik

Seit dem Regierungswechsel ist der politische Streit um die Staatsbürgerschaft von Ausländern neu entbrannt.

❶ 💠 Hören Sie sich die drei Ausschnitte aus den Nachrichten an und machen Sie die Aufgaben auf Arbeitsblatt 7.2.

> A7.2

❷ **Gruppenarbeit.** Besprechen Sie die Vor- und Nachteile, die eine doppelte Staatsbürgerschaft Ihrer Meinung nach mit sich bringen könnten. Notieren Sie Ihre Ideen.

▷ Türkische Jugendliche in Deutschland

Semras Suche nach dem eigenen Weg – Isolation, Sprachprobleme, Kulturunterschiede: von den Schwierigkeiten sich zu integrieren und integriert zu werden.

❶ 🔲 Lesen Sie den Zeitungsartikel auf Arbeitsblatt 7.3 mit Hilfe der angegebenen Vokabeln und einem Wörterbuch. Machen Sie dann die Aufgaben auf dem Arbeitsblatt.

> A7.3

empört indignant, outraged	**die Einbürgerung (-en)** naturalization
etwas einsehen (*sep*.) to understand s.th.	**die Erwartung (-en)** expectation
sich anstrengen (*sep*.) to try very hard	**immerhin** after all
entrinnen (entrinnt, entrann, entronnen) to escape	**mangelnd** insufficient
etwas geht zu weit s.th. is going too far	**die Umgangsform (-en)** manner
die Wertvorstellung (-en) morals	**jdm etwas anlasten** to blame s.b. for s.th.
das Hindernis (-se) hurdle	**angemessene Eigensteuerung** appropriate independence
der Bundestagsabgeordnete (-n) Member of Parliament	**brenzlig** difficult
	der Krawall (-e) riot

Aus der Heimat geflohen und in Deutschland gejagt?

Weltweit sind Millionen von Menschen auf der Flucht. Etwa die Hälfte von ihnen suchen im Ausland Zuflucht, die andere Hälfte sind Vertriebene im eigenen Land. Nur ein minimaler Prozentsatz, etwa 5%, erreichen die Industrieländer und davon nur ein winziger Teil die Bundesrepublik.

Politisch Verfolgte genießen Asylrecht Artikel 16,GG

1 Wer wegen seiner Rasse, Religion oder Nationalität verfolgt wird, hat in der Bundesrepublik ein Recht auf Asyl. Das Wort „Asyl" kommt aus dem Griechischen und bedeutet Zufluchtsort für verfolgte oder Not leidende Menschen.

2 Beamte und Richter müssen die Entscheidung treffen, wer als Asylant akzeptiert wird. Dabei müssen sie sich an die Gesetze halten. Ein Asylbewerber muss beweisen, dass er in seinem Heimatland wegen seiner politischen Einstellung, seiner Hautfarbe oder wegen seiner Religion verfolgt wird.

3 Es gibt immer mehr Länder auf der Welt, in denen Menschen verfolgt werden. Deshalb ist die Zahl der Asylbewerber in der Bundesrepublik in den letzten zwanzig Jahren immer weiter angestiegen. Um diese Situation etwas besser unter Kontrolle zu bekommen, haben deutsche Politiker Anfang der 90er-Jahre die Asylgesetze verschärft.

4 Asylanträge dürfen von allen Flüchtlingen gestellt werden, die eine Einreiseerlaubnis in die Bundesrepublik bekommen. Danach müssen sie warten, bis über ihren Antrag entschieden wird. Jeder Fall wird genau geprüft und das kann manchmal mehrere Jahre dauern. Während dieser Wartezeit dürfen Asylbewerber nicht arbeiten. Sie müssen mit anderen Asylbewerbern zusammen in Heimen leben, die ihnen zugewiesen werden.

5 Die Neuregelung des deutschen Asylrechts hat sich bewährt. Heutzutage werden Asylbewerber, die versuchen über sichere Drittstaaten nach Deutschland einzureisen, bereits an den Grenzen abgewiesen und zurückgeschickt. Bei Asylbewerbern, die aus sicheren Herkunftsländern stammen, geht man davon aus, dass die Anträge unbegründet sind.

6 Um zu verhindern, dass das Asylrecht missbraucht wird, wurden die finanziellen Leistungen an Asylbewerber 1993 gegenüber der Sozialhilfe in Deutschland um 20% abgesenkt. Außerdem bekommen Asylbewerber vor allem Sachleistungen an Stelle von Geld. Für Asylbewerber, denen es nur um deutsche Sozialleistungen geht, und für solche, die ihre Ausweispapiere mutwillig vernichten, um ihre Abschiebung zu verhindern, sind die Leistungen auf das Notwendigste reduziert worden: Nahrung, Unterkunft, Kleidung und ärztliche Behandlung bei akuter Erkrankung. Sie bekommen kein Bargeld mehr.

7 Auf diese Weise kann das deutsche Asylrecht wirkungsvoller gegen Missbrauch geschützt werden. Politisch Verfolgte werden weiterhin Zuflucht in Deutschland finden können.

❶ 🔲 Suchen Sie die folgenden Ausdrücke im Text und lernen Sie sie.

a *from the Greek*

b *to stick to the laws*

c *there are more and more…*

d *made stricter*

e *has paid off*

f *cash*

❷ Sind die folgenden Aussagen richtig, falsch oder nicht im Text erwähnt?

a Alle Menschen haben in der Bundesrepublik ein Recht auf Asyl.

b Der Bundesgrenzschutz schickt falsche Asylbewerber zurück.

c Ein Asylbewerber muss die Beamten davon überzeugen können, dass er oder sie im Heimatland aus politischen, rassistischen oder religiösen Gründen verfolgt wird.

d Es gibt immer mehr Länder, die Menschen Asyl gewähren.

e Asylbewerber dürfen selbst wählen, wo sie in der Bundesrepublik wohnen wollen.

f Seit Anfang der neunziger Jahre ist das Asylrecht in der Bundesrepublik strenger.

g Asylbewerber, denen es nur um die Leistungen des deutschen Sozialnetzes geht, werden gerne akzeptiert.

h Aussiedler und Asylbewerber sind mit der Situation in der Bundesrepublik unzufrieden.

❸ Suchen Sie im Text alle Passivkonstruktionen und schreiben Sie sie auf.

Beispiel: Wer wegen seiner Rasse, Religion oder Nationalität **verfolgt wird**, hat…

❹ Formulieren Sie nun zu jedem Abschnitt eine Frage.

Beispiel: Abschnitt 1 – Was bedeutet das Wort „Asyl"?

Abschnitt 2 – Wie wird entschieden, wer…?

Abschnitt 3 – Warum…?

Abschnitt 4 – … usw.

▷ Zahl der Anträge gesunken

Die Verschärfungen im deutschen Asylrecht scheinen den gewünschten Effekt zu zeigen.

❶ ◆◆ Hören Sie sich die Kurznachricht über Asylanträge an. Zeichnen Sie die Tabelle ab und fügen Sie die Zahlen ein. Dabei müssen Sie auch ein wenig addieren!

Asylanträge im August 1998	
Asylanträge im Juli 1998	
Asylanträge im Juli 1997	
Asylanträge Januar bis August 1998	
Asylanträge Januar bis August 1997	

▷ Wissen Sie, was Sie tun? Ein Bild und seine mögliche Geschichte

❶ Gruppenarbeit. Sehen Sie sich dieses Foto gut an. Lesen Sie dann den Artikel und beantworten Sie die Fragen, die den Text unterteilen, bevor Sie den nächsten Abschnitt lesen!

a Wie sieht der Mann auf dem Foto aus? Beschreiben Sie Gesicht und Kleidung. Lesen Sie dann den ersten Abschnitt und unterstreichen Sie die Antworten Ihrer Gruppe, die mit dem Text übereinstimmen.

> Ein Bild wie gestellt: ein aggressives, kantiges Gesicht mit kräftiger Backenmuskulatur. Die Augen zu Schlitzen verkniffen. Der Mund zum Grölen verformt. Die Hand in Leder verpackt; zwei Finger fehlen noch zum Hitlergruß. Ein Kopftuch deckt den rasierten Schädel gegen nasskalte Witterung. Unter der Bomberjacke wölbt sich die linke Faust. Oder ein Baseballschläger, ein Stahlrohr, eine Gaspistole.

b Wo ist der Mann hier? Was ist er von Beruf? Warum ist er so agressiv?

> Wir kennen seine Geschichte nicht. Nur: dass man ihn in Leipzig fotografiert hat, auf einer Kundgebung der Rechtsgruppe „Nationale Offensive". Er ist vielleicht Betonbauer oder Heizungsmonteur. Arbeitet für knappen Ostlohn oder macht seit Monaten Kurzarbeit. Wünscht sich so manches, was ihm die Glotze in bunten Bildern serviert. Liest in entsprechenden Zeitungen balkenhoch von der Asylantenflut, die Deutschland, sein (!) Deutschland überschwemmt. Ersäuft in einer Bierschwemme das öde Tagesallerlei. Und gibt so manches Unverdaute von sich zur Lage der Nation.

c Was ist an diesem Abend wohl passiert, bevor dieses Foto gemacht worden ist?

> Irgendwann an einem solchen Abend steht einer auf und zerschlägt sein Schnapsglas auf dem Tresen: Wir sollten denen mal zeigen, wo es langgeht in Deutschland! Dem Asylantenpack. Den Schlitzaugen. Den Urwaldaffen. Die Worte zündeln; die Lethargie schlägt um in dumpfen, biergetränkten Aktionismus. Nicht immer nur einstecken müssen. Auch mal austeilen können!

d Was passiert, nachdem dieses Foto geschossen wurde?

> Das Asylantenheim kommt da gerade recht. Und er geht mit. Hebt unterwegs einen Stein auf, scharfkantig, schwer, liegt gut in der Hand. Lässt sich prima werfen gegen eines dieser beleuchteten Vierecke, hinter denen Menschen nur zu vermuten sind. Als die Scheibe splittert, schreit dahinter ein unbekanntes Kind. Ganz kurz nur, aber laut genug zum Hören.

2 Lesen Sie jetzt den Text noch einmal etwas genauer durch und suchen Sie dabei die Synonyme für folgende Wörter und Ausdrücke.

a das Schreien

b er trägt Handschuhe

c die Glatze

d Demonstration

e das Fernsehen

f was er in der Werbung sieht

g überlaufen

h vertreibt mit dem Alkohol die Langeweile

i spricht zu politischen Themen, die er selber nicht richtig versteht

j Bar

k sich wehren/sich rächen

l ein Fenster

▶ Jugendliche über Ausländerfeindlichkeit in Deutschland

Steffie und Dagmar sprechen über ihre Erfahrungen und Meinungen zum Thema.

Steffie und Dagmar

1 Hören Sie sich Steffie und Dagmar an und machen Sie die Aufgaben auf Arbeitsblatt 7.4.

A7.4

2 **Gruppenarbeit.** Verteilen Sie die Rollen auf Arbeitsblatt 7.5. Studieren Sie Ihre Rollen gut, machen Sie sich eine Liste mit Punkten, die Sie in die Diskussion mit einbringen wollen. Benutzen Sie Ideen aus den Texten im ganzen Kapitel und die Punkte, die bereits auf Ihren Rollenkarten stehen. Machen Sie dann das Rollenspiel.

A7.5

3 **Zum Schreiben.** „Jeder Mensch ist Ausländer – fast überall!" Schreiben Sie einen Aufsatz zu diesem Thema, in dem Sie sowohl Ihr Wissen als auch Ihre Meinung präsentieren. Schreiben Sie etwa 350–400 Wörter. Achten Sie auf eine gute Struktur!

Kulturmagazin 7

In Deutschland ist er als Reinhard Mey und in Frankreich als Frédérik Mey für seine Lieder und Chansons berühmt. Er wurde am 21. Dezember 1942 als Sohn eines Journalisten und einer Lehrerin in Berlin geboren. 1956 bekam er seine erste eigene Gitarre. Seine Texte und Musik sind wie das Leben: mal lustig, mal traurig, mal kritisch, mal voller Gefühl.

„3. Oktober '91"

Ein Hauch von Feiertag liegt auf der Stadt,
Kein Stau, kein Lärm, die Schienen der
  Straßenbahn glänzen matt
In der Vormittagssonne. Noch ein
  Spätsommeridyll!
Die Läden sind geschlossen alle Fahnen
  hängen still.
Seit vierundzwanzig Jahr'n ist Mehmet in
  der Gießerei.
Seit vierundzwanzig Jahr'n kommt er hier
  jeden Tag vorbei.
Heut' hat er keine Eile. Er kann im
  Vorübergehn im TV-Shop im
  Schaufenster die Feierstunde sehn.
Dreidutzendfach der Präsident von einer
  Monitorwand,
Und es geht um Recht und Freiheit – für
  jeden in diesem Land.

Mehr als die Hälfte seines Lebens arbeitet
  er hier,
Zwei Töchter und ein Sohn sind
  aufgewachsen im Revier.
Seine Kollegen mögen ihn, still und
  gewissenhaft,
Drei Zimmer und ein Ford Escort, ja,
  Mehmet hat's geschafft.
Mit Überstunden auch mal ein Besuch in
  der Türkei.
Ein Angetrunk'ner streift ihn, eine kleine
  Rempelei,

Und lallend dreht der Mann sich um,
  bierdünstend und verschwitzt,
Und Mehmet sieht die Klinge nicht, die
  hinter ihm aufblitzt,
Und grundlos, wie von Sinnen, sticht der
  Fremde auf ihn ein,
Und das Fernsehbild wird dunkelrot und er
  fällt wie ein Stein.

Und die Leute auf der Straße? Alle haben
  sie's gesehn,
All die unbeschol'tnen Bürger, die im
  Halbkreis um ihn stehn.
Keiner hat ihm beigestanden, keinem
  kommt es in den Sinn,
Ihm zu helfen, ihn zu trösten, keiner kniet
  sich zu ihm hin.
Und im Fernsehn singen sie die Strophe
  von der Einigkeit.
Und der Notarztwagen kommt nach einer
  halben Ewigkeit.
Und sie reinigen das Pflaster, dort, wo er
  noch eben lag.
Und eigentlich war heut' für alle doch ein
  guter Tag –
Doch seit den Vier-Uhr-Nachrichten ist der
  Tag nicht mehr gut,
Da sind nur noch Schmerz und Trauer,
  und mir ist zum Heul'n zumut'.

von Reinhard Mey, *Alles geht*
© EMI/Intercord

• Warum ist dem Mann, der in dem Lied zu uns spricht, „zum Heul'n zumut'"?

8 ▼ Deutschland vereinigt

Inhalt

Kommunikationsziele

- Meinungen austauschen
- Ausdruck von Gefühlen
- einen Bericht schreiben
- eine Zusammenfassung schreiben
- ein Interview machen

,, **Was war die DDR? Arbeiter- und Bauernstaat; Hammer, Zirkel, Ährenkranz; real existierender Sozialismus; Mauer und Stacheldraht; Stasi und Sport. Das Ende nach vierzig Jahren. Ja, das alles schon, aber auch das Leben von Millionen, Schule und Arbeit; Hoffnungen und Verzweiflung.**

Dann, 1989, die Wende. Der Fall der Mauer am 9. November war völlig unerwartet. Das Schlagwort „Wir sind ein Volk" wurde zur Wirklichkeit im wieder vereinigten Deutschland. Die Vereinigung ist nicht problemlos abgelaufen, bleibt aber doch eine der bedeutendsten Entwicklungen des 20. Jahrhunderts. "

Schlüsselwörter:

die DDR (die Deutsche Demokratische Republik)
GDR (German Democratic Republic)

Arbeiter- und Bauernstaat workers' and peasants' state

Hammer, Zirkel, Ährenkranz hammer, compasses and garland of corn on GDR flag

Mauer und Stacheldraht reference to Berlin Wall and barbed wire of GDR frontier

die Stasi GDR secret police

Das war die DDR – Rückblick auf ein verschwundenes Land

1945 in Deutschland. Kriegsende. Zusammenbruch. Stunde Null. Die alliierten Kriegsgegner Deutschlands hatten schon festgelegt, Deutschland in vier Besatzungszonen aufzuteilen, die jeweils einer der alliierten Mächte – USA, Sowjetunion, Großbritannien, Frankreich – zugewiesen werden sollten. Bald nach Kriegsende entwickelte sich schon der „kalte Krieg" zwischen der Sowjetunion und den Westmächten. Schon Mitte 1945 machten sich die alliierten Mächte dazu bereit, die künftigen Staatsoberhäupter eines geteilten Deutschlands auszuwählen.

▷ Wie hat das alles angefangen?

Dresden, 1945

Geteiltes Deutschland, 1945

17. März 1945. Adenauer

Der Fahrer schaltet vom zweiten Gang in den ersten. Der Mann neben ihm schaut auf den Zettel in seiner rechten Hand. Der Motor des Jeeps heult auf. „Zennigsweg eight a". Der Mann mit dem Zettel deutet auf ein Haus oben am Berghang. „Perhaps this house."

Das letzte Stück gehen sie zu Fuß. Die beiden Männer sind Amerikaner. Offiziere der US-Army in Uniform. Sie sehen am Hang des Grundstücks einen Gärtner bei der Arbeit. Sie gehen weiter, auf das weiße Haus zu. Eine Frau öffnet ihnen. Der Offizier mit dem Zettel in der Hand fragt in einwandfreiem Deutsch: „Wohnt hier Doktor Adenauer?" Die beiden werden ins Haus gebeten. Sie hören, wie die Frau „Konrad" ruft. Dann Stille. Nur das Ticken einer Standuhr.

„Sie wünschen, meine Herren?" Eine kühle Männerstimme. Erschrocken drehen sich die beiden US-Offiziere um. Vor ihnen steht der Gärtner mit Schürze und Strohhut, in der Hand eine Baumschere.

„Wir kommen im Auftrag des Kommandanten von Köln…" Der Offizier, der noch immer den Zettel in der Hand hält, schaut auf die hohe, abgemagerte Gestalt, schaut in das faltige Gesicht mit den hervorstehenden Backenknochen. Dieser Mann, bestimmt schon an die siebzig, soll identisch sein mit dem Doktor Adenauer auf der „Weißen Liste"? Unglaublich, aber… Der Offizier schluckt seine Zweifel hinunter. „Wären Sie bereit, Herr Doktor Adenauer, die Verwaltung der Stadt Köln zu übernehmen? In diesem Fall würden Sie sofort wieder als Oberbürgermeister eingesetzt werden."

Adenauer antwortet nicht gleich, legt behutsam die Baumschere hin. Wieder Oberbürgermeister von Köln... Das kommt völlig unerwartet. Nach zwölf Jahren Verfolgung, Angst, Isolation. Und noch ist Krieg. Noch lebt Adolf Hitler. Der Offizier drängt zur Entscheidung: „Wir haben Befehl Sie sofort nach Köln zu bringen."

Adenauer zieht sich um. Nach zehn Minuten kommt er in dunklem Anzug und Mantel zurück. Auch seine Frau ist im Mantel. Sie wird ihn begleiten. Sie steigen in den offenen Jeep... Köln, eine geteilte Stadt: der linksrheinische Teil mit dem Dom schon von den Amerikanern besetzt. Deutz, auf der anderen Seite des Rheins, noch von deutschen Soldaten verteidigt. Die Rheinbrücken sind gesprengt. Die Stadt ist ein Ruinenmeer. In dieser Stadt soll Konrad Adenauer nun Oberbürgermeister werden, wie er es schon einmal war, sechzehn Jahre lang, bis die Nazis kamen.

30. April 1945. Ulbricht

Der Luftraum zwischen Moskau und Berlin ist in sowjetischer Hand. Die Maschine fliegt ohne Jägerschutz. Es ist ein amerikanisches Flugzeug mit sowjetischen Hoheitszeichen. Schweigsam sitzt Walter Ulbricht auf der Holzbank. Das Dröhnen der zweimotorigen Maschine macht ihn fast taub. Ihn und die neun Genossen, die bei ihm sind. Die „Gruppe Ulbricht", Stalins Aufgebot für ein Deutschland nach der Niederlage, fliegt ihrem Ziel entgegen.

Der jüngste dieser in Moskau geschulten Kerntruppe ist gerade 24 Jahre alt. Sein Name: Wolfgang Leonhard. Später berichtet er: „Mit Ausnahme von Ulbricht wusste niemand genau, wo wir landen würden. Wir wussten nur, der Flug geht in Richtung Deutschland". Nach zweieinhalbstündigem Flug erreicht man deutschen Boden. Die Gruppe steigt auf einen Lastwagen, später wechselt man auf Limousinen über. Mit roten Standarten werden die deutschen Genossen aus Moskau zum Sitz des politischen Stabes der Schukow-Armee gefahren, einem Ort östlich von Berlin, zehn Kilometer vom Stadtrand entfernt. Trotz aller Heimlichkeit spricht es sich herum, wer da unterwegs ist. Noch vor dem Ziel wird der Transport von sowjetischen Offizieren begrüßt: „Wir haben gehört, dass Sie die Mitglieder der neuen deutschen Regierung sind."

---

der Zusammenbruch (-brüche)   collapse

die Stunde Null   term for the absolute rock bottom at the end of the war, also the new starting point

der Kriegsgegner (-)   war-time enemy

die Besatzungszone (-n)   zone of occupation

die Weiße Liste   list drawn up by the allies in 1945 to include leading Germans who were free of Nazi associations

Konrad Adenauer – erster Bundeskanzler

❶ 🔲 Lesen Sie die beiden Texte und schreiben Sie dann kurze Sätze auf Deutsch, um zu erklären, was Sie unter den folgenden Ausdrücken verstehen.

a die Besatzungszone
b die Stunde Null
c die Weiße Liste

❷ **Partnerarbeit.** Besprechen Sie mit einem Partner/einer Partnerin die Erklärungen, die Sie geschrieben haben. Versuchen Sie einander die Lage in der Nachkriegszeit verständlich zu machen.

Walter Ulbricht – Generalsekretär der SED

❸ **Grammatik: Wiederholung des Passivs.** Übersetzen Sie die folgenden Sätze ins Deutsche. (Sie können ähnliche Sätze im Text finden.)

a *A zone of occupation was to be assigned to each of the allied powers.*

b *Both men are invited into the house.*

c *You would be installed as mayor of Cologne.*

d *The German comrades are driven to the seat of the political staff.*

▷ Schule in der DDR

Bevor Sie sich „Schule in der DDR" anhören, sehen Sie sich die kleine Skizze des DDR-Schulsystems an.

Schulsystem in der DDR
EOS – Erweiterte Oberschule: Vorbereitung auf das Abitur, 16–18 Jahre
APOS – Allgemeine Polytechnische Oberschule (zehnjährig), 6–16 Jahre
Kindergarten, 3–6 Jahre
Krippe, 1–3 Jahre

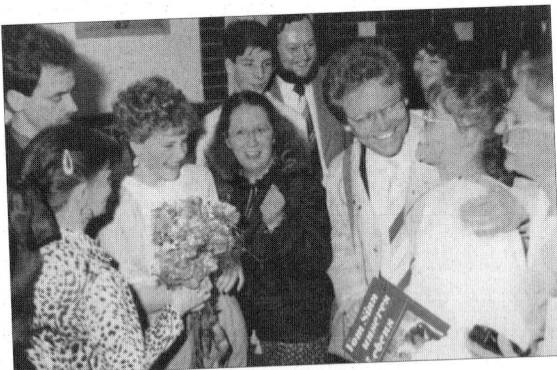

Die Jugendweihe im Alter von 14 Jahren

Die Übergabe der Schulzeugnisse

die Erweiterte Oberschule sixth-form college
die Polytechnische Oberschule technical secondary school
die Waise (-n) orphan
der Lebensinhalt purpose in life
die Arbeitsgemeinschaft (-en) (here) after-school club
züchten to breed (animals); to cultivate (plants)
die Förderung (-en) (*verb*: **fördern**) support; encouragement
der Sieger (-) victor

❶ ◼◼ Hören Sie sich „Schule in der DDR" an. Eine DDR-Schülerin beschreibt ihre Schultage in den fünfziger Jahren. Sie können mehr als einmal zuhören. Wie heißen die folgenden Ausdrücke auf Deutsch?

a *Of course, school-days are a long way back in the past.*

b *Because of my family circumstances.*

c *So the children came in off the street.*

d *Because of that, there was very close contact with the teachers.*

e *I came from a very humble background.*

f *My particular interest from the very beginning was foreign languages.*

❷ Beantworten Sie die folgenden Fragen.

a Laut Ute, warum hat man oft gute Erinnerungen an die Schule?

b Warum wurde die Schule für Ute zu ihrem „Lebensinhalt"?

c Nachmittags gab es in der DDR-Schule keinen Unterricht. Wie hat sich Ute nachmittags beschäftigt?

d Ute bezeichnet sich als „Arbeiterkind". Was war die Haltung des DDR-Staates gegenüber Arbeiterkindern in der Schule?

e Warum musste Ute Russisch lernen und nicht Englisch?

13. August 1961 – der Bau der Mauer

In den frühen Morgenstunden des 13. August 1961 gingen bei der Westberliner Polizei Meldungen über eine Absperrung des Ostteils der Stadt ein. Passanten und Anwohner hatten beobachtet, wie Pioniereinheiten im Schutz schwer bewaffneter Volkspolizisten und NVA-Soldaten damit begannen die Straßen zu den Westsektoren mit Stacheldraht abzuriegeln. Um 2.15 Uhr riss der Lärm von Presslufthämmern die Anwohner der Friedrich-Ebert-Straße aus dem Schlaf: Betriebskampfgruppen errichteten Barrikaden aus Asphaltstücken und Pflastersteinen. Um halb drei wurde die Westberliner Polizei in Alarmzustand versetzt.

Panzer fuhren an zentralen Punkten auf: Unter den Linden, am Alexanderplatz, an der Warschauer Brücke. Das Netz wurde von Stunde zu Stunde enger. Noch gelang es einzelnen Flüchtlingen, die Grenzbefestigungen an unübersichtlichen Stellen zu durchbrechen, einige durchschwammen kurz entschlossen Kanäle und Gewässer. Fassungslos strömten die Berliner in den Morgenstunden zu Tausenden an die inzwischen hermetisch abgeschlossene Grenze: Hilflosigkeit allenthalben, hier und da gemischt mit Wut. Als in den folgenden Tagen Bautrupps die provisorischen Befestigungen durch eine feste Mauer ersetzten, war die DDR endgültig abgeriegelt, die Spaltung Deutschlands in letzter Konsequenz vollzogen.

Die «führende Partei» SED war in diesen Sommermonaten schwer in Bedrängnis geraten. Immer mehr Bürger kehrten der DDR den Rücken. Allein von Januar bis Anfang August 1961 flohen rund 160 000 Menschen, von denen die Hälfte jünger als 25 Jahre alt war. In den Augen vieler DDR-Bürger hatte der Sozialismus Moskauer Prägung abgewirtschaftet.

Weite Teile der DDR-Bevölkerung gelangten im Frühsommer 1961 zu der Überzeugung, dass die SED etwas unternehmen werde, um das Ausbluten ihres Staates zu verhindern.

Der Mauerbau wurde zu einem Wendepunkt in der deutschen und europäischen Geschichte. Bis zu einer ersten, vorsichtigen Annäherung der beiden deutschen Staaten sollte fast ein Jahrzehnt vergehen.

Das war die DDR, Rowohlt Verlag

---

die Pioniereinheit (-en) pioneer unit (for building work)

der Volkspolizist (-en) member of the People's Police

NVA (Nationale Volksarmee) army of the GDR

die Betriebskampfgruppe (-n) paramilitary unit of factory workers

in letzter Konsequenz the final, logical step

SED (Sozialistische Einheitspartei Deuschlands) the GDR Communist Party

schwer in Bedrängnis geraten had got into deep trouble

die Prägung stamp; character

❶ 📖 Suchen Sie die deutschen Entsprechungen im Text.

a *sealing-off*   d *sealed off*
b *refugee*   e *to reach rock bottom*
c *everywhere, on all sides*   f *loss of blood*

❷ Welche fünf der folgenden Aussagen stimmen mit den Behauptungen im Text überein? Antworten Sie „richtig" oder „falsch" oder „nicht erwähnt".

a Der Ostteil der Stadt wurde am Abend abgesperrt.
b Die Polizisten trugen keine Waffen.
c Einige Flüchtlinge haben noch entkommen können.
d Einige der Westberliner Zuschauer waren sehr zornig.
e Die Mauer wurde schon am ersten Tag errichtet.
f Viele DDR-Bürger waren schon aus dem Staat geflohen.
g Die Mehrheit der Flüchtlinge waren junge Leute.
h Erst nach zehn Jahren gab es wieder Kontakte zwischen BRD und DDR.

❸ **Gruppenarbeit.** Stellen Sie sich vor, wie es für die Berliner auf beiden Seiten war, als Sie am 13. August 1961 aufwachten. Besprechen Sie diese Gefühle und Meinungen. Wie kann das sein? Eine Barriere durch die Stadt? Spaltung von Freunden und Familien? Was für Konsequenzen können Sie sich vorstellen?

Notieren Sie Ihre Ideen in einem Assoziogramm. Stellen Sie Ihre Ideen Ihren Mitschülern vor.

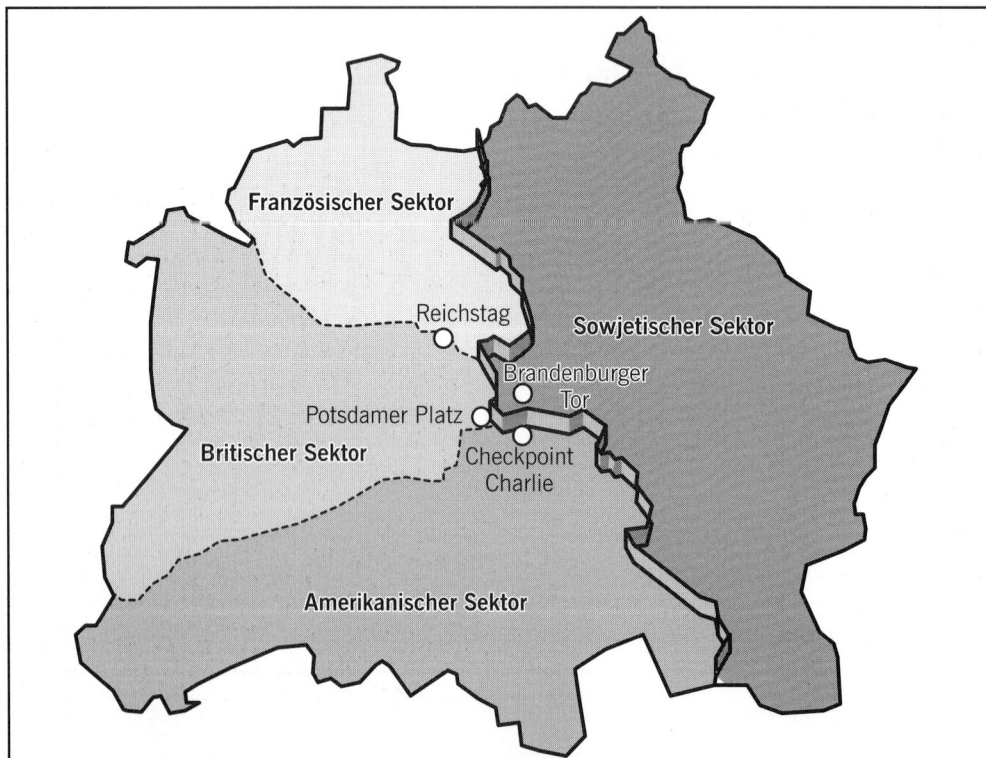

Berlin in zwei geteilt

▷ Abschied aus der DDR

Es war nicht leicht von der DDR wegzukommen. Einige haben es doch geschafft, wie hier Dominique Hollenstein durch eine Scheinehe. Andere wurden vom DDR-Staat bloß „ausgebürgert", wie der Bürgerrechtler Roland Jahn, weil der Staat bereit war, solche unbequemen Leute ausreisen zu lassen.

Hören Sie jetzt zu, wie diese beiden aus der DDR ausgereist sind.

die Scheinehe (-n) sham marriage	**traf ich ins Schwarze** I hit the bullseye
ausbürgern (sep.) a GDR term for deporting to the West citizens who were difficult or awkward. Note also the phrase at the end of the listening text *zur einmaligen Ausreise*, meaning 'no return'	**das Standesamt (-ämter)** registry office
	thüringisch Thuringian
	sich weigern to refuse
	verfrachten to dump
der Bürgerrechtler (-) civil rights activist	**der Käfig (-e)** cage
das Botschaftsviertel (-) embassy district	**gebührenfrei** free of charge
entrüstet (*verb*: entrüsten) indignant, outraged	**das Frachtgut (-güter)** freight

❶ ◆◆ Entscheiden Sie, ob diese Behauptungen richtig oder falsch sind, oder nicht erwähnt werden.

a Dominique wollte sich in einen Westler verlieben.

b Dominique fand es zuerst nicht leicht einen Bräutigam zu finden.

c Der Mann, der sich dafür bereit erklärte, war ein Franzose.

d Die Ehe hat lange gedauert.

e Roland wollte vor allem aus der DDR ausreisen.

f Roland war schon lange von der Stasi beobachtet worden.

g Die Stasi-Leute sind mit in den Westen gefahren.

h Im Zug fühlte sich Roland wie in einem Gefängnis.

❷ Answer the following questions in English.

a *Why did Dominique decide to marry a westerner?*

b *What happened in such sham marriages once the pair had reached the west?*

c *What sort of reaction did Dominique get when she approached potential husbands?*

d *On what grounds did she request permission to leave?*

e *Why did Roland at first refuse to sign the order to leave?*

f *Where did he spend the night in Probstzella?*

g *Who finally opened the door of his 'cage'?*

h *How does he describe the way he has been treated by the GDR?*

THEMA 2

Die Zeit der Wende

Wolfgang erzählt von der Andacht in der Nikolaikirche und von den Massendemonstrationen in Leipzig im Herbst 1989.

der Oppositionelle (-n) member of an opposition group		**die Obrigkeit (-en)** authorities	

der Oppositionelle (-n) member of an opposition group
die Andacht prayer meeting
die Losung (-en) motto
der Benachteiligte (-n) disadvantaged person

die Obrigkeit (-en) authorities
die Selbstbeweihräucherung self-adulation
sich zugute halten to pride oneself
das Leipziger Gewandhaus Leipzig's concert hall
der Bann (-e) (magic) spell

❶ ✦✦ Ergänzen Sie die folgende Zusammenfassung des Hörtextes „Massendemonstrationen in Leipzig", indem Sie je ein passendes Wort in jede Lücke einsetzen.

Massendemonstrationen in Leipzig

Die oppositionellen Gruppen fanden sich montags um 17 Uhr in der Nikolaikirche zur __1__ . Es wurden jede Woche viele verhaftet und am vierzigsten Jahrestag der DDR gab es eine erste große __2__ . Später, bei anderen Demonstrationen, war es nicht klar, ob die Polizei __3__ würde. Einige intelligente __4__ der Stadt haben verhindert, dass geschossen wurde. Mit den Demonstrationen ging es dann weiter bis zur __5__ der Mauer. Zuerst verlangte man Erneuerung der DDR, aber dann später wollte man __6__ mit der Bundesrepublik. Die Bevölkerung wollte den gleichen __7__ wie in der Bundesrepublik.

❷ Welche Bedeutung haben die folgenden Ziffern?

Beispiel: 17 Uhr – Uhrzeit der Andacht in der Nikolaikirche

a 7. Oktober 1989
b am Montag dem Neunten

c 100 000
d 300 000

❸ Wer war das?

a Krenz
b Honecker
c Kurt Masur

❹ Beantworten Sie die folgenden Fragen auf Deutsch.

a Warum sind junge DDR-Bürger über Ungarn geflohen?
b Welche Rolle spielte die Nikolaikirche zu dieser Zeit in Leipzig?
c Zuerst war die Losung: „Wir wollen raus". Was war dann später die Losung?
d Was hat Krenz sich zugute gehalten?
e Warum wollte man, laut Wolfgang, Vereinigung mit der Bundesrepublik?

Massendemonstrationen in Leipzig

DER FALL DER MAUER – DIE NACHT DES 9. NOVEMBER

Berlin, Donnerstag, 9. November, 18 Uhr: Im Internationalen Pressezentrum an der Mohrenstraße beginnt eine Pressekonferenz mit Günter Schabowski, 60, im neuen Politbüro der SED verantwortlich für Informationspolitik.

18.56 Uhr: Ein Reporter der italienischen Nachrichtenagentur ANSA fragt routinemäßig, wie es denn nun aussehen sollte mit einer neuen Reiseregelung für DDR-Bürger.

18.57 Uhr: Schabowski liest monoton einen ihm zugeschobenen Zettel ab: „Mir ist eben mitgeteilt worden – der Ministerrat der DDR hat beschlossen: Privatreisen nach dem Ausland können ohne Vorliegen von Voraussetzungen – Reiseanlässe und Verwandtschaftsverhältnisse – beantragt werden. Die Ausreisen könnten über alle Grenzübergangsstellen der DDR zur BRD beziehungsweise zu Berlin-West erfolgen." Ein paar Lidschläge lang

Mit dem Hammer gegen die Mauer

ist Stille, bis die Presseleute die Sensation erfasst haben, die sich hinter dem dürren Amtsdeutsch verbirgt. Ab wann? „Wenn ich richtig informiert bin, nach meiner Kenntnis unverzüglich", sagt Schabowski, jetzt selbst zögernd.

Um 19.02 endet die Pressekonferenz. Fünf Minuten später verbreitete ADN, die amtliche Nachrichtenagentur der DDR, die neue Reiseregelung. Aber noch ahnt keiner, was in dieser Nacht geschehen wird.

Um 20.34 meldet der Große Lagedienst der Berliner Polizei: An der Chausseestraße zwischen Wedding (West) und Berlin-Mitte (Ost) sind die ersten Ostberliner in den Westen gekommen – rund 60 Männer und Frauen.

Um 21.24 Uhr überschreitet ein junges Paar eng umschlungen, weinend, am Übergang Bornholmer Straße die Grenze. Und um 21.28 Uhr rollen dort die ersten Trabis über die weiße Linie. Ostberliner in der Bornholmer

Straße, die schon im Bett liegen, wachen vom Getrappel und Hupen unter ihren Fenstern auf. Sie schauen hinaus, sehen das Loch in der Mauer. In fliegender Hast springen Dutzende in ihre Kleider und rennen hinüber.

Nun macht sich Westberlin auf den Weg, um nach 28 Jahren Ostberlin in die Arme zu nehmen. Dichte Menschentrauben ballen sich an allen Übergängen. Das Menschen-Rinnsal, das zunächst durch die Mauer sickert, wird zum sprudelnden Bach, zum schäumenden Fluss und schließlich zum reißenden Strom. Gegen 22 Uhr brechen alle Dämme. Tausende stürmen durch die Mauer, in die Freiheit, nach Westberlin. Nach Schätzungen der Polizei: 200 000.

Am folgenden Wochenende aber werden es Millionen sein, die sich aufmachen, von Deutschland nach Deutschland.

Berliner Illustrirte

---

das Politbüro   Politburo (equivalent of 'cabinet')
die Nachrichtenagentur (-en)   news agency
die Verwandtschaftsverhältnisse (pl.)   family links (one of the accepted reasons for obtaining a permit for travel outside the GDR was for family reasons, particularly if an ageing relative was ill. However, such *Verwandtschaftsverhältnisse* could also be a reason for not getting a permit, as the State feared that its

citizens might stay with the relatives and not come back!)
der Trabi (-s) (Trabant)   standard make of East German small car
zum sprudelnden Bach, zum schäumenden Fluss...
zum reißenden Strom   becomes a bubbling brook, a foaming stream... a raging river

❶ 📰 Suchen Sie im Text die deutschen Entsprechungen der angegebenen englischen Vokabeln.

a *travel permit*

b *blink of an eye*

c *arid*

d *without delay*

e *to have an idea, an inkling*

f *gathering of people*

g *to gather*

h *rivulet*

i *to seep through*

❷ Zum Schreiben. Stellen Sie sich vor, Sie sind Reporter/in für eine deutsche Zeitung. Sie haben den Bericht über den Fall der Mauer gelesen und jetzt müssen Sie einen spannenden Artikel darüber schreiben. Unten ist der Anfang Ihres Artikels. Schreiben Sie 150–200 Wörter.

Gestern Abend im Internationalen Pressezentrum geschah etwas völlig Unerwartetes. Wer hätte geglaubt, dass die so gehasste Mauer so plötzlich fallen würde? Zuerst kam eine völlig routinemäßige Frage…

▶ Reaktionen in Dresden

In der Nacht vom 30. September zum 1. Oktober 1989 bringen sechs Züge der Deutschen Reichsbahn ausreisewillige DDR-Bürger, die sich in der bundesdeutschen Botschaft auf dem Prager Burgberg verbarrikadiert hatten, über Dresden an ihr Reiseziel. In den folgenden Tagen fahren noch Züge durch Dresden nach Westen. Gabi, damals eine junge Lehrerin, erzählt von dieser spannenden Zeit.

„Dürfen wir spaßeshalber mal rüber klettern?"

mit Sack und Pack with all their baggage	**untersagen** to forbid	
das Gedrängel (-) crush; crowd	**aufgebracht (sep. verb: aufbringen)** outraged, incensed	
im schwarzen Kanal on an illegal TV channel		
das Neue Forum political party newly formed in 1989		

❶ ◀▶ Hören Sie sich den ersten Teil des Hörtextes an. Bilden Sie Fragen, die Sie Gabi stellen könnten.

Beispiele: – Wie war es damals auf dem Bahnhof?
– Hatte man Angst vor der Polizei?

❷ Jetzt hören Sie sich den zweiten Teil des Hörtextes an. Vervollständigen Sie die folgenden Sätze.

a Die Schüler haben erfahren, dass…

b Sie haben ihre Lehrerin gebeten…

c Sie wollten zur Stasizentrale, weil…

d Die Direktorin hat gesagt, dass…

e Gabi hat den Schülern gesagt, dass sie von ihr…

f Die Schüler haben gewusst, dass ihre Eltern…

❸ Write a short summary in English of Gabi's story.

▷ Mein 9. November

Hier sprechen zwei Menschen davon, wie sie den 9. November 1989 erlebt haben.

**Katrin Müller,
ZDF-Redaktionsleiterin**

Ich hatte die Pressekonferenz mit Schabowski im Fernsehen verfolgt. Ich habe dem nicht geglaubt. Dachte, red du man nur. Als ich am nächsten Morgen um halb sechs aufwachte, hörte ich erst mal Nachrichten. Die Mauer ist auf, sagten sie. Ich hatte ein komisches Gefühl. Auf der einen Seite riesige Freude. Auf der anderen dachte ich, wie das wohl alles weitergeht. Und dass jetzt auch der ganze Mist von drüben reinkommt. Kriminalität und Drogen, zum Beispiel. Dann bin ich zu meinem Freund ins Schlafzimmer und hab ihm gesagt, du, die Mauer ist auf. Der hat sich auf die andere Seite gedreht und nur gesagt: ja ja. Und hat weitergeschlafen. Ich habe mich angezogen und bin gleich um die Ecke zum Volkspolizeikreisamt. Dort standen schon morgens um sechs 300 Leute Schlange für ein

Visum. Also stimmt das wohl mit der Meldung, dachte ich. Zur Grenze zu fahren war mir zu weit mit dem Kind. Später bin ich in die Uni gegangen. Ich sollte eine Vorlesung halten, ausgerechnet über die »Politische Ökonomie des Kapitalismus«. Aber nur zwei Studenten waren da. Als wir dann versuchten durch die Stadt an die Grenze zu gelangen, war kein Durchkommen. Ganz Berlin schien in Bewegung. Erst zwei Tage später war ich zum ersten Mal im Westen.

**Sarah Wagenknecht,
PDS-Linksaußen**

In der Nacht des 9. November 1989 war mir überhaupt nicht zum Feiern zumute. Sicher, Reisefreiheit ist eine schöne Sache. Aber beim »Mauerfall« ging es ja nicht in erster Linie ums Reisen. Es ging darum, ob es die DDR weiterhin geben wird. Zwar hatte auch ich an den damaligen DDR-Verhältnissen einiges auszusetzen. Ich wollte

die DDR anders, Ich wollte sie besser, aber ich wollte vor allem, dass dieser Versuch einer sozialeren, einer nicht-kapitalistischen Gesellschaft weiter eine Chance hat. Ich wollte nicht, dass die Wirtschaftsbosse von Siemens, Daimler und der Deutschen Bank sich den Ostteil Deutschlands wieder unter den Nagel reißen können. Ich wollte nicht in einer Gesellschaft leben, in der wenige unvorstellbar viel verdienen und viele immer weniger, in der noch die Rendite zählt und Freiheit mit dem Faustrecht des Stärkeren verwechselt wird, in der jeder rücksichtslos seine Ellenbogen einsetzen muss, will er nicht auf der Verliererseite landen. Die Hoffnung auf eine andere Lösung hat der 9. November zerstört. Deshalb saß ich damals ziemlich wütend und zugleich sehr traurig in meiner Wohnung und las Kants »Kritik der reinen Vernunft«.

Stern

❶ 🖺🖺 Was gehört hier zusammen?

a	der Mist	1	*furious*
b	das Volkspolizeikreisamt	2	*law of the jungle*
c	die Rendite	3	*district police station*
d	das Faustrecht	4	*return on capital, financial yield*
e	wütend	5	*manure, muck*

❷ **Zum Schreiben.** Schreiben Sie eine Zusammenfassung in indirekter Rede (nicht mehr als 60 Wörter) von Katrins Bericht. Fangen Sie so an:

Katrin hatte die Pressekonferenz mit Schabowski verfolgt, aber nicht geglaubt…

❸ **Partnerarbeit.** Sarah sieht die Sache anders. Für sie war der Mauerfall eine Tragödie. Bereiten Sie ein Interview mit Sarah vor. Stellen Sie Fragen über das, was sie hier sagt, und auch über andere Aspekte der DDR. Hier sind einige Vorschläge.

- War die DDR wirklich eine sozialere Gesellschaft, wie Sie hier meinen?
- Die DDR war doch ein autoritärer Staat, oder?
- Wie ist es möglich den Bau einer solchen Mauer zu verteidigen?

Kulturmagazin **8**

„Adieu DDR"

Helga Königsdorf, geboren 1936 in Gera, war bis Ende der siebziger Jahre als Mathematikerin an der Akademie der Wissenschaften in Ostberlin tätig. 1978 veröffentlichte sie ihre ersten Erzählungen, „Meine ungehörigen Träume".

Wir geben es auf, dieses Land, das mit seinen falschen Strukturen unser Wollen unmöglich machte. „Grau" wurde es genannt. Doch wir, die wir nicht genau wußten, wie die Welt aussieht, die wir krank waren vor Fernweh, haben in ihm, fast ohne es selbst zu bemerken, jede Menge Leben gelebt… Was bleiben wird, sind wir, die Menschen in diesem Territorium. Ohne den Ort zu verändern, gehen wir in die Fremde. Heimat aufgeben kann eine lebenswichtige Operation sein. Doch immer, wenn das Wetter umschlägt, werden wir einander ansehen, lange noch, und diesen Schmerz empfinden, diese Vertrautheit, die keiner sonst versteht.

von Helga Königsdorf, *Adieu DDR,* Rowohlt Taschenbuch Verlag

„Berlin – eine Unglücksstadt"

Stefan Heym, geboren 1913 in Chemnitz, emigrierte 1933 in die USA. Als amerikanischer Soldat nahm er an der Invasion der Normandie teil. Er wurde später wegen prokommunistischer Haltung aus der Armee entlassen und übersiedelte 1952 in die DDR. Er lebte als freier Schriftsteller und fürchtete sich nicht Kritik an der Regime auszuüben. Im Herbst 1994 wurde er auf der Liste der PDS als Abgeordneter in den Deutschen Bundestag gewählt.

Stefan Heym

Wir hatten den Kaiser, den mit dem vergüldeten Helm über dem gezwirbelten Schnurrbart; der ging dann nach Doorn in Holland, und übte sich im Holzhacken. Dann hatten wir den dicken Ebert, der in die Inflation schlidderte, und den Feldmarschall Hindenburg, der den ganzen bankrotten Laden an Hitler übergab, und Hitler zog in die Wilhelmstraße und starb in dem Bunker dort, als die Sowjets auf dem Reichstag ihre Fahne hißten, die rote. Und dann hatten wir den Genossen Ulbricht und den Genossen Honecker – ja, ich glaube wirklich sagen zu können, daß Berlin eine Unglücksstadt ist für deutsche Regierungen, sie enden alle böse hier, und wenn ich ein deutscher Regierungschef wäre, heute, ich zöge lieber, als daß ich nach Berlin käme, in den Kyffhäuser wie der Kaiser Barbarossa selig und ließ meinen Bart durch den steinernen Tisch hindurchwachsen dort – oder ich bliebe wenigstens in Bonn. Aber mich fragt keiner.

von Stefan Heym, *Filz. Gedanken über das neueste Deutschland,* ©Bertelsmann Verlag

❶ Machen Sie die Aufgaben auf Arbeitsblatt 8.1 „Adieu DDR".

A8.1

Die deutsche Einheit

Mit der Wende und der Vereinigung Deutschlands ging für die Mehrheit der Deutschen ein Traum in Erfüllung. Aber die Einheit hat auch Probleme mit sich gebracht. Mehr als 40 Jahre Trennung entfallen nicht so schnell dem Gedächtnis. Also hat es Spannungen zwischen „Wessis" und „Ossis" gegeben, und der ehemalige Bundeskanzler Willi Brandt hat am 20. Dezember 1990 von „Mauern in den Köpfen" gesprochen.

▷ Aus den Zeitungen – die deutsche Vereinigung

Mit der Wirtschafts-, Währungs- und Sozialunion am 1. Juli 1990 beginnt der konkrete Fahrplan für die Etappen zur deutschen Einheit, die am 3. Oktober 1990 mit dem Beitritt der DDR zur Bundesrepublik Deutschland endgültig vollzogen wird.

Von »Ossis« und »Wessis«

… Was wissen wir wirklich von den Freuden und Kümmernissen der anderen Deutschen?

Fortan teilen wir zusammen einen Staat. Darin sind die einen reicher an Gütern, die anderen ärmer. Was jedoch keineswegs bedeutet, dass die einen dümmer und die anderen klüger wären… Weder Ossi noch Wessi, oder wie wir uns sonst noch nennen wollen, haben Grund dazu, Minderwertigkeitskomplexe oder übersteigertes Selbstwertgefühl aufkommen zu lassen. Dafür gibt es viel zu viel zu tun in diesen und kommenden Tagen. Beiderseits.

Wochenpost

Regierungserklärung von Helmut Kohl im Bundestag am 23.8.90 zur Vereinigung

In seiner Regierungserklärung zur Vereinigung Deutschlands sagte Bundeskanzler Helmut Kohl gestern im Bundestage unter anderem: „Der heutige Tag ist ein Tag der Freude für alle Deutschen. Am Mittwoch, dem 3. Oktober 1990, wird der Tag der Wiedervereinigung sein. Es wird ein großer Tag in der Geschichte unseres Volkes sein. Nach über vierzig Jahren geht in Erfüllung, wozu die Präambel des Grundgesetzes das gesamte deutsche Volk auffordert: in freier Selbstbestimmung die Einheit und Freiheit Deutschlands zu vollenden."

Der Morgen

Die Nation feierte die Vereinigung friedlich

Vollmond, Feuerwerk und Kaiserwetter: Nichts, was das Fest der Einheit hätte stören können. Aber: Es machten sich weder Ausgelassenheit breit, noch nationaler Taumel; eher vereinzelt flatterten schwarz-rot-goldene Fahnen, komische Relikte aus der Zeit der Winkelemente, Zierrat einer Epoche, die vorüber ist. Was Eingeborene und Zugereiste in den letzten beiden Tagen in Berlin feierten, hatte nichts mit nationaler Euphorie gemein, keine Siegesstimmung, kein Überschwang. Mit gebremstem Schaum, hart an der Grenze zur sprichwörtlichen deutschen Unfähigkeit zu feiern, nicht unglücklich, mit gedämpfter Langeweile beginnen die Deutschen diese Tage.

die tageszeitung

Nationalhymne im Bundestag

Mit großen Mehrheiten haben Bundestag und Volkskammer gestern den Einigungsvertrag endgültig verabschiedet und damit den Weg zur deutschen Einheit am 3. Oktober freigemacht. Bei der Bekanntgabe des Abstimmungsergebnisses im Bonner Bundestag erhoben sich die Abgeordneten und sangen die Nationalhymne…

Berliner Morgenpost

der Beitritt joining	**verabschieden** to pass (a law)
die Regierungserklärung (-en) government statement	**die Bekanntgabe (-n)** announcement
der Bundestag federal parliament	**das Abstimmungsergebnis (-se)** result of the vote
das Grundgesetz Basic Law (German constitution)	**der Abgeordnete (-n)** member of parliament
die Selbstbestimmung self-determination	**die Nationalhymne (-n)** national anthem
die Mehrheit (-en) majority	**die Winkelemente (*pl.*)** not easy to translate; refers to the 'rentacrowd' elements of the old GDR who enjoyed flag-waving at events such as national parades
die Volkskammer (-n) parliament of former GDR	
der Einigungsvertrag (-verträge) treaty of union	

❶ 🗐🗐 Suchen Sie im Text die deutschen Entsprechungen der angegebenen englischen Vokabeln.

a *to invite*	**g** *magnificent sunshine*
b *to bring to completion*	**h** *liveliness, boisterousness*
c *troubles, worries*	**i** *frenzy*
d *from now on*	**j** *decoration*
e *inferiority complex*	**k** *exuberance*
f *self-esteem*	**l** *proverbial*

❷ Zum Schreiben. You are a journalist required to provide a summary for English readers of German newspaper reports of German reunification in 1990. Write a report of about 100 words, summarising the information from the German newspaper extracts on page 133.

❸ Your summary has awakened interest, particularly the reference to the report in the *Tageszeitung*. Now provide a detailed translation into English of that extract.

❹ Partnerarbeit. Your editor has decided to follow up your written reports by sending you to interview individuals about some aspects of the reports. With a partner, work out a series of questions to find out more from the following people.

a *A member of parliament who heard the Chancellor's speech, participated in the vote and joined in the singing of the national anthem.*

b *A member of the public about the reference to Ossis und Wessis.*

c *Somebody who was in Berlin for the celebrations described in the* Tageszeitung.

1990: Deutschland feiert vor dem Reichstag seine Vereinigung

▶ Vereinigung oder Übernahme – pro und contra

Die Vereinigung wurde nicht immer von den „Ossis" als positiv gesehen. Ute spricht hier von den „schönsten Tagen ihres Lebens", aber auch von weniger günstigen Aspekten der Vereinigung.

A variety of words can be used to describe aspects of the unification, depending on whether the process is viewed favourably or critically.

die Vereinigung (-en) unification

die Übernahme (-n) takeover

die Vereinnahmung (-en) takeover

die Kolonialisierung (-en) colonisation

der Beitritt (-e) joining

die Währungsunion (-en) unification of currency

❶ ◆◆ Ergänzen Sie den folgenden Ausschnitt aus dem ersten Teil des Interviews, indem Sie je ein Wort in jede Lücke setzen.

Ja, also wenn ich ___1___ , muss ich sagen, ich glaube für – ich kann zumindestens für uns beide sprechen – war das Jahr 89/90 ___2___ die schönsten Jahre unseres Lebens, weil wir Geschichte ___3___ erlebt haben, ja. Die Ereignisse, die hatten ein solches ___4___ Tempo, so dass also ___5___ neue Nachrichten, neue Informationen waren und wir eigentlich ___6___ und hingerissen waren von dieser Entwicklung, die die ganze Sache nahm und ___7___ setzte sich also auch bei uns diese Freude und die ___8___ ein, wieder ein Deutschland zu sein.

❷ Zum Schreiben. Ute sagt: „Ich glaube, der Begriff der Kolonialisierung ist da gar nicht so falsch." Was gibt sie für Beweise von einer so genannten „Kolonialisierung"? Fassen Sie auf Deutsch zusammen (150 Wörter), was sie über die folgenden Elemente sagt.

- die westlichen Firmen und Monopole und Verkaufsketten
- die Steuern
- Alteigentümer in der Berliner Vorstadt
- eine Frau, die ein Haus auf dem Potsdamer Platz hatte

> ## Der Reichstag öffnet die Tore

Von 1894 bis 1933 Sitz des deutschen Parlaments, die Ruine des Reichstags steht seit 1933 als Mahnmal der Zerstörung der deutschen Demokratie der Weimarer Republik durch die Nazidiktatur. Der Umzug des Bundestags nach Berlin aus Bonn wurde schon 1991 beschlossen. Erst 1999 wurde das umgebaute Parlamentsgebäude eröffnet.

Der „Besser Wessi"
Witze aus den Neuen Bundesländern

Wessi beschwörend: „Ossi, ich will doch nur Ihr Bestes".
Ossi konsequent: „Ja, aber das bekommen Sie nicht".

In der Ossi-Schule.
„Wer kennt von euch eine Menschenfresserart?"
„Der Wessi."
„Wieso?"
„Papa sagt immer, die Wessis fressen uns noch mit Haut und Haaren auf."

Besucher-Ansturm auf den Reichstag

BERLIN – Schlangen vor dem Berliner Reichstag: Seit gestern ist das Parlamentsgebäude wieder für die Bürger offen. Der Bundestag rechnet in den fünf Tagen der „Ein- und Ausblicke" mit bis zu 200 000 Besuchern – 50 000 mehr als beim letzten Mal. Schon um halb neun standen Petra Weickgenannt (26) und ihr Bruder Martin (18) aus Schopfheim vor dem noch geschlossenen Reichstag. „Wir wollten unbedingt die Ersten sein, freuen uns total auf die berühmte Kuppel." Um zehn Uhr war es soweit, die Tore öffneten sich. Jetzt reichte die Schlange schon um das halbe Gebäude herum. Nur langsam schoben sich die Besuchermassen durch die Stockwerke, vorbei am Plenarsaal und dem Fraktionssaal der SPD. „Bis zur Kuppel haben wir eine Stunde gebraucht", erzählt Ulla Spörer (46) aus Hannover, die mit der ganzen Familie gekommen ist.

„Das Gebäude ist einfach wunderbar, so hell und freundlich – kein Vergleich zu Bonn. Hier ist unser ehemaliger Landesvater Schröder bestens aufgehoben."

Draußen hatte sich die Warteschlange bis zum Mittag auf 20 Meter verkürzt. Auch Nicola Vespa (29) aus Paris reihte sich ein. „Toll, dass die Deutschen

ihr Regierungsgebäude öffnen. Das ist der Höhepunkt meines Berlin-Urlaubs", meinte die Französin begeistert. „Isch liebe Berlin!"
Berliner Kurier

❶ ▦ Sie sind Reporter/in und Sie interviewen die Leute, die im Text angesprochen werden. Stellen Sie Fragen um mehr über ihre Meinungen und ihre persönlichen Interessen zu erfahren.

a Petra Weickgennant
b Petras Bruder Martin

c Ulla Spörer
d Nicola Vespa

❷ **Gruppenarbeit mit Rollenspiel.** Jetzt stellen Sie diese Fragen an andere Studenten. Jeder wählt, welche Person er/sie spielt. Sie müssen dann jedem Partner/jeder Partnerin Ihre Fragen stellen. Dann spielt er/sie die Rolle im Interview.

❸ Die folgenden Sätze beziehen sich auf den Text. Wählen Sie das jeweils richtige Wort von den drei Alternativen in den folgenden Sätzen.

a Eine ganze (Menge / Haufen / Pöbel) von Leuten haben den Reichstag besucht.
b Die Zahl der Besucher ist seit dem letzten Mal (erhöht / vermehrt / angestiegen).
c Viele Besucher sind schon (morgen früh / früh am Morgen / morgen in der Frühe) angekommen.
d Zwischen dem Reichstag und dem Regierungsgebäude in Bonn ist kein (Ausgleich / Vergleich / Gleichsetzung).
e Nicola Vespa wollte sich auch (einreihen / einmischen / einordnen).

❹ **Zum Schreiben.** Schreiben Sie einen Aufsatz (250 Wörter) über eines der folgenden Themen.

a Zur deutschen Wiedervereinigung hat jemand gesagt: „Das war zu viel in zu kurzer Zeit." Erklären Sie diese Aussage.
b „Vielen hat die Wende bis jetzt Arbeitslosigkeit, Coca Cola und McDonald's gebracht." Wie würden Sie diese pessimistische Zusammenfassung erklären und wie würden Sie darauf reagieren?
c „Berlin: die alte und neue Hauptstadt Deutschlands." Besprechen Sie diese Aussage.

❺ ◆◆ Machen Sie die Aufgaben auf Arbeitsblatt 8.2 „Eine Junglehrerin spricht über Vergangenheit und Zukunft".

A8.2 ▸

❻ Machen Sie die Aufgaben auf Arbeitsblatt 8.3 „Grammatik: Wiederholung des Konjunktivs".

A8.3 ▸

❼ ▦ Machen Sie die Aufgaben auf Arbeitsblatt 8.4 „Neues Deutschlandlied".

A8.4 ▸

❽ Machen Sie die Aufgabe auf Arbeitsblatt 8.5 „Debatte".

A8.5 ▸

Developing Examination Skills

This section will provide you with some strategies and ideas to help you towards success in German at A2-Level.

1 Coursework or topic essays in the exam?

In most schools your teacher will make the decision whether to enter you for coursework or for the exam paper which requires you to write essays on literary or non-literary topics, although in some cases you may be allowed to choose for yourself. This section deals with both, and you will find that both are marked according to the same mark scheme. If you want to do well, you need to demonstrate good knowledge of the topic you have chosen. This means that:

- a wide range of ideas and examples are covered.
- all parts of your essay are relevant to the questions/title.
- the points made within the essay have been evaluated.
- there is ample evidence of personal reaction, i.e. your own opinion.
- you justified your opinions.

Whether you are writing an extended piece of coursework or an exam essay, your work should always be well structured and display a good command of the German language. This means that your language should:

- be idiomatic.
- display the use of more complex grammatical structures such as the passive or indirect speech.
- show a wide range of appropriate vocabulary.
- be grammatically accurate.
- display good sentence structure.

Whilst for coursework you may consult reference books such as dictionaries and grammar books, neither is permitted during the written exam.

'Discursive/descriptive' and 'argumentative' essays

- In a 'discursive/descriptive' essay different aspects of a problem are examined. You need to first introduce and then cover a range of aspects of your topic. Keep the theme of your essay clear in your mind and make sure that everything you write is relevant to the questions or title.
- In an 'argumentative' essay the case for or against a

particular point of view is argued.

First the topic is introduced and then **thesis**, **antithesis** and **synthesis** need to be written. There are two ways of dealing with this:

1. You present your thesis, i.e. all the points in favour of the argument, followed by your antithesis, i.e. all points against the argument. At the end, you make up your mind in the synthesis whether you agree with one or the other side of your argument or you suggest a compromise.

2. You present your points for and against alternately, i.e. you present a point of your argument in your first paragraph and then start the second paragraph contradicting your first point and so on. Finally you write your synthesis.

Literary essays

For literary essays, the general advice about planning, constructing a solid argument, drawing conclusions is still relevant. In addition, the following points should be noted:

- Answers should demonstrate solid knowledge of the literary text studied, of the author's intentions and the methods used to convey these intentions.
- Questions try to direct your attention to central themes in the text and the way characters and events relate to them.
- Examiners do not expect sophisticated literary criticism, but place great value on a first-hand response and thoughtful personal evaluation of what you have read.
- It is important for answers to be clearly focused on the question asked. Essays should show knowledge of the text, but should not just retell the story.

Organisation, time management and research

Whether you write coursework or write in the exam, it is never too early to get started on planning and preparation. The key words are 'organisation' and 'time management'. There will be deadlines for coursework and a tight time frame in the written exam. Here are some suggestions to help you tackle coursework or prepare for the exam option. Before you start your research:

- Find out which topics are covered by your particular exam board.

- Decide which topics you want to prepare. You may be allowed to choose freely or your choice may be directed by what is covered in class.
- Once you know which topics you are preparing, collate all the information you have from your own file.
- Order your notes according to different topics. You may want to use your computer or different files to do so.

Now you are ready to do more **research** on your topics. Collect information in German, not in English. Make use of:

- libraries
- books, newspapers and magazines in German
- satellite or cable TV and/or German videos
- German radio programmes and audio cassettes
- CD-ROMs
- the Internet.

The Internet is a wonderful source and you might find the following search engines useful:

- www.yahoo.de
- www.dino-online.de
- www.web.de
- www.newscan-online.de

Bibliography and recording sources of information

Make sure that you record all the sources of your information. In your coursework essays you will be required to acknowledge quotes in footnotes and produce a proper bibliography. Any extract from your source material that is at least a sentence long needs to be treated as a **quotation**. A very short quotation can just be put in inverted commas. If it is longer it needs to be separated from the rest of the text by a blank line before and after it, and by being indented. If you do this no quotation marks are needed. After the quotation you should write a **footnote** like this (1). This is the number of the footnote where you give the reference of the quotation. You can do this at the end of each page or in a list at the end of your essay.

Your **bibliography** must be properly presented. Organise it in sections according to your type of source. Put together all the

- books
- magazine articles
- tapes, videos
- other documents.

Within each category organise material alphabetically according to the name of the author. Where this is not possible, arrange it alphabetically according to the title.

- For **books** give the author, title, publisher and date.
- For **articles**, give the name of the article, the name of the magazine and the date.
- For **tapes** and **videos**, give the title, the name of the publisher and the date.
- For **other documents**, give the title, author, publisher and date.

The name of the author comes first. The title of a book or magazine is underlined. The title of an article or chapter is put in inverted commas.

Vocabulary

To make sure that you use a wide range of appropriate vocabulary, make lists or associogrammes of new expressions for each topic whilst doing the research. Learn as many of these words and phrases as possible. You should also learn words and phrases that enable you to:

- sequence your essay.
- compare or balance points.
- introduce opposition and contrast.
- give examples.
- introduce an element of restriction.
- introduce a quotation.
- give opinions.
- justify opinions, etc.

Drawing words and phrases from your authentic materials will show you how they are used idiomatically. You could also refer back to a list given in *Aufgeschlossen* p.145 or consult a good dictionary. Most vocabulary booklets also provide extensive lists of useful vocabulary for essay writing.

Practice and planning

Once you have gathered enough information and learnt important vocabulary, set yourself as many 'timed' essays as possible. You may be doing this in class anyway, but there is nothing to stop you from writing more at home; the more practice you get, the faster you will be able to put your ideas down on paper in a logical and coherent manner. Before you start writing, remember to produce a short plan – this really is time well spent!

Also look at past papers. If you write in the exam, it is essential that you study these papers and produce as many essay plans as possible. Try and think of other possible titles that may come up and prepare essay plans for those too. If you write coursework, past paper questions give you an idea of what is expected and they may inspire you to think of your own titles.

If you write coursework you need to produce a plan in German, once you have collected enough information and decided on a title. Show the plan to your teacher to make sure that you are on the right track.

Planning the **structure** of any essay you need to consider the following points:
- A good **introduction** should get the reader's attention and make sure that he or she wants to read on. Give a context to the essay but do not give away your conclusion. If you present your conclusion at this point there is no need to finish reading the essay. The introduction should be the first paragraph of your essay.
- The **main body** of your piece needs to consist of paragraphs that cover all the points you want to make.
- In your **conclusion** you should restate briefly your main points and sum up. State your personal opinion – but do not forget that you are supposed to state your own points of view throughout the essay. Here you should give a reason why you have reached this particular conclusion. Leave the reader with a memorable point, e.g. a quote, a question, a solution or recommendation, or hint at the wider issues you can see.

Your essays must always consist of **paragraphs**:
- The introduction is your first paragraph.
- Each point you want to make requires a new paragraph.
- Start each paragraph with a lead sentence, from which all other sentences will follow.
- Make your point by providing facts or anecdotal evidence.
- Explain in more detail, giving an example or quote to back up your point.

When you write **coursework**, you will have enough time to **draft** your essay. Try to write your first draft in one long session, e.g. at the weekend. Use your plan and surround yourself with all the information that you intend to use. At this stage your main concern is not accuracy, but getting words onto paper. You can check your accuracy later. If you cannot think of a particular word in German, write it down in English. Make sure not to write whole paragraphs in English though! Wherever possible you should word-process

your essay. This makes it much easier to work on your draft at a later stage.

When you have written your first draft – remember to stick to the word limit, do not write too much or too little – let it rest for a few days. Now go back to your draft, read it carefully and ask yourself whether you have fulfilled the purpose of the writing.
- Have you covered all the points you intended to make?
- Is everything you have written relevant to your questions/title?
- Does each paragraph cover one particular point?
- Does each paragraph have a sentence that summarises its main message?
- Do the other sentences within each paragraph follow logically?
- Is the paragraphing itself logical and coherent?
- Is your message clear?
- Have you used the appropriate style?
- Have you made good use of footnotes to acknowledge quotations?

When you are happy with the content and structure, make sure that your language is accurate: Check and recheck your word order, tenses, spellings, endings, etc., until you are happy that you have done your very best! Produce your final version and make sure that you do not forget to add the bibliography.

2 The oral examination

The particulars of every student's exam depend on the exam board chosen by the school/college. You should take responsibility for knowing exactly what form your exam will take and what you can and/or must prepare beforehand.
In order to do well in your oral exam you should:
- display good knowledge of material that you were allowed to study in advance and/or topics you had to prepare.
- speak as fluently as possible.
- interact well with the examiner.
- show that you need as little prompting as possible.
- give opinions and justify them.
- display good pronunciation and intonation.
- use a wide range of vocabulary and idiomatic language.
- use a range of complex structures accurately.

Preparing yourself for the oral exam

What can you do to prepare yourself? Here is a brief guide to help you. If you have not taken your AS-Level exam at the end of your first year, please look again at pp.139–140 in *Aufgeschlossen*.

Discussion of stimulus material

- If you get your stimulus material before the exam, make sure you understand it well and revise the vocabulary needed in order to discuss the text(s). You should do some research in the same way, as if preparing yourself for writing in the exam, however on a smaller scale.
- Revise the topics covered during your course. Organise your notes and produce vocabulary lists/associogrammes that help you revise and enlarge your range of words and expressions for each topic.

Presentation of a topic followed by a discussion

- If you have to present a topic, research it well and learn appropriate lexis to express important points as well as your opinion on the matter.
- Be prepared to be challenged by the examiner. You may be surprised to hear that your examiner thinks that "women should be chained to the kitchen sink" or that "we should not worry too much about the environment". This is done to give you a chance to express your opinion and argue your point well.

Interpreting tasks

- Interpreting is an excellent skill but needs a lot of practice. Of course you will need as wide a range of vocabulary as possible to feel secure in such a task.
- Practise translating short extracts in writing. This will also help you with some written exam papers.
- Listen to people around you and try to think how you would convey what they say in German.
- Listen to short sections of German tapes and videos and think about how you might express in English what you have heard.

General conversation about your particular interests

- If you are allowed to submit a list of subject areas of your choice, make sure that you have researched all of

them equally well.
- Research in the same manner as if you had to write an essay on the topic.
- Think up a list of questions for each topic that the examiner might ask you and write out a short answer.

General conversation about a range of topics covered during your course

- If you do not know what exactly the topics of your conversation might be, prepare yourself by covering as wide a range as possible.
- Revise from your course book and do some research to widen your knowledge.
- The same vocabulary that you need to know to structure an essay will be useful to express yourself coherently during the oral exam.

3 Mixed skill papers

In the time leading up to the final examination, you will be revising grammar and vocabulary. In addition, you need to work on exam techniques. The types of task you may encounter in the mixed skill papers will be similar to exercises in your course book. Your teacher may also be in a position to provide you with more exam-type exercises and/or past exam papers. As a candidate you must train yourself to complete the required listening and reading, as well as writing tasks, within the time frame. It is therefore important to complete as much 'timed work' at home as you can. Here are some ideas on how to deal with these papers.

Listening

- Buy a walkman with a counter if your school cannot provide you with one. Without a rev. counter you could waste valuable time if you lose your place on the tape.
- Take your time when reading the questions. Make sure you know *exactly* what you have to do before you tackle the task.
- Always read the questions *before* listening to the tape or reading your text. This gives you valuable clues as to the content and saves you wasting valuable time.
- Note the marking system and give more information to gain more marks.

Reading

- Identify the section of the text which is referred to in

the question/task. When working on reading texts, have several different coloured highlighters handy. This makes it easier to mark possible answers in the text.

- Don't forget to look at the headlines and the captions to any illustrations.
- Remember that the answers to your questions occur in the same order in the text. This is particularly important to remember when you have to find synonyms in the text.
- True/false/not in the text, multiple-choice or correcting mistakes in sentences/texts are all the same task in different guises. Identify the section of the text which is referred to in the sentence and look very carefully for any traps. Use your knowledge of grammar, understanding of the text and your common sense.
- Do not leave any blanks. If you do not know the answer, then guess. Trust your instincts.
- Don't jump to conclusions. Remember false friends, for example: *die Sympathie* does not mean 'sympathy'.
- To finish half-completed sentences, identify the part of the text that the sentence refers to and make sure you understand its meaning. Look very carefully at the incomplete sentence and decide what, grammatically, must come next. Here, your ability to identify and use tricky grammatical points is being tested.
- If you have to fill in gaps in a text from a list provided, look at the words given and sort them into categories: adjectives, adverbs, nouns, verbs, etc. Look at the grammar of the gapped sentence – what logically is needed here? Use logic and the meaning of the text to choose between two possibilities. The same is true for gapped texts where there is no list to choose from.
- If you have to find corresponding points from lists A and B, use your knowledge of grammar as well as the content of the text.
- When you have to answer questions in whole sentences, do not copy great chunks from the text. Use sentences from the text in your answers, but change them sufficiently for the answers to be in your own words, e.g. change active sentences into passive ones; change verbs into nouns; use synonyms, etc. Remember that the number of marks shows how many points you are supposed to write down.
- Remember that you gain marks both for correct information given in your answer and also for accurate language.

Translations

- Translations from German into English: make sure it is

absolutely clear what you have to translate. Translate the whole of the text you have been asked to work on and be accurate. Do not be afraid to break up some sentences. German sentence structure is different from the English. Be careful of verb tenses and idiomatic expressions. Your work should end up sounding as though it had originally been written in English, not translated from German. If your translation sounds odd, it's most probably wrong.

- Translating from English into German: the same applies as above, although you will probably find it more difficult to translate into German, which means you should spend more time practising it.

Answering questions in the other language

- If you have to answer German questions on an English text, again watch out for verb tenses and idiomatic expressions. The text may be in English but your answers should sound German!
- If you are asked to answer English questions on a German text, make sure you understand the whole context before you start writing your answers.
- When you have to make a list of points in English, take care to mention as many things as there are marks allocated. If you get stuck, guess!
- Producing summaries in English is *not* a translation! In a summary you should mention the most important points only.
- If you have to write a summary in German of a short listening item, there will be questions or bullet points to help you. Answer/Mention *all* points and use the bullet points to help structure your text.

Timing

- Remember that you have a whole paper to get through – do not spend too long on any one task. Do not spend too much time on difficult tasks with a small number of marks allocated. Set aside tasks that make you panic because you cannot figure out the answer and come back to them when you have completed the rest of the paper. Try not to leave blanks though – guess where possible.
- Don't forget that you do not need to get *everything* right in order to obtain an excellent grade!
- Once you have handed the paper in, don't worry about it again. It's over and time to concentrate on the next exam!

Grammar Summary

Introduction

- This is a grammar summary, not a comprehensive guide to the whole of German grammar. It includes clear explanations in English of the grammar points covered in *Aufgeklärt* as well as helpful examples in German and English.
- Sometimes grammar points are linked together or become clearer when you look at another section. In these cases the fast forward >> or rewind << symbols refer you to the appropriate section.
- You can find extra practice of grammar in the main part of this book (**Grammatik zum Üben**) and on worksheets (**Grammatik Extra**). Check that you have understood the point and do the exercises. The important thing then is to use the construction yourself – make up sentences that deliberately use the point you have just learnt and that will help it stick in your memory.

1 Nouns and articles

A noun (**Substantiv**) is a naming word. It can be the name of a person, animal, thing or quality. The test of whether a word is a noun in English is to see if you can put 'the' or 'a/an' before it. In German, all nouns start with a capital letter, wherever they are in a sentence.

1.1 Gender

German nouns are grouped according to three genders – masculine (**Maskulinum**), feminine (**Femininum**) and neuter (**Neutrum**). Some of the masculine and feminine nouns are very obvious because they refer to male or female people and animals. The rest are not so obvious and just have to be learnt.

The gender of a noun may seem random at first, but there are patterns which can often help you recognise what gender it is likely to be.

a. Masculine

■ Most nouns ending in **-er**.
Some notable exceptions are:

mother	*daughter*	*sister*
Mutter (f)	**Tochter** (f)	**Schwester** (f)
butter	*number*	
Butter (f)	**Nummer** (f)	

■ Seasons, months and days.

b. Feminine

■ Most nouns ending in **-e**.
Some notable exceptions are:

name	*cheese*	*end*
Name (m)	**Käse** (m)	**Ende** (n)

■ Nouns ending in **-heit**, **-keit**, **-schaft**, **-ung**.

■ Most nouns ending in **-ion**, **-ik**.

c. Neuter

■ Most nouns which refer to the young or end in **-chen** or **-lein** (a smaller version of something). This means that some words you might expect to be feminine are actually neuter:

girl	*young woman*
Mädchen (n)	**Fräulein** (n)

■ Many foreign nouns.

■ Nouns ending in **-um**.

■ Nouns ending in **-en** (often formed from verbs).

1.2 Definite article

In English, we only have one definite article: 'the'.
In German, there are many. The form depends on the noun it belongs with (gender, singular or plural, place in the sentence). >> 1.4, 1.6

If the definite article is the subject >> 1.4 of the sentence, it is one of these words:

	m	f	n	pl (all genders)
the	**der**	**die**	**das**	**die**

1.3 Indefinite article

In English, the indefinite articles are 'a' or 'an' in the singular and 'some' or 'any' in the plural.
If the indefinite article is the subject >> 1.4 of the sentence, it is one of these words:

	m	f	n	pl (all genders)
a, an	**ein**	**eine**	**ein**	(there is no plural indefinite article in German)

1.4 Cases

The articles (definite and indefinite) vary according to their place in a sentence. This is shown in German by using a different 'case'. There are four cases:

■ Nominative (**Nominativ**)
used for the subject of the sentence (the person or thing doing the action of the verb) **>>** 1.6–1.8

■ Accusative (**Akkusativ**)
used for the direct object of a verb (the person or thing that has the action of the verb done to it) **>>** 1.6–1.8, 4.2
used after certain prepositions **>>** 1.6–1.8, 6.1, 6.3

■ Genitive (**Genitiv**)
used to indicate possession, 'of' **>>** 1.6–1.8, 1.10
used after certain prepositions **>>** 6.4

■ Dative (**Dativ**)
used for the indirect object of a verb, 'to' or 'for' **>>** 1.6–1.8, 4.3
used after certain prepositions **>>** 6.2, 6.3
used after certain verbs **>>** 5.10

1.5 Weak masculine nouns

A small group of masculine nouns are known as 'weak' nouns – **schwache Substantive**. They add **-n** or **-en** in all but the nominative singular. Here are some common examples:

	gentleman	*boy*	*student*	*policeman*
nom	**Herr**	**Junge**	**Student**	**Polizist**
acc/gen/				
dat	**Herrn**	**Jungen**	**Studenten**	**Polizisten**
plural	**Herren**	**Jungen**	**Studenten**	**Polizisten**

Other weak masculine nouns include **Affe(n)** (monkey), **Bauer(n)** (farmer), **Christ(en)** (Christian), **Elefant(en)** (elephant), **Held(en)** (hero), **Kamerad(en)** (friend), **Löwe(n)** (lion), **Mensch(en)** (human being), **Nachbar(n)** (neighbour), **Nerv(en)** (nerve), **Prinz(en)** (prince), **Tourist(en)** (tourist).
>> 1.9

1.6 Endings for definite article

The definite article changes in the following ways:

	m	f	n	pl (all genders)
nom	der	die	das	die
acc	den	die	das	die
gen	des	der	des	der
dat	dem	der	dem	den

nom/ acc	*The boy is eating the apple.* **Der Junge** isst **den Apfel.**
gen	*The girl's apple (The apple of the girl).* **Der Apfel des Mädchens.**
dat	*The boy gives the apple to the girl.* **Der Junge gibt dem Mädchen den Apfel.**

>> 7.7

1.7 Endings for indefinite article

The indefinite article changes in the following ways:

	m	f	n	pl (all genders)
nom	ein	eine	ein	–
acc	einen	eine	ein	–
gen	eines	einer	eines	–
dat	einem	einer	einem	–

nom/ acc	*A boy is eating an apple.* **Ein Junge** isst **einen Apfel.**
gen	*A girl's apple (The apple of a girl).* **Der Apfel eines Mädchens.**
dat	*The boy gives an apple to a girl.* **Der Junge gibt einem Mädchen einen Apfel.**

1.8 Negative article

In English, there is no single word for the negative article. It is translated as 'not a/an', 'no' or 'not any'. In German, it is just like the indefinite article with a 'k' at the beginning, and its plural endings are like those of the definite article. So there's nothing new to learn here!

	m	f	n	pl (all genders)
nom	kein	keine	kein	keine
acc	keinen	keine	kein	keine
gen	keines	keiner	keines	keiner
dat	keinem	keiner	keinem	keinen

nom	*That's not an apple.* **Das ist kein Apfel.**
acc	*I haven't got an apple. (I've got no apple.)* **Ich habe keinen Apfel.**
gen	*No girl's apple. (The apple of no girl.)* **Der Apfel keines Mädchens.**
dat	*He won't give the apple to a girl.* **Er gibt keinem Mädchen den Apfel.**

1.9 Plural forms

Most English nouns just add '-s' to make them plural, but German nouns form their plurals in a variety of ways. There are always going to be exceptions to rules, but here are a few patterns which should help make learning the plurals of German nouns a little easier.

- Most feminine nouns add **-n** or **-en**.

- Many foreign words add **-s**.

- Most masculine nouns add **-e** and put an **Umlaut** on the main vowel.

- Most neuter nouns add **-er** and put an **Umlaut** on the main vowel.

- Most masculine and neuter nouns ending in **-el**, **-en**, **-er**, **-chen**, **-lein** don't change.

- Some masculine nouns ending in **-el**, **-en**, **-er** just add an **Umlaut**.

- Some masculine and neuter nouns add **-e**.

- Weak masculine nouns add **-n** or **-en**. << 1.5

In the dative plural, all nouns add an extra **-n** or **-en** to the plural form (unless this already ends in **-n** or **-s**):

to the houses	*to the (female) teachers*	*to the offices*
den Häusern	den Lehrerinnen	den Büros

1.10 Genitive forms

In English, the 'apostrophe s' is used to show possession. There is not usually an apostrophe in German. Instead, you have to turn the phrase round:

the girl's apple = the apple of the girl
der Apfel des Mädchens

With people's names you don't have to turn the phrase round, but you still don't normally use an apostrophe. You can use an apostrophe in some cases, for instance as you would in English to make it clear whether something belongs to Andrea or Andreas:

Peter's book	*Andrea's book*	*Andreas' book*
Peters Buch	Andreas Buch	Andreas' Buch
	Andrea's Buch	

In the genitive singular, most masculine and neuter nouns add an extra **-s** or **-es**:

of the car	*of the wood*	*of the hotel*
des Wagens	des Waldes	des Hotels

2 Adjectives

An adjective is a describing word which tells you something more about a noun. In German, nouns and articles change depending on their position in a sentence. Normally, the adjectives that are attached have to change too. They are said to 'agree'. Here are some of the ways in which they agree.

2.1 Free-standing adjectives

If an adjective stands by itself after a noun, it does not have to agree at all, it never changes:

The book is red.	*The blouse is red.*
Das Buch ist rot.	Die Bluse ist rot.

2.2 Adjectives with definite article

If the adjective stands before the noun, it has to agree in three ways:

- gender (masculine, feminine or neuter)
- number (singular or plural)
- case (nominative, accusative, genitive or dative).

It does this by adding certain endings. This is easier than it sounds because the ending is usually **-en**. Below are the adjective endings used with the definite article:

	m	f	n	pl (all genders)
nom	-e	-e	-e	-en
acc	-en	-e	-e	-en
gen	-en	-en	-en	-en
dat	-en	-en	-en	-en

2.3 Adjectives with indefinite article

Here are the adjective endings used with the indefinite and negative articles:

	m	f	n	pl (all genders)
nom	-er	-e	-es	-en
acc	-en	-e	-es	-en
gen	-en	-en	-en	-en
dat	-en	-en	-en	-en

2.4 Adjectives with no article

Sometimes an adjective is just used by itself with a noun (black coffee, clean shoes). The adjective then takes on the endings that the definite article would have had (with slight modifications in the neuter and the genitive):

	m	f	n	pl (all genders)
nom	-er	-e	-es	-e
acc	-en	-e	-es	-e
gen	-en	-er	-en	-er
dat	-em	-er	-em	-en

For this group of endings in particular, it is helpful to learn a few useful phrases as a pattern:

Black coffee is tasty. **Schwarzer Kaffee schmeckt gut.**
I like German wine. **Ich trinke gern deutschen Wein.**
Young people have good ideas.
Junge Leute haben gute Ideen.
People with big houses. **Leute mit großen Häusern.**

2.5 Adjectives used as nouns

Just as in English (e.g. the rich, the poor, the dead), it is possible to use adjectives as nouns in German. The important difference is that the adjective must have a capital letter in German, and it has endings as if it were being used as a normal adjective:

The old man was working with the poor.
Der Alte arbeitete mit den Armen.

A good boss has no time for lazy people.
Ein guter Vorgesetzter hat keine Zeit für Faule.

2.6 Comparative adjectives

Adjectives are compared in much the same way as in English, usually by adding **-er** to the end. If the adjective only has one syllable, you sometimes put an **Umlaut** on the vowel if you can. In English, longer adjectives have 'more' before them, but you don't need to add this in German – just add **-er**:

small, smaller   old, older   interesting, more interesting
klein, kleiner   alt, älter   interessant, interessanter

There are a few irregular adjectives which do not follow any particular rule. Some are irregular in English, too:

good, better   much/many, more   high, higher
gut, besser   viel, mehr   hoch, höher

If 'than' follows the comparison, use **als**:

An elephant is bigger than a mouse.
Ein Elefant ist größer als eine Maus.

2.7 Superlative adjectives

To say 'the most' in German, you usually add **-st** or **-est** to the adjective and use it with the correct form of the definite article. Don't forget to put on the appropriate endings: << 2.2, 2.3, 2.4

	m	f	n
nom	der schönste	die schönste	das schönste
acc	den schönsten	die schönste	das schönste
gen	des schönsten	der schönsten	des schönsten
dat	dem schönsten	der schönsten	dem schönsten

	pl (all genders)
nom	die schönsten
acc	die schönsten
gen	der schönsten
dat	den schönsten

the best   the highest   the most   the nearest
der beste   der höchste   der meiste   der nächste

Kölsch is the tastiest beer.
Kölsch ist das leckerste Bier.

Most people drink the cheapest lemonade.
Die meisten Leute trinken die billigste Limonade.

2.8 Possessive adjectives

Possessive adjectives show belonging – they are words like 'my', 'your', etc. Although they are called adjectives they really work like articles. They have exactly the same endings as the negative article and they agree in the same way with the noun that follows. << 1.8

Here are the different forms of 'my':

	m	f	n	pl (all genders)
nom	mein	meine	mein	meine
acc	meinen	meine	mein	meine
gen	meines	meiner	meines	meiner
dat	meinem	meiner	meinem	meinen

Where's my book? It's in my bag with my exercise books.
Wo ist mein Buch? Es ist mit meinen Heften in meiner Tasche.

The other possessive adjectives follow the same pattern of endings as **mein**, so these endings only need learning once:

your (familiar, sing)	**dein**
his, its	**sein**
her, its	**ihr**
its	**sein**
our	**unser**
your (familiar, pl.)	**euer**
your (polite, sing. and pl.)	**Ihr**
their	**ihr**

Their country is wasting its resources.
Ihr Land verschwendet seine Ressourcen.
Have you got your money and your tickets?
Habt ihr euer Geld und eure Fahrkarten mit?

2.9 Demonstrative and interrogative adjectives

These say (or ask) something more about position. Although they are called adjectives in English they really work like articles. They have exactly the same endings as the definite article << 1.2; any other adjectives used with them have the same group of endings. << 2.2

Here are the different forms of 'this':

	m	f	n	pl (all genders)
nom	dieser	diese	dieses	diese
acc	diesen	diese	dieses	diese
gen	dieses	dieser	dieses	dieser
dat	diesem	dieser	diesem	diesen

These words follow exactly the same pattern:

that	**jener** (rarely used nowadays)
every	**jeder**
which?	**welcher?**

Which route shall we take? This narrow path or that steep road?
Welche Route nehmen wir? Diesen engen Weg oder jene steile Straße?
With every new project we have these stupid problems.
Mit jeder neuen Initiative hat man diese blöden Probleme.

3 Adverbs

Adverbs are describing words which tell you more about when, how or where something happened – they usually 'qualify' a verb. In English, adverbs often end in '-ly'. Sometimes a phrase is used rather than just one word. In German, adverbs usually come in a certain order. >> 7.6

3.1 Formation

Almost all German adverbs are exactly the same as the corresponding adjective. No endings are needed:

The car is slow (adj.)	**Der Wagen ist langsam** (adj.)
He drives slowly (adv.)	**Er fährt langsam** (adv.)
She works well (adv.)	**Sie arbeitet gut** (adv.)

3.2 Comparative and superlative adverbs

Comparative adverbs are just the same as comparative adjectives, with the same irregularities. In English, they usually have the form 'more -ly' or end in '-(li)er': << 2.6

Buses travel more slowly (slower) than trains.
Busse fahren langsamer als Züge.

Superlative adverbs are formed by using **am** with -(e)sten on the end of the adjective. There are a few irregulars: << 2.7

better, best	**besser, am besten**
higher, highest	**höher, am höchsten**
more, most	**mehr, am meisten**
nearer, nearest	**näher, am nächsten**

Boats travel slowest (most slowly).
Schiffe fahren am langsamsten.
They are shouting loudest.
Sie schreien am lautesten.

3.3 Gern

You can use the adverb **gern** to show that you like doing something. The comparative and superlative are irregular. Here are some examples:

She likes (eating) apples, but she prefers (eating) pears and she likes (eating) bananas best of all.
Sie isst gern Äpfel, aber sie isst lieber Birnen und am liebsten isst sie Bananen.

4 Pronouns

A pronoun is a word which replaces a noun that has already been used.

Thomas is my friend. He is staying with me.
Thomas ist mein Freund. Er wohnt bei mir.

The form the pronouns take depends, like articles and adjectives, on three things:

- gender (masculine, feminine or neuter)
- number (singular or plural)
- case (nominative, accusative, genitive or dative).

4.1 Subject pronouns

These are in the nominative case and are used as the subject of a verb: << 1.4 >> 4.5

I	ich
you (familiar, sing.)	du
he, it	er
she, it	sie
it	es
we	wir
you (familiar, pl.)	ihr
you (polite, sing. and pl.)	Sie
they	sie

What are Helga and I doing? We are going out.
Do you want to come?
Was machen Helga und ich? Wir gehen aus.
Wollt ihr mitkommen?

4.2 Direct object pronouns

These are in the accusative case and are used as the direct object of a verb: << 1.4

me	mich
you (familiar, sing.)	dich
him, it	ihn
her, it	sie
it	es
us	uns
you (familiar, pl.)	euch
you (polite, sing. and pl.)	Sie
them	sie

We're visiting him.   *She saw me.*
Wir besuchen ihn.   **Sie hat mich gesehen.**

The same pronouns are used after certain prepositions:
>> 6.1, 6.3

Here's a present for you.
Hier ist ein Geschenk für Sie.

4.3 Indirect object pronouns

These are in the dative case and are used as the indirect object of a verb: << 1.4

sing.		pl.	
to me	mir	*to us*	uns
to you (fam.)	dir	*to you* (fam.)	euch
to you (polite)	Ihnen	*to you* (polite)	Ihnen
to him, to it	ihm	*to them*	ihnen
to her, to it	ihr		
to it	ihm		

Will you give me a piece?   **Gibst du mir ein Stück?**
I'm sending him a letter.   **Ich schicke ihm einen Brief.**

The same pronouns are used after certain prepositions and with some verbs: >> 6.2, 6.3 << 1.4

The first day of school is a special day for us.
Der erste Schultag ist bei uns ein ganz besonderer Tag.
I like the subject.
Das Fach gefällt mir.

In English, we often miss out the word 'to', so the indirect object can be hard to spot. If you appear to have two objects in a sentence, try putting 'to' in front of each one to find out which is in the dative. >> 7.7

She gives him it (the apple). (him = 'to him')
Sie gibt ihn (den Apfel) ihm.

4.4 Relative pronouns

Sentences are often divided into sections or 'clauses'. Each separate clause has its own verb and structure (e.g. subject, object, etc.). However, if a subject or object is exactly the same in the second clause as in the first, you can avoid repetition by using a relative pronoun:

The girl did the test. The test was very hard.
Das Mädchen schrieb die Arbeit. Die Arbeit war sehr schwer.
The girl did the test which was very hard.
Das Mädchen schrieb die Arbeit, die sehr schwer war.

The relative pronoun is 'which'. In English, it can also sometimes be 'who' or 'that'.

In German, the relative pronouns are exactly the same as the definite articles, except for the genitive (which isn't used much) and the dative plural:

	m	f	n	pl (all genders)
nom	der	die	das	die
acc	den	die	das	die
gen	dessen	deren	dessen	deren
dat	dem	der	dem	denen

The relative pronoun matches the noun it replaces in gender and number, but it might be in a different case, depending on the part it plays in the second clause. If you're not sure of the case, try forming the second clause as a separate sentence and check what part the noun/pronoun plays in it:

We saw the large bird which was in the tree.
(The bird (nom.) was in the tree.)
Wir sahen den großen Vogel, der im Baum war.

The boy who was ill couldn't come with us.
(The boy (nom.) was ill.)
Der Junge, der krank war, konnte nicht mit.

The boy who(m)/that we saw yesterday is ill.
(We saw the boy (acc.) yesterday.)
Der Junge, den wir gestern gesehen haben, ist krank.

That's the ball with which we were playing.
(We were playing with the ball. (**mit** + dative))
Das ist der Ball, mit dem wir spielten.

4.5 Man

The pronoun **man** is used to make generalised statements about people. The English equivalent is 'one', but **man** is used much more often in German to mean 'you', 'they' or 'people in general': **>>** 5.8

You can really relax here.
Hier kann man sich gut ausruhen.
They sell bread in the village.
Man verkauft Brot im Dorf.

The form **man** is very common, but it is only used in the nominative case. Use **einen** in the accusative and **einem** in the dative. The reflexive form is **sich >>** 5.3d. and to show possession use **sein**: **<<** 2.8

A hot bath does you good – you relax.
Ein heißes Bad tut einem wohl: man entspannt sich.
You each have your own room there – nobody can disturb you.
Da hat man sein eigenes Zimmer; keiner kann einen stören.

4.6 Jemand/Niemand

The words **jemand** (someone) and **niemand** (no-one) usually change in the accusative and dative, but this isn't compulsory:

acc	jemanden	niemanden
dat	jemandem	niemandem

Somebody saw me.
Jemand hat mich gesehen.
I saw nobody and spoke to nobody.
Ich habe niemanden gesehen und mit niemandem gesprochen.

5 Verbs

Verbs describe the action, state of being or situation in a sentence or clause. They change according to several factors, but the three most important are:

■ the tense (which is just another word for 'time', i.e. past, present or future)
■ the 'person' of the subject (I, we = 1st person; you = 2nd person, he, she, it, they = 3rd person)
■ whether the subject is singular or plural.

The changing of verbs is referred to as 'conjugating'.

There are two classes of verb in German: 'weak' verbs and 'strong' verbs. Weak verbs have the imperfect ending in **-te** **>>** 5.4a. and the past participle ending in **-t** **>>** 5.3a. Strong verbs change the vowel of the stem to form the imperfect and the endings are different from weak verbs **>>** 5.4b.; the past participle usually has a vowel change in the stem and it ends in **-en** **>>** 5.3b. A small number of verbs are known as 'mixed' or 'irregular' verbs **>>** 5.4c. They have the weak endings but they also change the vowel of the stem in the imperfect and the past participle. Weak verbs are far more numerous but many of the most common verbs are strong. There is no way of telling from the infinitive whether a verb is weak or strong.

5.1 Infinitive

This is the basic form of the verb. It is not tied to any particular time (tense), it is not 'finite'. If you look a verb up in a dictionary, you will be given the infinitive. In English, all infinitives begin with 'to'; in German they almost all end in **-en** (a few just in **-n**): **>>** 7.8

to eat	to read	to see	to sail
essen	**lesen**	**sehen**	**segeln**

5.2 Present tense

The present tense describes what is happening now or what happens regularly.

a. Weak verbs

To form the present tense, remove the **-en** (or **-n**) from the infinitive (this gives you the 'stem'). Then add the present tense endings – make sure you learn these endings because they apply to almost every German verb (and not just in the present tense):

	singular	plural
1st person	-e	-en
2nd person (familiar)	-st	-t
(polite)	-en	-en
3rd person	-t	-en

to buy	kaufen
I buy	ich kaufe
you (fam.) buy	du kaufst
he/she buys	er/sie kauft
we buy	wir kaufen
you (fam. pl.) buy	ihr kauft
you (polite)/they buy	Sie/sie kaufen

b. Strong verbs

A large number of German verbs are slightly irregular – not in the endings, but in the stem. However, this irregularity only occurs in the 2nd and 3rd person singular (**du** and **er/sie/es** forms) and there are some patterns to help you. Here are some of the common ones. Remember, no other parts of the present tense of these verbs are irregular:

	-e- to -ie-
to see	**sehen: du siehst, er/sie/es sieht**
	-e- to -i-
to take	**nehmen: du nimmst, er/sie/es nimmt**
to become	**werden: du wirst, er wird >> 5.5, 5.8**
	-a- to -ä-
to go	**fahren: du fährst, er/sie/es fährt**
	-au- to -äu-
to run	**laufen: du läufst, er/sie/es läuft**

c. Sein and haben

The verbs **haben** (*to have*) and **sein** (*to be*) are the most widely used verbs – they are also two of the most irregular!

to be	sein
I am	ich bin
you are	du bist
he/she/it is	er/sie/es ist
we are	wir sind
you are	ihr seid
you/they are	Sie/sie sind

to have	haben
I have	ich habe
you have	du hast
he/she/it has	er/sie/es hat
we have	wir haben
you have	ihr habt
you/they have	Sie/sie haben

d. Reflexive verbs

Reflexive verbs usually involve actions you do to yourself:

I wash myself.	**Ich wasche mich.**
I have a shower.	**Ich dusche mich.**

They are used with a set of pronouns which are similar but not identical to the direct object pronouns.
<< 4.2

I wash myself	ich	wasche	mich
you wash yourself	du	wäschst	dich
he/she/it washes himself/herself/itself	er/sie/es	wäscht	sich
we wash ourselves	wir	waschen	uns
you wash yourselves	ihr	wascht	euch
you/they wash yourselves/themselves	Sie/sie	waschen	sich

As you can see, only the 3rd person and the polite form are different.

If a reflexive verb has a direct object in the accusative, the reflexive pronoun must be in the dative – **mich** and **dich** become **mir** and **dir**. The rest stay the same:

I clean my teeth	ich	putze	mir	die Zähne
you clean your teeth	du	putzt	dir	die Zähne
he/she/it cleans his/her/its teeth	er/sie/es	putzt	sich	die Zähne
we clean our teeth	wir	putzen	uns	die Zähne
you clean your teeth	ihr	putzt	euch	die Zähne
you/they clean your/their teeth	Sie/sie	putzen	sich	die Zähne

e. Separable verbs

A large group of German verbs are made up of two separable parts. In the infinitive they are normally given as one verb:

to watch television	**fernsehen**
to open	**aufmachen**

When these verbs are conjugated, the initial part (the separable prefix) goes to the end of the clause: **>>** 7.3

I'm watching television in the lounge.
Ich sehe im Wohnzimmer fern.
He opens the door.
Er macht die Tür auf.

f. Modal verbs

There are six irregular verbs which are known as 'modal' verbs (**wollen, müssen, können, dürfen, sollen, mögen**). These cannot normally be used by themselves – they need another verb to complete their meaning. This second verb is always in the infinitive and it normally goes at the end of the clause. **>>** 7.8

They are only irregular in the singular, and the first and third persons are the same:

wollen (*to want to*)

ich will	wir wollen
du willst	ihr wollt
er/sie/es will	Sie/sie wollen

müssen (*to have to, must*)

ich muss	wir müssen
du musst	ihr müsst
er/sie/es muss	Sie/sie müssen

können (*to be able to*)

ich kann	wir können
du kannst	ihr könnt
er/sie/es kann	Sie/sie können

dürfen (*to be allowed to*)

ich darf	wir dürfen
du darfst	ihr dürft
er/sie/es darf	Sie/sie dürfen

sollen (*to be supposed to*)

ich soll	wir sollen
du sollst	ihr sollt
er/sie/es soll	Sie/sie sollen

mögen (*to like to*)

ich mag	wir mögen
du magst	ihr mögt
er/sie/es mag	Sie/sie mögen

The children can dance well.
Die Kinder können gut tanzen.
We must be home by 10.00.
Wir müssen bis 10 Uhr zu Hause sein.
Are you supposed to do that?
Sollst du das tun?

Modal verbs usually have an infinitive to complete their meaning. However, if the context makes it obvious what that infinitive should be, it can be missed out: **>>** 5.3f.

She's good at (speaking) German.
Sie kann gut Deutsch (sprechen).

5.3 Perfect tense

The perfect tense is the form of the past tense most commonly used in spoken German. It is easily recognisable because it is made up of two parts:

an auxiliary	a past participle
(Hilfsverb)	**(Partizip Perfekt)**
I have	*asked*
ich habe	**gefragt**
I have	*gone*
ich bin	**gefahren**

For the conjugation of **haben** and **sein** (the auxiliaries) look back at the present tense. **<<** 5.2c.
The past participle usually goes at the end of the clause. **>>** 7.3

a. Weak verbs

Most weak verbs have **haben** as their auxiliary.
To form the past participle of weak verbs:
- remove the **-en** (or **-n**) from the infinitive
- add **-t** (or sometimes **-et**) to the end
- add **ge-** to the beginning.

infinitive	*to do*	**machen**
stem		**mach-**
past participle		**gemacht**

she has done	**sie hat gemacht**
we have done	**wir haben gemacht**

b. Strong verbs

Most strong verbs have **haben** as their auxiliary, but a significant number have **sein**.

The past participle of strong verbs also begins with **ge-** but it ends in **-en**. Sometimes there is a stem change in the middle:

infinitive	*to see*	**sehen**
past participle		**gesehen**
infinitive	*to go*	**gehen**
past participle		**gegangen**

you have seen	**du hast gesehen**
they have gone	**sie sind gegangen**

There are some patterns to the stem changes, but the best way is to learn the most common ones along with their infinitive.

c. Haben or sein?

Most verbs that have **sein** as their auxiliary show a change of place or state. Most of the rest have **haben**.

Some verbs can take either **haben** or **sein**. If they have a direct object (these are 'transitive' verbs), they take **haben**, otherwise they take **sein** (these are known as 'intransitive' verbs). Two of the most common ones are **fahren** and **ziehen** and their compounds.

He drove the car.
Er hat den Wagen gefahren.
He went to Hamburg.
Er ist nach Hamburg gefahren.
The horse pulled the cart.
Das Pferd hat den Wagen gezogen.
They have moved to Munich.
Sie sind nach München umgezogen.

d. Reflexive verbs

These are quite straightforward in the perfect tense. Just remember to put the reflexive pronoun after the auxiliary:

I had a shower an hour ago.
Ich habe mich vor einer Stunde geduscht.

e. Separable and inseparable verbs

The only thing to remember about separable verbs in the perfect tense is that the prefix goes before the **ge-** part of the past participle:

He opened the door.
Er hat die Tür aufgemacht.
She arrived yesterday.
Sie ist gestern angekommen.

The past participle of inseparable verbs does not add **ge-**.

There are eight inseparable prefixes:
be-, emp-, ent-, er-, ge-, miss-, ver-, zer-

There are some prefixes which may be separable or inseparable. If you hear these verbs spoken, the separable prefix is stressed but the inseparable one is never stressed:

(to move house)	*They moved to Berlin.*
(umziehen)	**Sie sind nach Berlin umgezogen.**
(to surround)	*The soldiers surrounded the village.*
(umziehen)	**Die Soldaten haben das Dorf umzogen.**

f. Modal verbs

If you use the perfect tense of a modal without an infinitive, the past participle has the regular **ge...t** form. This is usually in a few set phrases: **<< 5.2f.**

They had to (do it).	**Sie haben es gemusst.**
I have been able to (do it).	**Ich habe es gekonnt.**

If you use the perfect tense of a modal verb with an infinitive, the past participle has exactly the same form as its infinitive. This means that there appear to be two infinitives at the end of the clause:

He wanted to set off on time.
Er hat rechtzeitig abfahren wollen.
We had to do the test again.
Wir haben die Arbeit noch einmal machen müssen.

This use of the past participle of modal verbs is fairly rare – the imperfect is much more common. **>> 5.4d.**

5.4 Imperfect tense

The imperfect is the main form of the past tense in written German. It is also used to describe a state or continuous action in the past or to say what happened regularly.

a. Weak verbs

To form the imperfect of weak verbs, remove **-en** or **-n** from the infinitive and add these endings:

		singular	plural
1st person		-te	-ten
2nd person	(familiar)	-test	-tet
	(polite)	-ten	-ten
3rd person		-te	-ten

to live	wohnen
I lived	ich wohnte
you (fam.) lived	du wohntest
he/she lived	er/sie wohnte
we lived	wir wohnten
you (fam. pl.) lived	ihr wohntet
you (polite)/they lived	Sie/sie wohnten

He played football every Saturday.
Er spielte jeden Samstag Fußball.

b. Strong verbs

The imperfect of strong verbs involves a change in the stem and a slightly different set of endings. (The endings are just the same as those for the present tense of modal verbs. << 5.2f.) The stem change is the same throughout the verb, and there are about ten different patterns to this change.

	singular	plural
1st person	–	-en
2nd person (familiar)	-st	-t
(polite)	-en	-en
3rd person	–	-en

to go	fahren
I went	ich fuhr
you (fam.) went	du fuhrst
he/she went	er/sie fuhr
we went	wir fuhren
you (fam. pl.) went	ihr fuhrt
you (polite)/they went	Sie/sie fuhren

He walked to school. **Er ging zu Fuß zur Schule.**
He was tired. **Er war müde.**
They stayed at home. **Sie blieben zu Hause.**

c. Mixed or irregular verbs

Some verbs in the imperfect have the weak verb endings but with a stem change (like strong verbs).
Here are some of them – **haben** is one to learn thoroughly:

to have – I had	haben – ich hatte
to bring – I brought	bringen – ich brachte
to think – I thought	denken – ich dachte
to know – I knew	kennen – ich kannte
to burn – I burned	brennen – ich brannte
to name – I named	nennen – ich nannte

Compounds of these verbs follow the same pattern (**verbringen, erkennen**, etc.):

We spent ten days in Paris.
Wir verbrachten zehn Tage in Paris.

d. Modal verbs

These also follow the pattern of mixed verbs in the imperfect – the stem changes (except for **wollen** and **sollen**), but the endings are weak:

to have to – I had to	müssen – ich musste
to be able to – I could	können – ich konnte
to be allowed to –	
I was allowed to	dürfen – ich durfte
to like (to) – I liked (to)	mögen – ich mochte
to want to – I wanted to	wollen – ich wollte
to be supposed to –	
I was supposed to	sollen – ich sollte

They wanted to go out, but they had to stay in.
Sie wollten ausgehen, aber sie mussten zu Hause bleiben.

5.5 Future tense

There are two main ways of expressing the future.

■ For immediate plans, simply use the present, just as we do in English:

I'm going to the cinema this evening.
Heute Abend gehe ich ins Kino.

■ For more distant plans, use the present tense of **werden** with an infinitive. The verb **werden** is irregular, so it changes in the 2nd and 3rd persons singular: << 5.2b.

ich werde	wir werden
du wirst	ihr werdet
er/sie/es wird	Sie/sie werden

Remember: the infinitive usually goes at the end of the clause. >> 7.8

She will swim in the sea every day.
Sie wird jeden Tag im Meer schwimmen.
They will not remember us.
Sie werden sich nicht an uns erinnern.

Notice where the reflexive pronoun is – straight after **werden** and not with **erinnern**.

5.6 Imperative

The imperative form is for commands and instructions. It is similar to the 2nd person singular and plural of the present tense, but without the subject pronoun and without the -st in the singular. << 5.2a., 5.2b.
An exclamation mark is often added:

Come here! (sing.)	**Komm her!**
Sleep well! (pl.)	**Schlaft gut!**
Go into town! (polite)	**Gehen Sie in die Stadt!**

There are not many exceptions to this rule, but **sein** is one of them!

Be quiet! (fam.)	**Sei ruhig!**
Please be good! (fam. pl.)	**Seid bitte artig!**
Don't be too noisy! (polite)	**Seien Sie nicht zu laut!**

5.7 Pluperfect

This is exactly the same as the perfect tense except that the auxiliary (**haben** or **sein**) is in the imperfect tense (not the present). This puts everything further back into the past:

Before she came here, she had worked in Italy.
Bevor sie hierher kam, hatte sie in Italien gearbeitet.
They had already done their homework, so they went out.
Sie hatten ihre Hausaufgaben schon gemacht, also gingen sie aus.

5.8 Passive

In most clauses, the subject does the action of the verb, e.g. 'the girl ate the apple' ('the girl' is the subject). Sometimes the clause can be turned round so the subject has something done to it, e.g. 'the apple was eaten by the girl' (this time 'the apple' is the subject). This can be done in all the tenses ('is eaten', 'was eaten', 'will be eaten', etc.). It is known as the passive.

The passive is made up of two parts, rather like the perfect tense: an auxiliary and a past participle. In German, the auxiliary is **werden** << 5.2b., and the past participle is exactly the same as for the perfect tense. << 5.3a., 5.3b.

The passive is most commonly used in the third person, so all you need to do is learn the third person singular and plural of **werden** in the main tenses.

(present)
German is spoken in Austria.
In Österreich wird Deutsch gesprochen.
Four languages are spoken in Switzerland.
In der Schweiz werden vier Sprachen gesprochen.

(imperfect)
This house was built by apprentices.
Dieses Haus wurde von Lehrlingen gebaut.
The cakes were quickly eaten up.
Die Kuchen wurden schnell aufgegessen.

(perfect)
The meal has already been paid for.
Das Essen ist schon bezahlt worden.
The letters have all been written.
Die Briefe sind alle geschrieben worden.

(future)
It will not be discovered.
Es wird nicht entdeckt werden.
They will not be sent away.
Sie werden nicht abgeschickt werden.

It is better to avoid the passive and make the clause 'active'. You can use **man** to do this. << 4.5

It isn't done.	*He was seen straight away.*
Das macht man nicht.	**Man sah ihn sofort.**

5.9 Subjunctive

The subjunctive is not used much in English nowadays, although it does remain in certain phrases (e.g. 'if I were you', 'I propose that she be elected', 'heaven forbid'). In German, it is more common: its main uses are in the conditional and in indirect speech. >> 5.9a., 5.9b.

There are two main tenses in the subjunctive, the present and the past. They are both very similar to the normal present and imperfect tenses (the indicative): just add these endings to the present or imperfect stem: << 5.2a.–5.2f., 5.4a.–5.4d.

ich	-e	wir	-en
du	-est	ihr	-et
er/sie/es	-e	Sie/sie	-en

Note:
- you don't need to change the stem of strong verbs in the 2nd/3rd person singular of the present tense;
- weak verbs are exactly the same in the indicative and the subjunctive;
- you often add an extra **Umlaut** to the imperfect stem of strong verbs.

Here is the verb **fahren** in full:

present subjunctive

ich fahre	wir fahren
du fahrest	ihr fahret
er/sie/es fahre	Sie/sie fahren

imperfect subjunctive

ich führe	wir führen
du führest	ihr führet
er/sie/es führe	Sie/sie führen

Because it is very irregular but fairly common, here is the verb **sein** in full:

present subjunctive

ich sei	wir seien
du seiest	ihr seiet
er/sie/es sei	Sie/sie seien

imperfect subjunctive

ich wäre	wir wären
du wärest	ihr wäret
er/sie/es wäre	Sie/sie wären

a. Conditional

The conditional means 'would' and is usually linked to an 'if' clause (the condition). Use **würde** and an infinitive to express 'would'. Here are the appropriate forms (this is in fact the imperfect subjunctive of **werden**):

ich würde	wir würden
du würdest	ihr würdet
er/sie/es würde	Sie/sie würden

We would be very pleased to see you in the summer.
Wir würden uns sehr freuen euch im Sommer zu sehen.
I would go to the cinema if I had some money.
Ich würde ins Kino gehen, wenn ich Geld hätte.

Sometimes the imperfect subjunctive is used instead of the conditional:

I would be grateful if…   **Ich *wäre* dankbar, wenn…**

This is particularly common when you have an auxiliary in the conditional:

She would (not) have done that.
Sie *hätte* das (nicht) gemacht.
They would have gone if…
Sie *wären* gegangen, wenn…

The 'if' clause is introduced by **wenn**. The verb in the **wenn** clause is usually in the imperfect subjunctive:

If she wrote (were to write) to him today, he would get the letter tomorrow.
Wenn sie ihm heute schriebe, würde er den Brief morgen bekommen (bekäme er den Brief morgen).

I would be very grateful if you could send me the following information.
Ich wäre Ihnen sehr dankbar, wenn Sie mir folgende Informationen schicken könnten.

b. Indirect speech

If you report what someone said, this is known as reported or indirect speech, e.g. 'she said she was ill', 'he replied that he had not read it'. In German, you need to use the subjunctive for indirect speech. The tense of the subjunctive is the same as the tense of the original ('direct') speech:

direct	indirect
present „Ich bin krank."	present subjunctive Sie sagte, sie sei krank.
imperfect „Ich war krank."	imperfect subjunctive Sie sagte, sie wäre krank.
perfect „Ich bin krank gewesen."	perfect subjunctive Sie sagte, sie sei krank gewesen.
future „Ich werde krank sein."	conditional (or future subjunctive) Sie sagte, sie würde (werde) krank sein.

If the present or perfect subjunctive sounds just the same as the indicative form, you can use the imperfect or pluperfect subjunctive instead.

They said they had not done it.
Sie sagten, sie hätten (not haben) das nicht gemacht.

5.10 Verbs with the dative

A small number of verbs are followed by the dative case when you might expect it to be the accusative (for a direct object). The most common ones are:

to thank	**danken**	
to help	**helfen**	
to follow	**folgen**	<< 1.4, 4.3

I thanked them for their hospitality.
Ich dankte ihnen für ihre Gastfreundlichkeit.

She is following her boyfriend to help him.
Sie folgt ihrem Freund um ihm zu helfen.

6 Prepositions

Prepositions are words which give us information about the position of nouns and pronouns. In German they alter the case of the noun they are with (they 'govern' it). Those governing the accusative and the dative cases are the most common and need learning carefully.

6.1 Prepositions with the accusative

These prepositions govern the accusative case:

until	**bis**
through	**durch**
for	**für**
against (versus)	**gegen**
without	**ohne**
around	**um**
against (contrary to)	**wider**
along	**entlang**

They went round the corner, through the wood and then along the river.
Sie gingen um die Ecke, durch den Wald und dann den Fluss entlang.

6.2 Prepositions with the dative

These prepositions take the dative case:

out of	**aus**
except for	**außer**
'at the house/place of'	**bei**
with	**mit**
to, after	**nach**
since, for	**seit**
from, of, by	**von**
to, at	**zu**
opposite	**gegenüber**

He has been working for a big company for a year.
Er arbeitet seit einem Jahr bei einer großen Firma.

Are you coming to the concert with me?
Kommst du mit mir zum Konzert?

6.3 Prepositions with accusative or dative

These prepositions govern either the accusative or the dative:

at, on(to)	**an**
on(to)	**auf**
behind	**hinter**
in(to)	**in**
next to, near	**neben**
over	**über**
under	**unter**
in front of, before	**vor**
between	**zwischen**

They take the **accusative** if there is a change of place or state. This usually means that some motion is involved. In the sentence 'I put the book on the table', the book has changed place from my hand to the table, so the accusative is used:

I put the book on the table.
Ich legte das Buch auf den Tisch.

They take the **dative** if there is no change of place or state. This usually means that there is no motion involved:

The book was on the table.
Das Buch lag auf dem Tisch.

Do not assume that whenever there is motion you have to use the dative. Compare these two examples – the key idea is change of place:

They were running in the stadium.
Sie liefen in dem (im) Stadion.

They ran into the stadium.
Sie liefen in das (ins) Stadion.

6.4 Prepositions with the genitive

These prepositions govern the genitive. They are much less common, so learn a few of them in set phrases as they occur.

despite	**trotz**
during	**während**
because of	**wegen**
instead of	**(an)statt**
outside	**außerhalb**
inside	**innerhalb**

above	oberhalb
below	unterhalb
this side of	diesseits
beyond	jenseits

during the war	**während des Krieges**
despite the rain	**trotz des Regens**
because of a cold	**wegen einer Erkältung**
outside the town	**außerhalb der Stadt**

Sometimes **trotz** and **wegen** are used with the dative. Although this is not strictly correct, it is quite common.

7 Word order

There are several aspects of word order in German which are quite different from English. However, once you have mastered these patterns, they are logical and do not often vary from the rules. It is important not to think in English and then translate into German. Get into the habit of thinking in German and the sentence patterns should become easier.

7.1 Main and subordinate clauses

A clause is part of a sentence which has a verb in it.

A main clause is one that can stand by itself and doesn't need anything else for it to make sense. 'I live in a house' is a main clause.

A subordinate clause adds some further meaning to a main clause. You might want to say more about the house you live in: 'I live in a house which was built in 1934'. The subordinate clause 'which was built in 1934' doesn't make sense by itself (it could refer to all sorts of things, not just the house).

Another example would be to say why you live in a house: '… because it's better than a tent'.

7.2 Main clause

In a German *main clause* the verb is always the second concept or idea. The verb is not necessarily the second *word* in the sentence, because the first part of the sentence may be a phrase consisting of several words. The order of words is usually: subject – verb – rest of sentence:

She read the whole book.
Sie *las* das ganze Buch.
My little sister read the whole book.
Meine kleine Schwester *las* das ganze Buch.

Sometimes you want to put something other than the subject at the beginning. This is often a time phrase or some other adverb or adverbial phrase. **<<** 3.1, 3.2. The verb still remains in second place, and the subject goes immediately after it (it is 'inverted'):

Yesterday my little sister read a whole book.
Gestern *las* meine kleine Schwester ein ganzes Buch.

You may even have a whole clause at the beginning of the sentence. Still the main verb remains in second place, followed by the subject. The verb is usually separated from the first part (the subordinate clause) by a comma: **>>** 7.5b.

As she had nothing else to do, my little sister read a whole book.
Da sie nichts anderes zu tun hatte, *las* meine kleine Schwester ein ganzes Buch.

If there are two verbs in a main clause, the second one is in the infinitive and it goes at the end of the clause. The first verb follows the 'verb second' rule. This is most common with modal verbs and in the future tense: **<<** 5.2f., 5.5 **>>** 7.8

She can now read a whole book. Later I'll buy her a new book.
Sie kann jetzt ein ganzes Buch lesen. Später werde ich ihr ein neues Buch kaufen.

7.3 Subordinate clause

In a German *subordinate clause* the verb is always at the *end* of the clause:

He's not there tomorrow.　　**Er ist morgen nicht da.**
I know that he's not there tomorrow.
Ich weiß, dass er morgen nicht da *ist*.

If the verb in a subordinate clause is a separable verb, it joins back together:

He's arriving at 10.00.　　**Er *kommt* um 10.00 Uhr *an*.**
I think that he's arriving at 10.00.
Ich glaube, dass er um 10.00 Uhr *ankommt*.

If there is an infinitive in the subordinate clause, the main verb goes beyond that, right at the end:

They can visit us in Bonn.
Sie *können* uns in Bonn besuchen.
I hope they can visit us in Bonn.
Ich hoffe, dass sie uns in Bonn besuchen *können*.

Similarly, if there is a past participle in the subordinate clause, the auxiliary verb goes beyond that:

> *He did the work.*
> **Er *hat* die Arbeit gemacht.**
>
> *I don't know whether he did the work.*
> **Ich weiß nicht, ob er die Arbeit gemacht *hat*.**

≫ 7.4   ≪ 4.4, 5.3b.

Subordinate clauses are separated from the main clause by a comma. If the subordinate clause is at the beginning of the sentence, separate it with a comma, then put the main verb next (second idea in the sentence). This gives the pattern: verb – comma – verb.

7.4 Questions

To ask a question in German you turn round (invert) the subject and verb:

> *You are going to town.*
> **Sie fahren in die Stadt.**
>
> *Are you going to town?*
> **Fahren Sie in die Stadt?**

Sometimes you need to add a question word (or phrase) before the verb:

> *When are you going to town?*
> **Wann fahren Sie in die Stadt?**
>
> *What time are you coming back?*
> **Um wie viel Uhr kommen Sie zurück?**

Most question words in German begin with a 'w', so they are known as **W-Fragen**. Usually they are at the beginning of a sentence:

> *When is he coming to Berlin?*
> **Wann kommt er nach Berlin?**

They can also be used in a subordinate clause, often as the reply to a question: ≪ 7.3

> *I don't know when he's coming to Berlin.*
> **Ich weiß nicht, wann er nach Berlin kommt.**
>
> *I've no idea why she did that.*
> **Ich habe keine Ahnung, warum sie das gemacht hat.**

Here are the main question words:

who(m)	**wer/wen/wem**
whose	**wessen**
what	**was**
where	**wo**
where to	**wohin**
where from	**woher**
when	**wann**
why	**warum**
how	**wie**
how much	**wie viel**
how many	**wie viele**
which	**welcher**, etc. ≪ 2.9
what sort of	**was für**

7.5 Conjunctions

Conjunctions are words which join clauses together. There are two kinds: co-ordinating and subordinating.

a. Co-ordinating conjunctions

Co-ordinating conjunctions link two clauses together which are of equal status (two main clauses or two subordinate clauses). They have no effect on the word order in either clause – they are just added in as an extra word. These are the most common co-ordinating conjunctions:

and	**und**	*for*	**denn**
but	**aber**	*but**	**sondern**
or	**oder**	**not one thing, <u>but</u> another*	

> *Peter went home but Thomas stayed in town.*
> **Peter ist nach Hause gegangen, aber Thomas ist in der Stadt geblieben.**
>
> *Silke has a horse and (she) feeds it every day.*
> **Silke hat ein Pferd und (sie) füttert es jeden Tag.**
>
> *He's not coming with us but staying with the others.*
> **Er kommt nicht mit, sondern bleibt bei den anderen.**

b. Subordinating conjunctions

Subordinating conjunctions join a subordinate clause to a main clause. They send the verb to the end of the clause. ≪ 7.3

These are the more common subordinating conjunctions. Make a note of any new ones as you encounter them.

that	**dass**
because	**weil**
whilst	**während**
when	**als**

whenever, if	wenn
as, since	da
whether	ob
before	bevor, ehe
after	nachdem
as if	als ob
until	bis
since	seitdem
in order that	damit
so that	so dass
although	obgleich, obwohl

In addition, you can use most of the question words (**wie**, **wann**, etc.) as subordinating conjunctions. **<< 7.4**

I'm going to Spain because it doesn't rain there.
Ich fahre nach Spanien, weil es dort nicht regnet.

I don't know when he's arriving.
Ich weiß nicht, wann er ankommt.

Before they come I have to tidy up.
Bevor sie kommen, muss ich aufräumen.

7.6 Time, Manner, Place

In a sentence containing additional information about a verb (e.g. when, how or where the action took place), the information must always be given in the same sequence in German. The order is: time – manner – place. Ask yourself the questions **wann? wie? wo?** (or **wohin/woher?**)

We're going to Berlin tomorrow on the train.
Wir fahren morgen mit dem Zug nach Berlin.

If one of the elements of the information is missing or if it has been put right at the beginning of the sentence, the order of the other two is still always the same as here (i.e. time – place, time – manner or manner – place):

Yesterday they walked slowly through the park.
Gestern gingen sie langsam durch den Park.

7.7 Direct and indirect objects together

If you have two noun objects together, the indirect object comes before the direct object in German: **<< 1.4**

She gives the boy the apple. ('to the boy')
Sie gibt dem Jungen den Apfel. (Dativ – Akkusativ)

If you have two object pronouns together, the direct one comes before the indirect one: **<< 4.2, 4.3**

She gives him it (the apple). (him = 'to him')
Sie gibt ihn (den Apfel) ihm. (Akkusativ – Dativ)

If you have a mixture of noun and pronoun, the pronoun comes before the noun:

She gives him the apple. (him = 'to him')
Sie gibt ihm den Apfel.

She gives it to the boy.
Sie gibt ihn dem Jungen.

7.8 Infinitives

If there are two verbs in a sentence, the second one is usually in the infinitive. Infinitives are placed at the end of a main clause:

I can't go to town today.
Ich kann heute nicht in die Stadt gehen.

In a subordinate clause, the verb which is not in the infinitive is sent to the end, so it goes beyond the infinitive:

… because I can't go to town today.
…, weil ich heute nicht in die Stadt gehen kann.

The modal verbs and the verb **werden** just need an infinitive to complete their meaning. All the rest need to add **zu** before the infinitive:

I don't want to do that.
Ich habe keine Lust das zu machen.

I hope to go to America next year.
Ich hoffe nächstes Jahr nach Amerika zu fahren.

If the infinitive is a separable verb, the word **zu** goes between the prefix and the main part of the verb:

I've no intention of getting up today.
Ich habe keine Absicht heute aufzustehen.

Notice the construction **um… zu** + infinitive which answers the question **warum** and means 'in order to'. **Um** goes at the beginning of the clause and **zu** + infinitive go at the end:

She's learning Japanese in order to work in Japan later.
Sie lernt Japanisch um später mal in Japan zu arbeiten.

They've come to England to improve their English.
Sie sind nach England gekommen um ihr Englisch zu verbessern.

If you put the infinitive clause first in a sentence, remember to invert the subject and verb of the main clause: ≪ 7.2

To get to the station on time we must set off straight away.
Um rechtzeitig am Bahnhof anzukommen, müssen wir sofort abfahren.

You do not normally use a comma to separate the infinitive clause, unless it makes the meaning clearer.

8 Particles

Particles are words which are difficult to translate individually, but when added to a sentence they make it sound so much more German. Some of them have different meanings in different contexts, many of them are for emphasis. Here are just a few examples – use a good dictionary for a fuller list:

What (on earth) are you doing there then?
Was machst du <u>denn</u> da?

Would you please open the door!
Mach <u>doch</u> bitte die Tür auf!
Despite the warning he did it after all.
Trotz der Warnung hat er es <u>doch</u> gemacht.

It's just not there.
Es ist <u>eben</u> nicht da.

Have you a knife on you by any chance?
Hast du <u>etwa</u> ein Messer dabei?

I'm telling you, he has done it!
Ich sag es dir <u>doch</u>, er hat es <u>ja</u> gemacht!

I didn't even know what on earth I wanted to be.
Ich wusste <u>noch nicht einmal</u>, was ich <u>überhaupt</u> werden sollte.

I've really no idea any more why I actually did that.
Ich weiß <u>schon</u> nicht mehr, warum ich das <u>eigentlich</u> gemacht habe.

What would my parents be likely to say?
Was würden dazu <u>wohl</u> meine Eltern sagen?
You (really) must be mad!
Du bist (ja) <u>wohl</u> verrückt!

Grammar Index